Strategies for

Writing

a World-class Paper

国际高水平 SCI 论文
写作和发表指南

吴志根 —————— 著

ZHEJIANG UNIVERSITY PRESS
浙江大学出版社

　　写 SCI 论文很痛苦？ 苦恼于审稿人提出的"没有创新""讨论肤浅""写作逻辑差"等批评？ 在本书中，我将结合多年的论文写作、发表、审稿以及科研工作与指导经历，并参考多个 SCI 期刊编辑对高水平论文的见解，系统详尽地为读者讲解如何写作、投稿和发表国际高水平 SCI 论文。 本书将不仅有助于正在准备撰写 SCI 论文的学生和研究人员提升论文写作质量，也有助于科研工作者了解高水平论文的总体及具体要求，为其开展高质量科研提供方向指引。

　　我在科研创新教育工作中发现，大部分中国学生及研究人员在论文写作和发表上存在以下 3 个问题：（1）缺乏高质量英文学术论文的基本撰写思路（比如不知道如何剖析数据结果），导致论文缺乏深度；即便是撰写中文论文，也存在类似问题。（2）某些科研成果质量不高，存在如实验条件考虑不完整和创新程度低等问题，导致所写论文可提升的空间虽很大但难以提升。（3）受中文论文思维的影响严重，导致所写的英文论文存在中译英的痕迹，甚至有明显直译的痕迹。 这让母语是英语的外籍同行读得迷惑甚至痛苦。 在总结出以上问题后，我再反思自己的科研成长过程，发现以上 3 个问题我竟都经历过。 因此，我就想如果我能把自己在浙江大学、英国帝国理工学院和加拿大 Aplustopia 科学研究院积累的科研经验和论文写作方法分享出去，那一定能让遇到以上问题的同学们少走弯路，并提升他们的科研质量。 当我通过知乎 Live 把我要出版此书的消息分享出去后，受到了非常多的学生的欢迎。 这更加让我觉得花费大量精力和时间去写本书是一件有实际价值的事情。

知乎 Live

　　为了写好这本书，我将其当作一项科研项目来做。 确定书的主题是第一要务。除了解决学生和研究者们写作 SCI 论文过程中遇到的上述三大难题以及满足研究者们的刚需外，本书希望通过分析国际高水平 SCI 论文来概括归纳论文写作技巧，从而

SCI

指导英语为第二语言的科研人员写作 SCI 论文。这一主题的选取还基于以下几点考虑。

首先，写作这本书是为了给科研工作者提供 SCI 论文写作的专业指导，因此，分析的内容重点一定是国际高水平的 SCI 论文。掌握了国际高水平 SCI 论文的写作技巧，就意味着抓住了高水平论文写作的关键，不仅对撰写 SCI 论文、EI 论文或中文论文有非常大的借鉴意义，而且对于高效阅读文献、制订优秀的研究计划、严谨地开展科研项目等都有重要的启发意义。

其次，基于本人在本领域顶级期刊受邀发表和投稿发表过多篇论文的经验，我总结出高水平 SCI 论文的写作之道，对国际高水平的 SCI 论文感悟颇深，因此，将我熟悉的内容分享给需要的人，是我最乐意做的事情；同时，市面上关于 SCI 论文写作的指导书还比较少，且多为国外作家所写，对于英语为第二语言的中国学者来说难免有隔靴搔痒之感，难以戳到痛处，解决痛点。经过市场调查，本书或将是首本完全由中国作者所写，全面系统地分析高水平 SCI 论文写作和发表的指导书。因此，希望本书能为广大的中国学者带来切实的启发和指导作用。

再次，该选题是源于对中国学者做科研、发表论文的困境和读者需求的了解。在写书前，我已经带领 Papergoing 科学团队从事了 6 年的科研教育，包括到全国百余所高校和科研院所开展了上百场 SCI 论文写作和发表讲座，通过问卷和讲座现场了解了上万名硕士和博士研究生的科研需求，在知乎 Live 上开设了专题课程，共计上万购买人次。从这些用户的反馈中，我更加近距离地了解到了他们真实的兴趣和需求，并积累了目前大多数论文指导书中得不到的宝贵素材和资料。从而使得本书对中国科研人员来说更具有针对性。

最后，虽然我一直强调"思维"重于"方法"，但是对于大部分缺乏 SCI 论文写作经验的学生和研究者们而言，还是需要结合大量案例去传递方法、阐明思维。这也是本书的来由。因此，本书将更加注重实际操作意义，即给研究者们以切实有效的指导。

基于以上多重思考，我将选题确定为围绕国际高水平 SCI 论文写作和发表，分14 讲展开，每讲均结合方法论和案例来阐述，内容涵盖了高水平 SCI 论文的特征、结

SCI

构、写作思路、具体的各个部分的写法（第 3～9 讲）、图表制作、查重和降重以及如何有效投稿、如何回复审稿意见书等，并对中国人英文写作的常见错误作了总结和建议。

选题和撰写大纲确定之后，还需要确定写作视角并积累素材。首先要弄清楚何为高水平论文。并不是一定要发表在 *Nature* 或 *Science* 上的论文才是高水平的。国际上只要发表在自己研究领域内的顶级期刊上的论文就可以算得上是高水平论文。因此，我不会去大量分析 *Nature* 及 *Science* 上的论文，而是以分析自己发表的论文为主，这些论文我不仅熟悉，而且质量也得到过保证。除了以我自己的论文作为本书的素材，我还阅读了大量的文献，主要从国际期刊编辑的角度得到一些感悟和经验。我主要阅读英文文献，一方面是因为我更习惯阅读英文材料，另一方面是因为相关的英文文献比中文文献资料更加丰富。在具体的内容创作上，我力求通过逻辑分析，步步推进并使前后关联形成整体。SCI 论文的写作本质上就是一个逻辑推演的过程，我将这个思维运用到了本书的写作过程中，建议读者感受下。

撰写我的第一本书，我虽然倾注了大量精力，但书中必定还有许多不足之处，恳请各位读者指正和提建议，我非常期待和读者交流并提升再版质量。在本书的写作过程中，得到了很多人的帮助和建议，在此特别感谢浙江大学出版社副社长黄宝忠编审、科技出版中心的许佳颖总编以及责任编辑李晨老师在编辑和出版方面的大力支持；感谢我的同事 Lily Wang 对本书的中文润色；感谢 Papergoing 论文服务团队提供的有关审稿意见、查重报告以及中国人常犯的英文写作问题的大量素材。

目
录

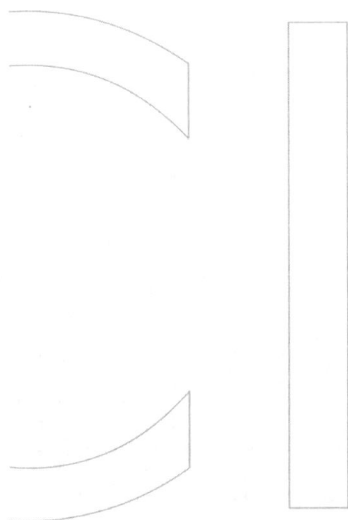

高水平论文的典型特征

通过开篇第1讲的讲解，笔者希望读者能对国际高水平论文有一个整体印象。本讲从高水平论文的4个典型特征展开论述。通过分析这些特征，让读者明白一篇优秀的 SCI 论文[①]应该具备的关键要素有哪些。只有深入理解它们，才能在撰写第1篇 SCI 论文时，抓住重点，少走弯路，并提升写作质量，顺利发表。同时对于已经发表过 SCI 论文的同学，也能提升自己下一篇论文的质量并争取发表在具有更高影响力的期刊上。

SCI 论文是大多数学科最新和高质量成果发表的媒介。因此，一名优秀的研究人员其成果基本都会发表在 SCI 期刊上。然而，大多数研究领域都存在不止一种 SCI 期刊，比如数学学科在 2018 年就有 309 种 SCI 期刊。在如此多的期刊中，就存在着影响力的差别。根据影响因子的差别，Clarivate Analytis 公司开发的信息检索平台 Web of Knowledge 进行了 Journal Citation Reports（JCR）排序和分区。本书所指的高水平论文是指发表在各领域内 JCR 一区并且名列前茅的少数几本专业期刊上的文章。

如果能开展高质量的科研活动并取得理想的研究结果，就具备了发表 SCI 论文的基本条件。然而要发表高水平的 SCI 论文，则还需要有优秀的写作手法和高质量的写作内容，一般来说需要具备以下4个典型特征。

1.1 "新鲜"（创新性）和"有用"（重要性）

科学家发表论文的目的是推进人们对某个细小领域的理解，增加新的认识，这就意味着要发表创新的结果或方法。因此，好的 SCI 论文必须具有激发读者兴趣的创新研究内容。除此以外，研究的重要性也不言而喻，所研究对象应比已有的材

---

① 这里的 SCI 论文是指发表在 SCI/SCIE 期刊上的学术论文，以下同。

料/方法/理论更好或更深入,能解决相对重要的科学问题,甚至能开创一个新的研究领域,从而在已有的研究中持续地产生影响力。

通俗地讲就是好的论文内容要"新鲜"(创新性)且"有用"(重要性)。这样的论文往往是后续国际同行论文的基础(甚至成为必须引用的论文,比如爱因斯坦有关相对论的论文成了物理学研究的基础论文),如果受众面又较广(见1.2节),便会被大量引用,从而产生巨大的影响力。例如,在笔者的研究领域中,截至2018年9月,引用量最高的论文是2011年发表的"Supplementary Cementitious Materials",达到了833次。这篇论文针对多种新的水泥替代材料(比如在炼钢时产生的废弃物——高炉矿渣粉,可部分代替建筑行业中应用最广泛的水泥材料)的水化机理和微观结构进行了开创性的系统分析,而这些研究成果是所有对这些新型材料进行研究的基础,因此获得了巨大的关注和引用量。

某些著名的期刊,如 Science 和 Nature,还要求科研想法出人意料或令人吃惊,并且能使该领域外的人产生广泛的科学兴趣,从而引发广泛关注。这种要求非常难以做到,也因此让这两本杂志有非常高的拒稿率(每年投稿上万篇,拒稿率达到92%左右)。虽然绝大多数研究者做不到这个程度,但是如果我们的研究想法是崭新的、有用的,再加上本讲提及的其他要素,也可以发表高水平论文。

如何验证论文是否有创新的和重要的科研想法?我们可以反问自己三个问题。

■ 如何检验科研想法的质量?

(1) Do what(做什么)? 比如笔者的博士论文是研究通过测试带微观裂缝的混凝土材料的透水性能来理解微观裂缝对混凝土传输物质的影响。

(2) Why(为什么要做)? 目前国际学者正在集中研究宏观裂缝,忽视了微观裂缝对混凝土性能的潜在影响。微观裂缝普遍存在于混凝土结构中,但其影响尚不清楚。

(3) So what(又能怎样)? 如果能探明这种影响,就能深入理解裂缝对混凝土材料耐久性的影响,从而提供一种能更好地提升混凝土长期性能或寿命的理论或方法。

第一个问题可以厘清研究目的。只有设定清晰的研究目的,才能明确研究的创新点。否则,就有可能在做一个连目的和创新点都模糊的研究。研究目的不一定要宏大,但是要具体和具有可执行性。第二个问题帮助我们构思出研究的创新点,可以从两个方面进行思考:某项研究"没人做过"或"做得不充分"。由于原创性的想法往往很难获得,而目前"做得不充分"的研究容易入手,因此大部分硕士生或博士生提出的科研想法是基于后者(即"做得不充分"的研究)。可不要小瞧这些研究,因为立意虽然重要,但是笔者认为,研究透立意不高的课题也是一种创新和对科学的贡献。而且,某些尚未研究透彻的课题,有可能会在未来的某个时间成为热点,即成为所谓的国际研究热点。虽然笔者不提倡追逐研究热点,但是如果自己的研究在某个时期成为热点,所发表的重要论文就能快速地带来引用量,以此扩大作者的国际声誉。第三个问题探讨研究成果的重要性,即研究价值。这一步必不可少,因为只有重要的创新才有意义。可以从学术内和学术外两方面考虑研究的重要性。学术内的重要性,比如建立某项理论的基础,开拓了对某个重要现象的认知,构建了新的知识体系;或者,建立一套崭新的计算方法,大大提升了计算效率和稳定性,为解决某些需要大量计算的疑难问题提供了方法。学术外的重要性,主要从社会、经济、文化、公共政策、公共服务、健康、环境、生活质量等角度(REF,2018)来体现,比如研究一种新材料的性能,就能延伸到这种新材料的经济应用价值或者环保价值等。

通过对以上问题的思考,我们可有效分析论文的创新点和重要性。下面我们通过分析 3 个实际案例来让读者们增加对创新性和重要性的理解。

案例 1.1

某病例报告报道了一种疾病"X",但这种疾病已经在好几篇论文中被研究过了,而且采用的医学设备也很普通,因此被期刊编辑认定为重复研究而没有创新点。

解释:创新是对理论、方法、方案或现象提出新的理解和洞见,而不是重复报道或验证已有的现象,这样自然不会引起国际同行的兴趣。

案例 1.2

某论文研究材料"A"焊接处的强度性能,其和已有文献不同之处在于材料是新的,但是测试方法、流程、变量都很普通,研究问题的角度也很常见,因此,不具有创新性和重要性。审稿人评价其为"I don't see this paper communicate clearly the scientific novelty of the paper"并拒稿。

解释：如果研究框架一致，只是变换研究对象，看似有点新意，但是研究成果对提升已有理论的认知没有贡献，只是多了一个验证原有理论的样本而已，可判定为没有重要性，更谈不上出人意料。

🔍 案例 1.3

以下是笔者受邀发表的一篇 SCI 论文的摘要（Wu et al., 2014）（见图 1.1）。下划线部分分别表明了该研究的创新点和重要性，可见如下解释：

"This paper investigates the effect of low confining pressure on transport properties of cement-based materials and establishes if it can be used to study the influence of microcracks on transport." 本文研究的是低围压对水泥材料的传输性能的影响并且提出一种新的测试方法来研究微观裂缝的影响。"Implications of these results with respect to the influence of microcracks on transport properties are discussed." 表明本文将在讨论部分分析本文研究成果的应用价值，从而体现研究的重要性。感兴趣的读者可参考该论文的讨论部分。

■ 文献资料

Effect of confining pressure and microcracks on mass transport properties of concrete

Z. Wu*, H. S. Wong and N. R. Buenfeld

This paper investigates the effect of low confining pressure on transport properties of cement based materials and establishes if it can be used to study the influence of microcracks on transport. Oxygen diffusivity and permeability of paste and concrete (w/c ratios: 0·35 and 0·50; curing ages: 3 and 28 days) were measured at increasing confining pressures up to 1·9 MPa (4–8% of 3 day compressive strength). Before transport testing, samples were subjected to gentle stepwise drying at 21°C or severe oven drying at 105°C to induce microcracking. Microcracks were quantified using fluorescence microscopy and image analysis. Permeability decreased significantly with increasing confining pressure and this was more significant for samples with a greater degree of microcracking. Image analysis shows that microcracks undergo partial closure when confined, but the total accessible porosity was not significantly affected. Implications of these results with respect to the influence of microcracks on transport properties are discussed.

Keywords: Microcrack, Microstructure, Permeability, Diffusivity, Transport properties, Confining pressure, Durability, Cement-based materials

图 1.1 笔者 SCI 论文摘要（Wu et al., 2014）

1.2 结论通用和受众广泛

论文是学者之间进行学术交流的一种媒介。如果对论文感兴趣的读者太少，引用量就较低，自然就难以形成学术影响力。反之，如果能将研究结果总结并抽象出较为通用的结论，使论文获得一定的普遍意义，就可能拥有较为广泛的受众（研究成果越通用，受众越广泛），进而有更大机会获得高引用量和影响力。一般来说，综述性论文比原创性论文有更高的引用量，这是因为它全面分析某个研究问题的发展历程，提出未来的研究方向，是一种高度概括的提炼，这样可以面向某个研究领域的大部分读者或交叉领域的部分读者。国际上，综述论文一般都是由某个领域内资深的学者受邀在著名期刊上发表，是非常值得深入研究的论文。

从期刊角度来看。大部分国际期刊为了提高期刊的引用量和影响因子（影响因子是目前衡量期刊影响力的主要指标，主要由引用量和发文量决定，具体请见第12讲），强调论文要有关注度，进而希望不仅要在本领域，甚至在交叉研究领域内都有读者。在高水平论文中，作者往往都会在其讨论部分透彻地解释结果、探究变量间关系、提炼本质因素、提出论文的研究价值和强调潜在的应用价值（关于如何写好讨论部分，请参考第8讲），以使读者获得与论文核心内容相关的通用性问题的深入理解，从而扩大论文的受众面，最终被更多人阅读、引用，使更多人受益。这就是为什么很多审稿人或编辑希望作者阐述样本的种类/大小、采集样本的地方、分析的尺度（宏观/微观）、参数的敏感性/稳定性等问题。

从审稿人角度来看。大多数期刊，特别是发文数量较大的期刊（比如一年250篇以上），审稿人不一定是和你论文内容非常对口的专家，但是了解这个领域。比如，在笔者参与审稿的论文中，就有研究的大方向一致，但是具体的研究内容并不是笔者专长的论文。这时候，为了让审稿人更加容易理解论文内容（只有理解了才能有更高质量的审稿意见，避免出现不合理甚至错误的审稿意见），除了写作要通顺，我们还要跳出论文研究的框架，扩大研究的适用范围，可以通过包含或关联上审稿人的研究范围的方式，使之产生认同或共鸣。这就需要我们将研究结果抽象出来讨论，使之更加通用化，以便让更多人阅读后受益（比如产生交叉研究的灵感）。同时，这有利于审稿人在一堆结果展示、分析和总结中，快速抓住论文的核心结论,增强论文的易读性。此外,一般来说,创新结果被提炼成通用性的理论后,相对较为深奥,而如果加入应用价值的分析,就会更容易让审稿人和读者理解论文创新的理论和实际意义,进而明白论文背后的大格局。

🔍 案例 1.4

如图 1.1 的论文中,笔者提出的新方法可应用于混凝土材料。经过分析,抽象出该方法同样适用于类似混凝土材料的其他"孔隙材料"的结论。于是就将论文提升到一个新的高度,使之有更多的阅读受众,产生更大的影响力。

此外,如果研究内容狭窄,即使有创新性,期刊编辑可能会很难找到审稿人,也会造成论文审稿慢或因没人审稿而拒稿的尴尬局面。

从作者角度来看。我们希望推进科学进步,比如深化对某个问题的理解,促进某个方法效率的提升。而这些新的认知往往可以有多方面的、更广的应用可能性,如果我们能挖掘出它们,就相当于提升了我们研究成果的重要性和价值,也符合1.1节中所强调的——想法要有重要性。如果论文挖掘不出更大的受众群体,则可能要考虑调整科研的想法或方向。

🔍 案例 1.5

某论文研究利比亚战争对利比亚石油工业的影响。我们就可以拓展延伸思考一系列问题,比如:利比亚战争对其他行业是否也有影响?利比亚战争对其邻国的石油是否也有影响?战争对石油的影响主要原因是什么?虽然一篇论文不能解决以上通用性问题,但可以通过具体研究提炼这篇论文背后的一些本质特征,凭借这些特征去启发对其他更为抽象的通用性问题(如战争和石油两者关系)的理解。

1.3 内容全面和分析透彻

水平一般的论文主要是这样的思路:提出一个问题,用某个方法去解决它,然后汇报结果。这也是大部分被拒论文存在的典型问题。这种论文思路其实只是回答了"本文做什么",而缺少了另外两个重要方面:为什么做?做了之后又能怎样?

高水平论文就包含了以上三个问题,除了能深入地分析和解决问题,还会清晰地告诉读者研究的动机，即娓娓道来已有研究存在的改进空间或不足以及新的解决方法(凸显创新性)，并深入讨论解决该问题后带来的贡献或价值(凸显重要性)。而要做到后面两点，则需要重点阐述对研究问题的背景、迫切性、重要性等方面的理解，从而引发读者的共鸣;并通过呈现详尽、可复制的解决方案和具有统计学意义的严谨的数据分析结果，让读者信服研究结果的准确性、可靠性或稳定性。

除了内容全面，高水平论文还有分析透彻的显著特征。高水平论文往往通过严谨的分析，将复杂问题简单化，并形成清晰的分析脉络，让人有豁然开朗的感觉。这主要体现在:有详尽或先进的研究方法、完善的数据分析、清晰的专业图表、丰富的结果、深入的讨论和扎实严谨的结论。例如，在第 2 讲的 2.2 节中，笔者给出了一个统计数据，其显示高水平论文的讨论字数比一般水平论文的讨论字数要多出一倍以上。笔者将在接下去几讲中深入分析这些要素。

1.4 表达流畅简洁，可读性强

论文有了好的研究内容，还需要通过优秀的写作来体现，从而在作者和读者之间搭建起一座顺畅地沟通研究内容的桥梁。因此，我们希望打造流畅清晰的表达，写出让审稿人和读者容易理解的语句。但对于中国师生而言，学术英文写作是一道难以逾越的鸿沟，写出优秀的学术英文恐怕是笔者分析的成就高水平论文的四大要素中最难以实现的。

优秀的写作主要包括两个方面。

第一，强的写作逻辑。这首先体现在有完整清晰的论文结构，能让读者快速识别论文的整体结构和逻辑，较为容易地理解研究内容的来龙去脉，顺畅地将读者从引言引导至结论。既有细节信息，也有概括性内容，且两者比例协调。不能过多地总结概括，否则显得泛泛而谈，当然也不能只有细节而没有趋势归纳和总结延伸。其次，在论文的各个子部分中，形成局部强逻辑，清楚呈现子部分的表达效果，比如引言中是否清晰呈现了要解决的问题。同时，运用举例、类比、对比等写作手法来描述抽象概念和细节信息，以更好地帮助读者理解内容。为了增强逻辑写作能力，建议读者们去学习 Critical Thinking 的理论知识。在笔者看来，这种深度逻辑思考能力是论文写作的核心能力。有兴趣的读者,可参考笔者在 Papergoing 网站上的一门在线课程"Critical Thinking in Academic Writing"。

第二,准确简洁的写作语言。即用最少的单词和最准确的语法来正确传递期望表达的观点。同时,追求严谨、精简、重点突出的写作风格。比如,不追求长句子,力求用短句清晰表达意思。参考本书第 14 讲,了解中国人常犯的英语写作错误,就可在写作时有效避免出现大的语言问题。

中西方思维差别

接下去,从第 2 讲开始一直到第 9 讲,笔者将详细阐述 SCI 论文写作方法,其中也包含本讲所涉及的高水平论文的四大特征。

1.5 常见问题答疑

(1) 国际期刊的 SCI 论文对创新要求很高吗?

不高,可以是很小的一点创新,但是要有重要性且能被分析透彻和延伸出具有通用性的认知。比如,图 1.1 所示的 SCI 论文提出了一个新的测试方法,它看似是一种普通方法,但通过严密的试验设计、严谨的数据分析以及深入的讨论,它能延伸出更为通用性的实际应用价值。

(2) 为什么英文 SCI 论文读起来简单但让人收获很大,而中文论文写得抽象,读起来却很费劲?

一篇好的英文 SCI 论文一定包含了全面、细致的分析,将复杂的科学问题简单化,其行文流畅,可读性也强,因此易于读者阅读和理解。而一些中文论文的作者片面追求创新和高立意,以为将研究问题写得越深奥越显得高明和有大的创新性。此外,中西方人的不同思维也有影响。西方人喜欢简单、直接的思维,而中国人习惯了抽象和概括的思维。

(3) 虽然知道高水平论文典型特征的重要性,但是我科研刚起步,有什么方法可以在实践中理解这些要素?

科研起步阶段,需要阅读大量文献。这时,可以在阅读论文时,有意识地总结分析高水平论文的特点。如果觉得总结困难,可以按照本讲中的四个典型特征去搜索检验。这样不仅能快速地理解高水平论文的典型要素,而且能更加深入地理解论文的内容,并有利于提炼出一个优秀的科研想法,从而制订出研究计划。

(4) 自己写的英文论文和本书讲的高水平论文特征相去甚远,但又不知道如何提高论文质量。

修改,修改,再修改! 首先,从整体结构上优化,可根据本书第2讲分析的论文结构来调整;其次,对于各个部分可参考本书第3~9讲进行深度修改;最后,对照本讲所分析的高水平论文特点进行全文润色。如果有条件,还可以请富有 SCI 期刊发文经验的老师进行质量把关。

笔者建议,不要一开始就想着发表高水平论文,忘记高影响因子期刊。要严谨踏实,从小步开始,在细节上精雕细琢,不断练习才能成就一篇高水平论文。

1.6 本讲参考文献

REF. Consultation on the Draft Panel Criteria and Working Methods [R]. Research Excellence Framework (REF), 2018.

Wu, Z., Wong, H. S. & Buenfeld, N. R. Effect of Confining Pressure and Microcracks on Mass Transport Properties of Concrete [J]. *Advances in Applied Ceramics*, 2014, 113(8): 485-495.

SCI 论文写作结构与思路

要写出高水平论文,除了需要优秀的研究内容,还需要合适的写作结构和清晰的写作思路,把研究内容像"讲故事"一样呈现出来。然而,很多 SCI 论文的新手往往不清楚 SCI 论文的详细结构以及各部分的比重安排,导致写作时没有清晰的思路,不仅写作效率低,更难以写出高水平论文。同时,随着学术合作越来越常见,多人合作写论文也越来越常见,这就需要清晰的写作结构,确保团队协作能顺利开展。而且好的论文结构有利于编辑、审稿人和读者阅读论文,提高论文录用率和引用率。

本讲分析了高水平 SCI 论文常用的写作结构和各部分写作比例,给读者展示了较为通用的 SCI 论文结构设计和写作思路。此外,笔者还介绍了写好 SCI 论文需要考虑的其他方面:论文的读者、写作风格、中西方文化差异、句子流畅性和展示效果(局部结构和格式要求)。在本讲之后,笔者将在第 3 讲至第 9 讲中详细讲解高水平 SCI 论文的各个部分的写作方法和思路。

2.1 常见结构框架

SCI 论文最常见的论文形式是原创性论文,其他主要还有综述、Letter 或 Communications(通讯)、Case Study(案例研究)等。它们的主要定义和区别是:

(1) 原创性论文:报告作者本人针对某个具体科学问题做出的原创和重要研究成果。

(2) 综述论文:对某个研究课题重要方面的系统总结,对当前研究发展的分析以及对未来研究方向的建议,需要分析上百篇参考文献。通常由该领域的知名学者受期刊主编邀请撰写和发表,或者主动向期刊主编提议撰写,在征得同意后再开始撰写。

(3) Letter 或 Communications:报告那些具有强时效性的最新研究结果,通常涉及竞争激烈的研究领域或发展快的领域。文章较短,审稿较快。以报告研究结果为主,而不需要像原创性论文那样有完整的细节内容。

(4) Case Study:报告具体的、有趣的或值得关注的新现象或新技术,偏向实际应用,让同行意识到这种现象的存在和进一步研究的价值。比如,在医学领域中,报告新的病理现象;在土木工程领域中,报告工程实践中新的施工技术并给出建议。

在科研职业发展过程中,绝大多数人是从发表原创性论文开始的。在积累了一定的写作和发表经验后,再根据需要,选择性地发表其他类型的论文。比如在某一领域内发表了多篇高质量论文并积累了一定的声誉后,才能进入撰写和发表综述性论文的阶段。考虑到本书面向处在 SCI 论文撰写和发表的早期阶段、缺乏论文写作经验的教师和硕博士生,笔者将围绕原创性论文的结构和写作思路展开深入分析。

原创性 SCI 论文主要分为三个部分:(1) Title(题目)和 Abstract(摘要);(2) Main Body(主体部分);(3) Conclusion(结论)。

主体部分最常见的格式为 IMRAD 结构,即 Introduction(引言),Methods(方法[①]),Results(结果),and Discussion(讨论),A 代表"and"。并不是所有的 SCI 期刊都需要结论,一些医学 SCI 期刊如 *Scientific Reports* 就不需要结论。最后是致谢、利益冲突声明和参考文献。由此构成了完整的论文结构。

IMRAD 结构之所以受到欢迎,是因为学术论文是学术同行交流的媒介,需要一个标准的、逻辑性强的结构让同行相对容易和快速地沟通及交流研究内容。如果论文能让研究人员在繁忙的学术研究中,较快地找到自己感兴趣的内容,自然会让对方更乐意阅读和欣赏你的论文。此外,在"谷歌学术"等学术搜索引擎中,采用标准结构的论文更容易被搜索引擎识别成学术论文而出现在搜索结果中(Beel et al.,2009)。

在 SCI 论文中,题目连同摘要向读者简要介绍了论文的研究动机、方法、结果和结论,以及成果的价值或意义,因此被称为"缩小版的论文"。主体部分(IMRAD 结构)开始于引言,其目的在于介绍研究背景,论述研究进展,分析研究不足,提出研究问题和解决方法,并简要介绍研究价值。在一些研究领域的论文中,比如计算

---

① 这里的方法在实验研究论文中包括材料和试验方法,因此一般写成 Materials and Methods。

机领域的某些论文,喜欢将传统的引言中的一部分独立出来,使之成为 Related Work(相关工作)。这里的"相关工作"主要包括概念解释、理论介绍、模型或方法介绍等。方法部分包括方案设计、陈述或定义问题、材料罗列、实验或数值模拟方法、步骤、收集及处理方法。结果部分汇报取得的结果。讨论部分则分析研究结果的合理性、分析数据变化的现象和原因、与前人研究进行对比、讨论理论或实际意义及应用等。如果结果和讨论结合紧密、难以分开或者讨论字数不多,两部分可以合起来写,变成 Results and Discussion。结论则概括了论文中经过讨论和有证据的重要结果。大部分情况下,论文研究的不足和对未来研究的建议放在讨论中,但有时也放在结论中,这时结果结论就变成了 Conclusion/Summary and Outlook/Perspective。关于 SCI 论文各个部分的写作方法可以参考本书的第3~9讲。

论文主体各个部分的顺序安排,并没有统一的规定,主要取决于论文本身的情况,总的原则是突出重点且有逻辑地展示整篇论文。常见的两种安排是:(1)引言、方法、结果和讨论;(2)引言、结果、讨论和方法。

第一种结构较为常见,这是因为其比较符合读者常规的理解逻辑:目标—解决方案—执行结果—结果讨论。即,先确定了研究目标,然后提供解决方法,最后是展示运用了该方法得出的数据结果,并讨论取得的数据结果是否解决了提出的研究目标。

🔍 **案例 2.1**

■ 文献资料

以笔者的试验类研究论文"Influence of Drying-Induced Microcraking and Related Size Effects on Mass Transport Properties of Concrete"(Wu et al.,2015)为例,其主体部分的结构为:Introduction,Experimental,Results,Discussion。注:试验类论文的方法部分是关于试验材料和测试方法的介绍。虽然论文的方法部分较长,但是排列紧凑,依次为材料准备、样本制作、样本养护、样本的传输性能测试、样本内部裂缝表征。而且,结果部分依次展示了传输性能测试和裂缝表征结果,与方法部分(样本的传输性能测试和样本内部裂缝表征)分别对应。

第二种结构则适用于想突出展示创新结果,而把方法部分放在结果和讨论后面的论文。所用的研究方法可能比较常见或者需要大篇幅描述,但是经过巧妙应用或修改后取得了创新有趣的结果。运用这种结构时,要注意引言部分和结果部分的无缝连接。在引言的末尾,强调目前研究的不足,并强调新的研究可以解决这个不足,以引起读者的兴趣。这时马上呈现有趣的结果,就会给读者充分的满足感。

🔍 案例 2.2

以论文"Full Deflection Profile Calculation and Young's Modulus Optimisation for Engineered High Performance Materials"(Farsi et al.,2017)为例,其主体部分的结构为:Introduction,Results,Discussion,Methods。为了不至于太突兀,作者在结果部分的第一句明确告诉读者试验的材料和方法可参考论文的方法部分,即"The samples were prepared and tested as described in the methods sections"。

■ 文献资料

同时,作者在引言部分的末尾,简明扼要地提出了目前研究存在的不足(句子①)和解决不足的可能性(句子②),激发读者继续往下看的欲望。具体如下所示:

"① Although relatively easy to implement, these methods of harnessing optically recorded data only use data from limited regions of each image, effectively discarding most of the available information. ② This opens an opportunity for the development of a more reliable method that uses all of the available image deformation data during bending tests, leading to higher levels of accuracy in deflection calculation and therefore in Young's modulus evaluation."(Farsi et al.,2017)

2.2 论文长度和比重分配

除了要知道论文的结构组成,还需要了解论文的长度和各部分的写作比重,这样才可以在写作时有重点地布局各个部分以及选择合适的论文类型。高水平和一般水平的 SCI 论文,往往在论文长度和各部分比重上会有差异。为了说明这个问题并给出相关建议,笔者随机选取了熟悉的建造与建筑技术领域中具有高影响因子(影响因子为 5.43,排名 2/62)的高水平期刊 *Cement and Concrete Research* 和具有低影响因子(影响因子为 0.827,排名 46/62)的 *Advances in Civil Engineering* 在 2017—2018 年份中刊发的 50 篇原创性论文进行数据分析。这些论文中约有半数将结果和讨论部分分开写,其余半数则将两个部分合并成 Results and Discussion。为了科学比较结果和讨论部分的比例,笔者选取了那些将结果和讨论分开写的论文进行数据分析。分析内容包括论文总长度、每个句子长度、各部分字数比例,结果如表 2.1(括号内的数值代表统计样本的标准误差)和图 2.1 所示。

表 2.1　高水平期刊和一般水平期刊的论文各部分对比

SCI 期刊	*Cement and Concrete Research*（高水平期刊）		*Advances in Civil Engineering*（一般水平期刊）	
	平均字数	占比	平均字数	占比
总长度(不包括参考文献)	7742(529)	/	4284(271)	/
每个句子长度(单词)	9.7	/	10.1	/
题目 Title	14	0.2%(0.01%)	13	0.3%(0.02%)
摘要 Abstract	145	2.0%(0.10%)	163	4.2%(0.40%)
引言 Introduction	862	12.0%(1.10%)	616	14.8%(1.10%)
方法 Methods	1940	23.7%(3.00%)	1299	29.6%(2.80%)
结果 Results	2742	34.0%(2.60%)	1388	32.6%(3.10%)
讨论 Discussion	1754	22.4%(2.00%)	1219	10.8%(3.00%)
结论 Conclusion	431	5.7%(0.30%)	323	7.7%(0.50%)

为了直观对比,笔者给出了图 2.1 所示的对称图。数据线包围部分越宽,代表对应的论文部分所占比例越大。比如结果部分数据线包围部分最宽,表示其所占全文字数的比例是最高的。

从以上结果中可看到如下显著区别:

(1) 高水平论文比一般水平论文更长(总字数平均高出 81%)。

在本书第 1 讲中,我们分析了高水平论文的特征之一是有准确简洁的写作风格,在这样的风格指引下,高水平论文依然比一般水平论文更长,说明高水平论文呈现了更多的研究内容,也就意味着对研究问题进行了更加深入的分析。

从绝对字数上来看,两者摘要的平均字数接近,分别是 145 和 163,但是它们在

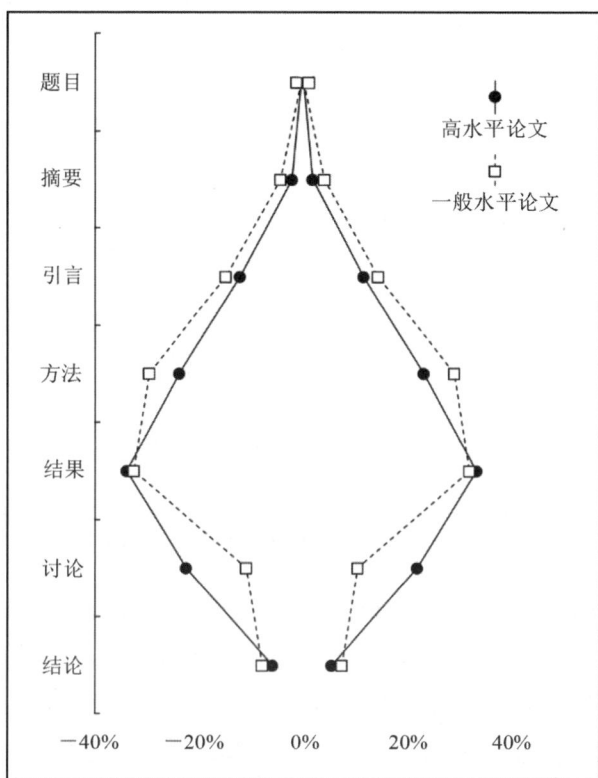

图 2.1 高水平论文和一般水平论文各部分比例对比

各自论文中的比例却相差一倍。即使高水平论文长得多,但它依然能够将内容浓缩成一个精简的摘要,既能做到对全文内容高度概括,又能保持内容的完整性。详细的摘要写作请见本书第 4 讲。

除了平均总字数,我们还可以分析论文的字数分布,如图 2.2 所示。结果显示,在不考虑参考文献的情况下,高水平论文的总字数分布在 4000~15000,其中 80% 的论文字数在 10000 以下,而一般水平论文则分布在 2000~8000,其中 80% 的论文字数在 5500 以下。

(2) 高水平论文的讨论比一般水平论文的讨论更详尽(比例超出一倍)。

比起一般水平论文,高水平论文的讨论字数占比更大(22.4% vs. 10.8%),绝对字数也更多(1754 vs. 1219,高出 44%)。这也体现出高水平论文会对研究结果进行更全面和透彻的分析。在一篇论文中,如果讨论部分特别短或基本没有,基本可以判

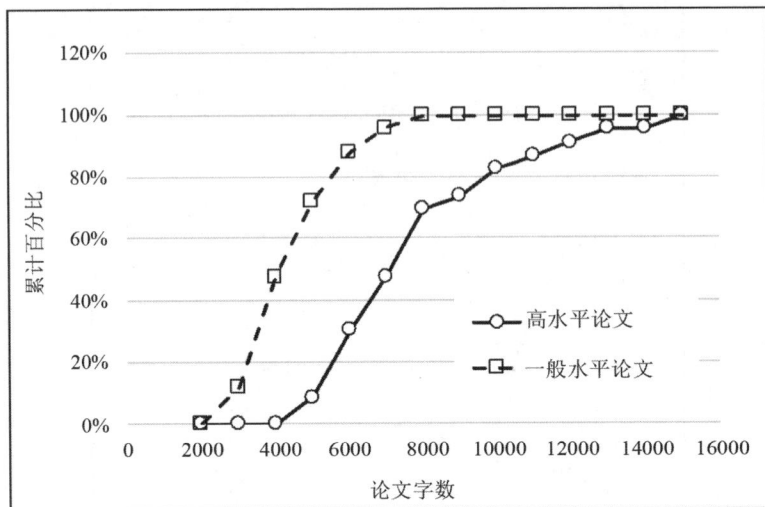

图 2.2　高水平论文和一般水平论文字数分布对比

断作者对研究结果没有进行深入分析,而只是简单地汇报结果。笔者在 SCI 论文写作指导过程中和在各地高校发表演讲时,经过问卷调查发现,中国师生觉得讨论部分最难写,"讨论部分最难写"的选择次数远远多于其他部分(见图 2.3)。讨论难写,可能是一般水平论文的讨论部分比较短的主要原因。详细的讨论写作思维和方法请见本书第 8 讲。

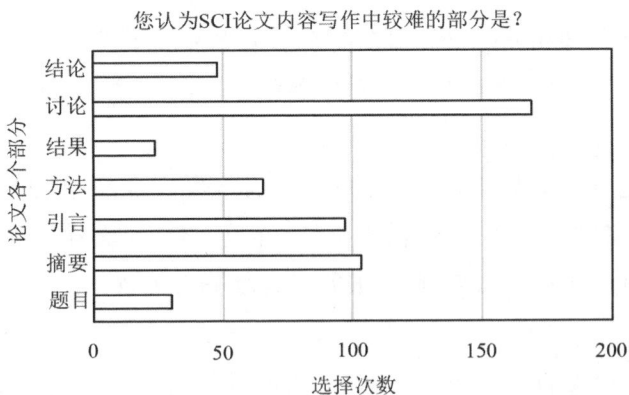

图 2.3　笔者高校演讲(2017 年 5 月份)问卷调查结果

注:笔者走访高校或医院包括东北大学、哈尔滨工程大学、哈尔滨工业大学、华中科技大学、武汉理工大学、宁波大学医学院附属医院等 8 所。

　　总的来说,大部分 SCI 期刊对论文总长度没有最长和最短的限制,小部分会有页数和字数限制(可查询具体的期刊要求)。但从高水平论文和一般水平论文的字数对比看,如果我们想在高水平 SCI 期刊上发表论文,则需要撰写足够多字数的正文,加上参考文献(大约 1200 字),一般在 6000～12000 字。然而笔者在指导中国师生论文写作的过程中发现,大部分的英文论文只有 5500 左右的字数,这约等于本讲分析的一般水平论文的平均字数,因此读者们不是该担心论文长度太长,而应担心长度不够。请注意,为了增加论文长度,不是说去凑字数,而应在保持写作严谨、流畅、精简的情况下加深对研究内容的分析,展现丰富的研究结果以及透彻的结果讨论等,以突出论文的创新性和研究价值。读者们可以阅读本书的第 3～9 讲来学习具体的英文论文各部分的写作思路和方法,通过学习和模仿写作要点,就可以提升论文的丰富性并增加论文字数。

　　以上分析结果是基于 50 多篇论文的平均数据,这些结果虽然在平均意义上能给我们带来启发,但我们也要结合自己的独特性研究结果对论文的各部分写作比例进行合理安排,即要考虑不同部分的重要性。比如,数据不丰富或试验方法无大亮点,但是根据数据结果提取的创新点和重要性却可以成为亮点,这时就应该增加"讨论"的比例而减少"结果"的字数。一些涉及研究现象或问题机理的论文,往往要在讨论中强调如何利用数据在各个方面进行了机理分析,同时也要强调认识这个机理不仅对于当前的研究方向有帮助,而且对于其他领域也有贡献,因此自然也就需要较多的笔墨。又比如,研究成果有很好的应用场景或前景,可以在"讨论"中增加"Implications"(应用)的写作,甚至可以拿出来作为一个像"讨论"一样的独立部分,写成"Applications",如论文"RAW Image Reconstruction Using a Secf-contained sRGB-JPEG Image with Small Memory Overhead"(Nguyen et al., 2016)的 Section 5 Applications。

■ 文献资料

2.3 局部结构和格式要求

　　在了解了以上论文整体结构和各部分字数及比例安排的基础上,我们再进一步分析局部结构和基本格式要求,让论文有好的展示效果。

　　论文的摘要只有一段,大部分 SCI 期刊都要求字数在 200 以下。笔者发现学生们想尽量写多,特别是在研究结果部分,可能是想向审稿人展示丰富的研究成果,但这容易导致将摘要写得过于烦琐,有的甚至长达 300 多字。笔者建议在摘要中突出重点,合理概括研究内容。摘要写作有相对固定的套路,遵循这个套路,并保持语言简洁,就不会超出期刊要求的字数上限。

　　引言部分一般都是由段落组成,不再设子标题,字数没有统一的要求。方法部分基本上要用子标题来分别描述材料和研究方法、提出假设、建立模型、数据分析方法等,一般最多到三级标题(比如 3.1.1)。主标题一般加粗显示,二级和三级标题则不加粗或用斜体表示,且段落之间要有一定的间距来区分上下部分(一般为 6 或 12 磅)。这个规则同样适用于结果和讨论部分。结果部分则是由段落组成,或者用编号(或项目符号)表示。

　　一般情况下,论文提交时是单栏排版,而在论文录用后,期刊编辑部会调整成双栏出版。因此,大家在准备投稿的稿件时,可先按单栏排版(除非期刊明确指明要双栏排版)。

　　关于字体和字号,一般用 Times New Roman 字体,题目字号为 18 磅,其余部分字号为 10 磅。一些期刊会在其网站主页上的排版指导文件中给出具体的排版要求,如果没有,则可按笔者建议的通用排版格式进行排版。

　　由于各个出版社和期刊对格式要求不同,因此笔者在 2.4 节中总结列举了常见的具体模板案例。通过浏览这些案例,读者可以直观感受到一篇完整的 SCI 论文的结构编排,并可加以模仿。当修改完成最后的投稿版本时,应当是一份内容完整、结构清晰、格式一致、图表专业的稿件。关于专业图表制作,可参考本书第 10 讲。

2.4 结构模板举例

　　论文结构 1: 论文信息页(Title 题目、Affiliation 单位、Address 通信地址、Tel 电话、Email 邮箱),Abstract 摘要,Keywords 关键词,Introduction 引言,Methods 方法,Results 结果,Discussion 讨论,Conclusions 结论,Acknowledgments 致谢,以及 References 参考文献。这种论文结构非常清晰,也是最容易模仿学习的。如果熟练掌握了这种论文结构,其他论文结构都是大同小异,因为本质都是一致的。

因此,笔者建议 SCI 论文初学者先学习这种结构并加以模仿练习,然后再学习其他论文结构。图 2.4 展示了这类论文结构的典型案例。

a. 题目、摘要、关键词和引言　　　　b. 试验方法

c. 结果　　　　d. 讨论

e. 结论　　　　f. 参考文献

图 2.4　SCI 论文结构 1 案例(Wu et al.,2015)

论文结构 2: 这种结构和第一种结构的不同之处在于将引言部分拆分成两部分,即新的引言和 Related Work(相关工作)。该案例来自新加坡国立大学的 Nguyen 和 Brown 博士(Nguyen et al.,2018)发表在计算机—人工智能领域高水平期刊 *International Journal Computer Vision*(2017 年其影响因子为 11.541)的论文。这里仅展示引言和相关工作部分(见图 2.5)。

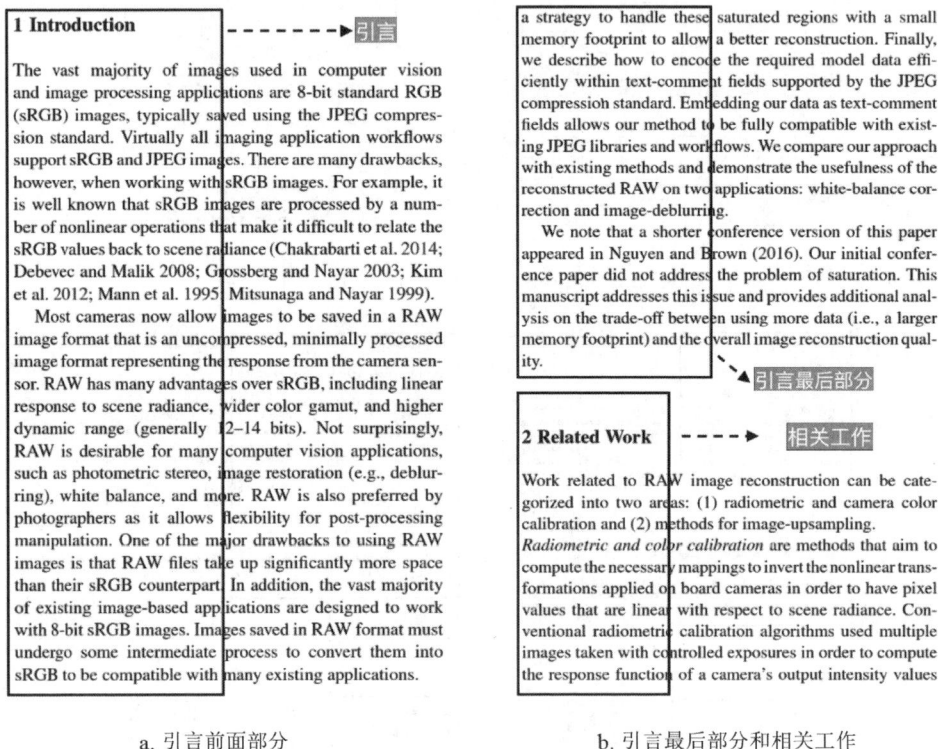

1 Introduction → 引言

The vast majority of images used in computer vision and image processing applications are 8-bit standard RGB (sRGB) images, typically saved using the JPEG compression standard. Virtually all imaging application workflows support sRGB and JPEG images. There are many drawbacks, however, when working with sRGB images. For example, it is well known that sRGB images are processed by a number of nonlinear operations that make it difficult to relate the sRGB values back to scene radiance (Chakrabarti et al. 2014; Debevec and Malik 2008; Grossberg and Nayar 2003; Kim et al. 2012; Mann et al. 1995; Mitsunaga and Nayar 1999).

Most cameras now allow images to be saved in a RAW image format that is an uncompressed, minimally processed image format representing the response from the camera sensor. RAW has many advantages over sRGB, including linear response to scene radiance, wider color gamut, and higher dynamic range (generally 12–14 bits). Not surprisingly, RAW is desirable for many computer vision applications, such as photometric stereo, image restoration (e.g., deblurring), white balance, and more. RAW is also preferred by photographers as it allows flexibility for post-processing manipulation. One of the major drawbacks to using RAW images is that RAW files take up significantly more space than their sRGB counterpart. In addition, the vast majority of existing image-based applications are designed to work with 8-bit sRGB images. Images saved in RAW format must undergo some intermediate process to convert them into sRGB to be compatible with many existing applications.

a strategy to handle these saturated regions with a small memory footprint to allow a better reconstruction. Finally, we describe how to encode the required model data efficiently within text-comment fields supported by the JPEG compression standard. Embedding our data as text-comment fields allows our method to be fully compatible with existing JPEG libraries and workflows. We compare our approach with existing methods and demonstrate the usefulness of the reconstructed RAW on two applications: white-balance correction and image-deblurring.

We note that a shorter conference version of this paper appeared in Nguyen and Brown (2016). Our initial conference paper did not address the problem of saturation. This manuscript addresses this issue and provides additional analysis on the trade-off between using more data (i.e., a larger memory footprint) and the overall image reconstruction quality.

引言最后部分

2 Related Work → 相关工作

Work related to RAW image reconstruction can be categorized into two areas: (1) radiometric and camera color calibration and (2) methods for image-upsampling. *Radiometric and color calibration* are methods that aim to compute the necessary mappings to invert the nonlinear transformations applied on board cameras in order to have pixel values that are linear with respect to scene radiance. Conventional radiometric calibration algorithms used multiple images taken with controlled exposures in order to compute the response function of a camera's output intensity values

a. 引言前面部分　　　　　　　　　b. 引言最后部分和相关工作

图 2.5　SCI 论文结构 2 案例(Ngugen et al.,2018)

论文结构 3: 这种结构和第一种结构的不同之处在于先写结果和讨论,再呈现方法,即主要结构为引言、结果、讨论、方法、(结论)、致谢、参考文献。该案例来源于英国帝国理工学院的地球科学和工程系的 Farsi 博士和他的同事们(Farsi et al.,2017),发表在 *Scientific Reports* 上的论文。这里仅展示引言、结果、讨论和方法部分(见图 2.6)。

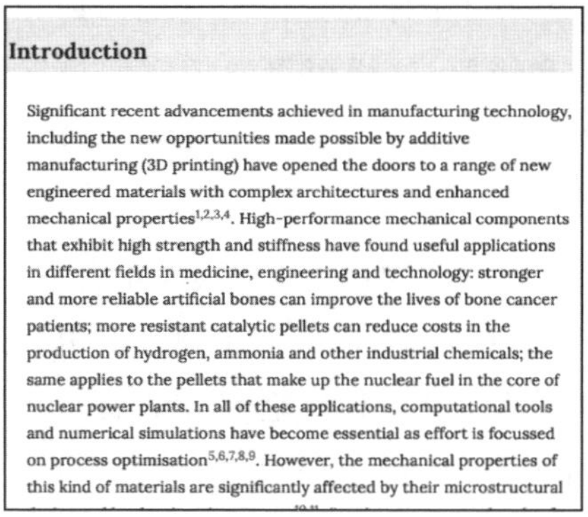

Introduction

Significant recent advancements achieved in manufacturing technology, including the new opportunities made possible by additive manufacturing (3D printing) have opened the doors to a range of new engineered materials with complex architectures and enhanced mechanical properties[1,2,3,4]. High-performance mechanical components that exhibit high strength and stiffness have found useful applications in different fields in medicine, engineering and technology: stronger and more reliable artificial bones can improve the lives of bone cancer patients; more resistant catalytic pellets can reduce costs in the production of hydrogen, ammonia and other industrial chemicals; the same applies to the pellets that make up the nuclear fuel in the core of nuclear power plants. In all of these applications, computational tools and numerical simulations have become essential as effort is focussed on process optimisation[5,6,7,8,8]. However, the mechanical properties of this kind of materials are significantly affected by their microstructural

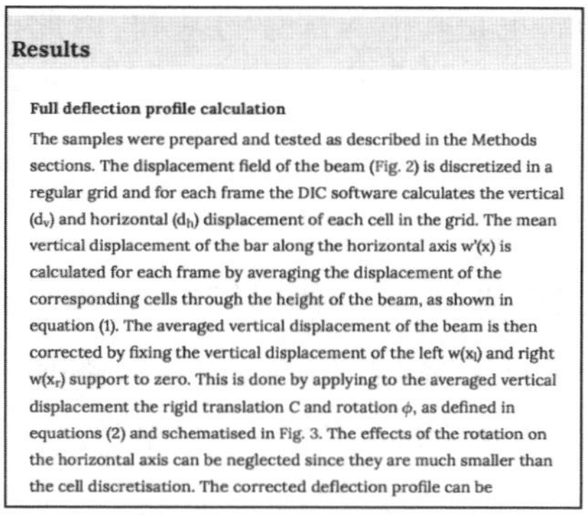

Results

Full deflection profile calculation

The samples were prepared and tested as described in the Methods sections. The displacement field of the beam (Fig. 2) is discretized in a regular grid and for each frame the DIC software calculates the vertical (d_v) and horizontal (d_h) displacement of each cell in the grid. The mean vertical displacement of the bar along the horizontal axis w'(x) is calculated for each frame by averaging the displacement of the corresponding cells through the height of the beam, as shown in equation (1). The averaged vertical displacement of the beam is then corrected by fixing the vertical displacement of the left w(x₁) and right w(x₂) support to zero. This is done by applying to the averaged vertical displacement the rigid translation C and rotation φ, as defined in equations (2) and schematised in Fig. 3. The effects of the rotation on the horizontal axis can be neglected since they are much smaller than the cell discretisation. The corrected deflection profile can be

a. 引言   b. 结果

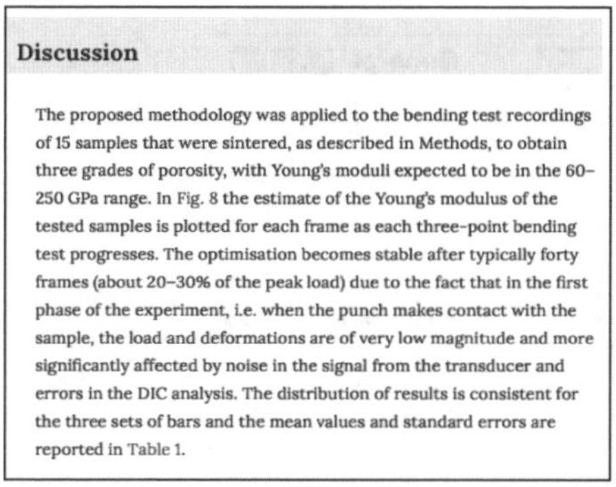

Discussion

The proposed methodology was applied to the bending test recordings of 15 samples that were sintered, as described in Methods, to obtain three grades of porosity, with Young's moduli expected to be in the 60–250 GPa range. In Fig. 8 the estimate of the Young's modulus of the tested samples is plotted for each frame as each three-point bending test progresses. The optimisation becomes stable after typically forty frames (about 20–30% of the peak load) due to the fact that in the first phase of the experiment, i.e. when the punch makes contact with the sample, the load and deformations are of very low magnitude and more significantly affected by noise in the signal from the transducer and errors in the DIC analysis. The distribution of results is consistent for the three sets of bars and the mean values and standard errors are reported in Table 1.

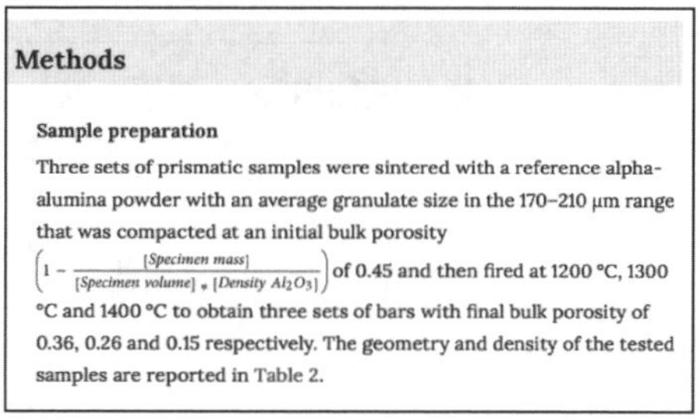

Methods

Sample preparation

Three sets of prismatic samples were sintered with a reference alpha-alumina powder with an average granulate size in the 170–210 μm range that was compacted at an initial bulk porosity $\left(1 - \frac{[Specimen\ mass]}{[Specimen\ volume] * [Density\ Al_2O_3]}\right)$ of 0.45 and then fired at 1200 °C, 1300 °C and 1400 °C to obtain three sets of bars with final bulk porosity of 0.36, 0.26 and 0.15 respectively. The geometry and density of the tested samples are reported in Table 2.

c. 讨论   d. 方法

图 2.6   SCI 论文结构 3 案例（Farsi et al.，2017）

2.5 写作思路

在理解了论文结构及各部分比例后，这一节分析 SCI 论文的整体写作思路。

2.5.1 论文结构构思

虽然常见的 SCI 论文的结构是题目、摘要、关键词、引言、方法、结果、讨论、结论、致谢、参考文献，但是这个顺序并不是最好的写作顺序。笔者建议可按照英文论文的三个部分依次撰写，总的顺序是：主体部分（引言、方法、结果、讨论）—结论—题目和摘要。主体部分是论文的主要部分也是核心内容，占据全文 90% 以上的篇幅,也是其他两部分的基础,因此,一般是先写主体部分再写其他两部分。在撰写主体部分时,我们可以同步草拟出题目和摘要,这样可以发挥它们提纲的作用,更容易把握住论文的主体脉络。但是需要在主体部分和结论都写完后再进一步完善并确定题目及摘要。

主体部分可采用时间沙漏模型(Swales,1990),如图 2.7 所示,即由 General(范围大的内容)到 Particular(具体内容)再回到 General。从主体部分的引言开始到讨论部分结束,中间部分则是研究方法和结果。引言和讨论部分都需要联系大的研究背景或实际应用,因此符合 General 原则;而中间部分的研究方法和结果则是介绍作者自己的具体研究手段和成果,是相对具体的写作内容。

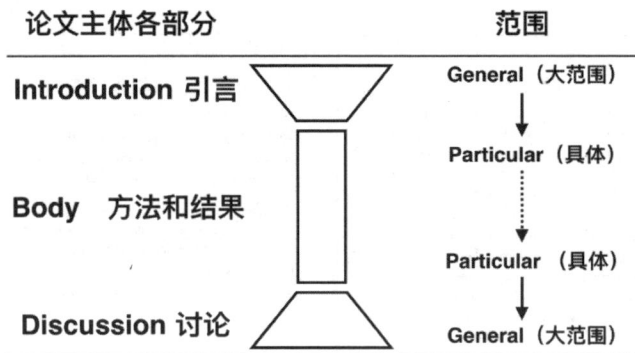

论文主体各部分　　　　　　　　　　范围

Introduction 引言　　　　　　　General（大范围）

　　　　　　　　　　　　　　　　Particular（具体）

Body　方法和结果

　　　　　　　　　　　　　　　　Particular　（具体）

Discussion 讨论　　　　　　　　General（大范围）

图 2.7　时间沙漏模型(Swales,1990)

主体部分的四大块——引言、方法、结果、讨论的具体写作顺序,则可以按照方法—结果—引言—讨论的顺序来写。

一般而言,在开始写作论文前,研究背景、研究动机和目标、研究方法都基本定下来了。即知道了要解决的具体科学问题、为什么要解决它、如何解决它。一般把它们写在研究计划(如基金申请书)中,以指引研究项目的开展。既然这些内容属于论文的引言部分,那是不是可以直接开始写引言部分了呢?由于引言部分需要结合论文的结果来构思才能写得透彻,因此笔者并不建议直接就开始写引言,而是建议在研究早期,确定好研究方法后先写"方法"部分。在撰写过程中还可以再次梳理研究方法,确保方法准确无误,不至于等全部研究做完了才发现研究方向有问题,这会导致返工和时间的浪费。有些研究短期内甚至无法返工,比如农业研究中小麦等作物的种植是有季节要求的,如果错过了种植季节,则要等到下一年。正如第 13 讲强调的,如果论文的方法部分有大缺陷,会被审稿人认定为难以修改的"硬伤",导致论文有很大概率被拒稿。

结果部分可以在执行研究方法的过程中,不断添加内容。等方法和结果都写完后,可以写引言和讨论。把这两部分放到最后写,主要是考虑这两部分是论文中最难写的,而且它们相互呼应,同时需要充分了解论文的研究结果后才可以写出高质量的引言和讨论。具体的写作思路和方法可以参考第 5~8 讲。

总结来看,笔者建议的写作顺序是:方法—结果—引言—讨论—结论—题目—摘要。这个写作顺序不仅可以让写作富有逻辑性,而且能够提升写作效率。

写完初稿后,再进入内容修缮阶段。按照 2.2 节中分析的注意点进行调整,包括论文的总长度、各部分比例、各部分主次安排,并按照本书第 1 讲中分析的高水平 SCI 论文的典型特征去检查和提升论文的内容质量,并从整体逻辑上完善论文的内容结构。其中,题目是论文核心内容的浓缩,在此基础上,简要扩展成概括论文主要内容的摘要。透过题目和摘要,让读者清楚地认识到论文的创新点和重要性,以此吸引读者继续往下阅读正文。正文则是详细版的摘要,能让读者了解具体的研究内容,如研究背景、研究动机、研究方法、研究结果、结果可靠性以及潜在应用等。

2.5.2 考虑论文读者

在完善论文内容过程中,我们还需要考虑论文面向的读者,包括决定是否能发表的期刊编辑和审稿人,也包括发表后阅读论文的同行读者。对于大部分学生来说,他们更关心论文能否在毕业前发表,因此就需要了解期刊编辑和审稿人角色的重要性。

由于期刊编辑经常关注其所在领域的科研进展动态(通过参加学术会议等),也大量阅读投稿来的代表着该领域最新发展的稿件,因此他们往往拥有本领域内广博的专业知识,也熟悉学科发展的动态,了解创新和热门领域,并熟悉代表性的同行学者。此外,国际期刊编辑往往拥有本领域的博士学位,了解高水平论文的基本要素,因此对论文的结构和内容要求都非常熟悉。为了达到他们审阅论文的要求,我们在写作引言和讨论时,首先就要跳出具体的研究内容,考虑大的研究背景和新的研究动态;其次,要注意提炼论文的创新点,注重价值分析;最后还需要注意引用重要和最新文献,提升参考文献的质量。

至于专业审稿人,由于他们的研究领域非常窄,因此除了关注创新性和重要性之外,他们还会更加关注论文的具体研究内容。论文自然也就必须在技术层面上做到分析全面、准确和透彻。此外,由于是研究同行,大部分情况下,审稿人的某项研究成果和我们论文内容相关,这也是期刊编辑寻找审稿人审稿的主要依据。这就提示我们,要做透文献综述,引用和论文相关的参考文献(包含审稿人的文献),这不仅能提升引用质量而且有利于审稿(考虑到审稿人希望增加自己论文的引用量)。需要提醒读者的是,由于期刊编辑和审稿人都是专业大同行或小同行,因此就没有必要像科普著作一样撰写非常基础的知识,特别是在引言的第一段介绍研究背景时,需要尽快进入对研究问题的描述,而无须介绍太多背景知识。

如果希望增加论文发表之后的引用量,就需要考虑如何增加下载量和阅读量。特别是要打磨题目和摘要的写作质量,让读者第一眼看到时就被吸引。同时还要考虑词汇搜索效果,具体方法可参考本书第3讲和第4讲的相关内容。

2.5.3 写作风格

不同于小说等文体,SCI论文讲究学术化(非口语)、简洁、精确、直接、具体和实用,以被动语态为主,兼顾主动语态,讲究句子的流畅性和上下句或段的自然衔接。具体的案例分析可以参考本书第14讲。

2.5.4 中西方文化思维差异

由于目前SCI论文主要还是由母语为英语的西方世界主导,我们在写作时就需要考虑中西方文化思维上的差异。比如传统中国文化讲究谦卑,这就会导致中国师生在写作时不敢直接讲观点和摆论据;而西方文化讲究个性化观点和提倡辩论,这就使得写出观点鲜明、证据充分的引言和讨论部分十分关键。这同样体现在回复审稿人意见书上,我们并不需要在回复每一个问题时都说"谢谢"。

■ 中西方思维差别

在信头部分表达感谢即可,其余除非有较大的帮助建议,只需直接针对问题做出回复(具体见本书第13讲)。另外,中文思维讲究抽象和写意,而英文思维讲究具体和写实,这就需要我们改变固有的中文思维,去适应学术论文特有的具体和实用的写作风格。

如果综合考量了以上多个因素,一篇内容完整、结构清晰的论文初稿就完成

了。再对英文进行润色,使语言接近甚至达到地道的水平,使表达流畅,可读性强。最后则是根据选定的目标期刊(关于如何选择合适的 SCI 期刊,可参考本书第 12 讲),进行格式排版和投稿。

2.6 常见问题答疑

(1) 最容易模仿的 SCI 论文结构是哪一种?

最典型和最简单的 SCI 论文结构其主体部分是 IMRAD 结构,即 Introduction(引言),Methods(方法),Results(结果),and Discussion(讨论),A 代表"and"。具体案例可参考 2.4 节中的论文结构 1 中的论文。

(2) 在英文论文中,最难写的是哪一部分?

根据笔者的调查,中国学者普遍感到最难写的是"讨论"部分。其次是摘要和引言部分。

(3) 合适的英文论文长度是多少?

高水平英文论文的长度为 6000~12000 字。有些期刊会设定字数、图表个数上限,因此还需要参考具体的期刊要求。

(4) 一定要写讨论部分吗?

不一定,根据论文内容而定。如果讨论部分较多,建议将讨论拿出来单独写;如果不多或和结果联系紧密,则可以和结果合在一起写。需要说明的是,至少有一半以上的高水平论文其讨论部分都是单独拿出来写的。

(5) 怎么安排论文的各部分写作顺序?

可参考 2.5 节中分析的时间漏斗模型安排论文的主体部分写作,再安排结论、题目和摘要的写作(部分内容可以同时进行)。

(6) 我的中文论文有上万字,翻译成英文后还有这么多字数吗?会不会字数太多?

一般来说,中文论文被翻译成英文论文后,字数会减少 1/4~1/3,因此即便中文论文有上万字,翻译成英文后也不会多。注意不能直译,而是要在理解句子意思的前提下进行意译,并保持准确、简洁、易懂、客观的写作风格。

2.7 本讲参考文献

Beel，J.，Gipp，B. & Wilde，E. Academic Search Engine Optimization（ASEO）Optimizing Scholarly Literature for Google Scholar & Co.［J］. *Journal of Scholarly Publishing*，2009，41(2)：176-190.

Farsi，A.，Pullen，A. D.，Latham，J. P.，Bowen，J.，Carlsson，M.，Stitt，E. H. & Marigo，M. Full Deflection Profile Calculation and Young's Modulus Optimisation for Engineered High Performance Materials［J］. *Scientific Reports*，2017(7)：1-13.

Nguyen，R. M. & Brown，M. S. RAW Image Reconstruction Using a Self-contained sRGB-JPEG Image with Small Memory Overhead［J］. *International Journal of Computer Vision*，2018，126(6)：635-650.

Swales，J. *Genre Analysis：English in Academic and Research Settings*［M］. Cambridge：Cambridge University Press，1990.

Wu，Z.，Wong，H. S.，& Buenfeld，N. R. Influence of Drying-Induced Microcracking and Related Size Effects on Mass Transport Properties of Concrete［J］. *Cement and Concrete Research*，2015(68)：35-48.

让题目闪光

> 论文题目是读者阅读论文的第一部分,论文作者自然想通过题目就抓住读者的眼球,并且给读者留下好的第一印象。题目写作看似简单,实则蕴含多个注意点。把握住这些细节,有利于提升题目质量,更好地传递论文的核心内容,提升搜索结果排名和增加阅读量。笔者在本讲中总结分析了高水平 SCI 论文题目的写作知识和常见技巧。

3.1 题目的写作要求

一个好的论文题目犹如一颗闪闪发光的明珠,吸引着编辑、审稿人以及同行去关注、阅读甚至引用论文。好的论文题目需要包含论文核心信息点,简明扼要地突出研究目的、思路、重要性或创新性,不仅要让读者快速识别论文的主要内容,而且要勾起读者的兴趣。

■ 如何让题目夺人眼球

🔍 案例 3.1

某论文题目的初稿:

Deep Multimodal Rank Learning for Spatial Item Recommendation

其中,Deep Multimodal 和 Rank Learning 是计算机研究领域的专业名词,意为"深度多模态"和"排序学习"。作者结合了这两种技术开发出新的模型,将之命名为 Deep Multimodal Rank Learning Model,并运用这个新模型去做物体推荐 (Spatial Item Recommendation)。然而这个题目的不足之处在于无法让读者立即明白作者是开发了一个基于 Deep Multimodal 和 Rank Learning 的创新模型,且没有表达出新模型深度融合了深度多模态和排序学习技术。

改写后的论文题目：

An Integrated Model based on Deep Multimodal and Rank Learning for Spatial Item Recommendation

用 Integrated Model 表示新模型是融合了深度多模态和排序学习技术的模型，有效地反映出论文的最核心研究内容。

相比于论文的其他部分，题目在搜索引擎的排序中起到最大的作用（Beel，2009）。因此，好的论文题目还应该和搜索词有强相关性，即包含读者常用的搜索词或与之相近的词。这样能让搜索引擎更容易搜索到该题目和论文，并让论文在搜索结果中有较高的排名，从而有更大概率被读者阅读和引用。

🔍 案例 3.2

以上述题目中的名词"Spatial Item Recommendation"为例。该名词于 2018 年 7 月 29 日在谷歌学术中只有 92 个搜索结果，而它的同义词"Point-of-Interest Recommendation"却有 1680 个搜索结果，是更为通用的专业词汇。因此，建议使用 Point-of-Interest Recommendation 来增加论文被搜索出来的可能性，于是上述题目被优化成：An Integrated Model Based on Deep Multimodal and Rank Learning for Point-of-Interest Recommendation。

如果你有兴趣了解和学习优化论文的搜索结果，可参考"学术搜索引擎优化（ASEO）"（Beel，2009）。

研究（Paiva et al.，2012）还表明，在题目中限定研究区域（城市/省份/州/国家），会让论文的关注度和引用量下降，缺乏吸引力。这是因为读者期望看到论文所反映出来的研究成果是通用性的，这也是高水平论文的特征之一（详见本书第 1 讲 1.2 节）。如果一篇论文局限于某个区域的研究，且得出的研究成果局限于地方，那么即便被发表出来，其读者群也很小，因此很少有高水平 SCI 期刊愿意发表。不过有一定机会在地方性期刊里发表，比如一篇研究南非土木工程问题的论文不太适合发表在国际期刊上，但适合南非地区的期刊，比如 SCI 期刊 *Journal of the South African Institution of Civil Engineering*。

总之，好的论文题目追求短小精悍，包含核心信息，有吸引力。

3.2 题目的长度

  SCI 论文题目一般较短,少于 15 个单词(笔者在第 2 讲 2.2 节中分析的高水平期刊 *Cement and Concrete Research*,其论文题目的平均长度为 14 个单词),但不同的研究领域略有差别,比如数学学科会少一些,而医学学科会多一些。一些 SCI 期刊还会对题目长度做出具体的限制,比如 *Nature Natotechnology* 要求题目不超过 15 个单词,*Ecology & Evolution* 要求不超过 8 个单词,因此,建议读者们在投稿前查一下目标期刊的题目长度限制,并做相应调整。

  题目写作总的原则是:在题目包含论文的主要关键词前提下,越短越好。Letchford 和 Paiva 等人的调查研究表明 (Letchford et al.,2015;Paiva et al.,2012),论文题目越短,获得的阅读量和引用量越高。这可能是由于短小精悍的题目内容不烦琐,更容易被读者理解,从而有更高的搜索排序。如果论文题目过长,往往是由于题目中存在多余的词,显得不重要或不具体,常见的有:a method / results / a study / a report of / an experimental study on。

■ 文献资料

🔍 案例 3.3

某论文 1 题目为:

"A Method for the Construction of Minimum-Redundancy Codes"

这里"A Method"不够具体,信息不充分,就显得多余。笔者建议的题目为:

"Construction of Minimum-Redundancy Codes Based on ... Method"

🔍 案例 3.4

某论文 2 题目为:

"An Experimental Study on the Effect of Ultrasonication on Viscosity and Heat Transfer Performance of Multi-Wall Carbon Nanotube-Based Aqueous Nanofluids"

  该题目长达 20 个单词,分析后发现该题目既描述结果(effect of sth. on sth.)又描述方法(experimental study),且方法介绍没有重要信息,显得烦琐,因此可以

把重点放在结果描述上,建议删除"An Experimental Study on the",修改为:

"Effect of Ultrasonication on Viscosity and Heat Transfer Performance of Multi-Wall Carbon Nanotube-Based Aqueous Nanofluids"

3.3 题目的类型

题目的核心要素通常有研究对象、研究变量、研究条件、研究理论/方法/关系、研究结果等。通过不同方式串联这些要素,即可构成题目的两大主要类型。第一种类型是以描述研究方法/理论为主,即"方法描述型题目";第二种类型是以描述研究结果/结论为主,即"结果描述型题目"。

🔍 案例 3.5

方法描述型题目(下划线部分表示方法)

● Tool Condition Monitoring Using <u>Artificial Intelligence Method</u>

● An Integrated Model Based on <u>Deep Multimodal and Rank Learning</u> for Point-of-Interest Recommendation

这类题目的典型结构是:做什么+用某种方法+(目的)。表示动作的词可以是动名词,如 monitoring,或名词 development。除了用 using 表示用某种方法,还可以用一些常用的介词,比如 by,through,with 等。

🔍 案例 3.6

结果描述型题目

这类题目通常表示两个研究变量之间的影响,句式为 Effect/Influence of A on B,例如:"Effect of Transformed Letters on Reading Speed"。

或者直接呈现研究内容,例如:"Determining the Slag Fraction, Water/Binder Ratio and Degree of Hydration in Hardened Cement Pastes"。

题目直接说明该论文确定了三个研究变量的结果,包括 Slag Fraction, Water/Binder Ratio 和 Degree of Hydration。

由于论文题目存在不同类型,因此在撰写题目时,我们可以有的放矢地进行选择或组合。但是,需要先明确论文的重点,比如,发展了一种很有创新性的方法,为了突出方法的价值,可以选择方法描述型题目;如果是用了常见的研究方法得到了创新的有吸引力的研究结果,则可以选择结果描述型题目,而不提研究方法。如果方法和结果都重要,就可以结合两种题目类型,例如:

"Simulating the Effect of Microcracks on the Diffusivity and Permeability of Concrete Using a Three-Dimensional Model"。其中"the Effect of Microcracks on the Diffusivity and Permeability of Concrete"表示研究结果,而作者想突出该数值模型采用了三维模型,因此又加上了方法描述,即"Three-Dimensional Model"。

为了给大家更直观的认识,结合 3.1～3.3 节讲解的知识点,下面举一个题目的改写案例。

🔍 案例 3.7

初稿:

Does Vaccinating Children and Adolescents with Inactivated Influenza Virus Inhibit the Spread of Influenza in Unimmunized Residents of Rural Communities?

点评:过于烦琐的完整句子,导致长度太长(20 个单词),让人失去阅读兴趣。同时,科技论文不建议使用疑问句。Paiva 等人的研究(Paiva et al., 2012)表明,题目中含有问号、冒号、破折号等会降低论文的引用量。不过,医学研究论文中经常用到冒号。

改写 1:

Influenza Vaccination of Children:A Randomized Trial

点评:信息不重要,过于短小,激发不了读者兴趣。

改写 2:

Effect of Child Influenza Vaccination on Infection Rates in Rural Communities:A Randomized Trial

点评:结果描述型题目,包含关键信息,长度(14 个单词)合适,且易于理解。

3.4 写作思路

按照本书第 2 讲中分析和推荐的写作顺序,我们可以先草拟出题目,并在写完论文主体和结论之后,再对题目进行润色以提升其质量。可将论文内容的主要关键词全部列出来,并根据 3.3 节中分析的题目类型组织这些关键词,再适当调整,比如删除多余词,精简成最精确的题目。如果不确定哪种类型的题目适合论文,可多写几套题目方案,互相比较或者与同事交流讨论出最优方案。

3.5 常见问题答疑

(1) SCI 论文题目有多重要?

非常重要,因为它是编辑和审稿人首先看到的部分,如果题目没有使他们产生兴趣,就会影响到审稿的进度;如果摘要也写不好,期刊编辑甚至会以论文不匹配期刊发表范围或缺乏创新性等理由拒绝审稿。同时在谷歌学术等搜索引擎中,相比于论文的其他部分(比如引言),题目中的关键词对论文被搜索出来起到最重要的作用。

(2) 优秀的论文题目需要做到哪些?

短小精悍,包含核心信息,有吸引力。具体分析见本讲 3.1 节。

(3) 英文论文题目多长合适?

不同学科略有差别,但是平均在 12~15 个单词,不宜超过 20 个单词。

(4) 题目中能放专业词汇缩写吗?

除非是行业中非常常见的缩写,否则不宜在题目中使用缩写词,以免让审稿人和读者不理解缩写词的含义。

(5) 常见的题目类型有哪些?

主要可分为方法描述型题目、结果描述型题目,以及综合两者的题目类型。具体见本讲 3.3 节。

3.6 本讲参考文献

Beel，J.，Gipp，B. & Wilde，E. Academic Search Engine Optimization（ASEO）
Optimizing Scholarly Literature for Google Scholar & Co. [J]. *Journal of Scholarly Publishing*，2009，41(2):176-190.

Letchford，A.，Moat，H. S. & Preis，T. The Advantage of Short Paper Titles
[J]. *Royal Society Open Science*，2015，2(8):1-6.

Paiva，C. E.，Lima，J. P. D. S. N. & Paiva，B. S. R. Articles with Short Titles
Describing the Results Are Cited More Often[J]. *Clinics*，2012，67(5):509-513.

以小窥大的摘要

摘要是论文主要内容的缩影,是帮助繁忙的期刊编辑、审稿人和研究者快速了解论文内容的捷径,也是对论文中最重要部分的提炼和展示。因此,摘要可被称为一篇相对独立和内容高度概括的小论文,可以起到以小窥大的作用。好的摘要要让读者读完后,能够大概明白你为什么要写这篇论文,采用了什么方法,取得了什么结果,带来的理论意义和潜在应用场景。本讲将为大家阐述论文摘要的重要性、SCI 期刊对摘要的要求、摘要的结构化写作方法,并对写作时态进行分析。

4.1 SCI 论文摘要的重要性

首先,当 SCI 期刊编辑收到研究者提交的稿件时,会根据题目和摘要对论文的研究范围、内容的创新性和重要性进行快速评估。如果摘要质量没有得到编辑认可,论文将很有可能不被送审。一些顶级期刊,比如 *Nature*,会要求先提交总结性摘要(Summary Paragraph Abstract)而不是全文,进行预审后再决定是否邀请作者提交全文进行审稿。因此,高水平的摘要是确保论文获得审稿资格的关键因素。同样,审稿人拿到论文后,也基本上会首先看论文题目和摘要以快速了解论文的主要研究内容,并初步判定论文的质量。如果摘要质量不好,审稿人可以不进行审稿。这时期刊编辑需要寻找新的审稿人,从而至少耽误两周时间。因此,高水平摘要可以给审稿人留下好印象,进而加快审稿速度或提高录用概率。其次,大部分的学术搜索引擎会收录论文的题目和摘要,但不一定收录全文。为了让论文被更多人看到和被引用,就需要让读者在第一眼见到题目和摘要时,就被吸引去下载和阅读全文。总的来说,高水平的摘要对成就一篇高水平论文以及提高论文关注度至关重要。

4.2 SCI 期刊的摘要要求及案例

既然摘要如此重要,那么大部分 SCI 期刊会做怎样的要求呢?笔者发现,各个学科略有差别,各个期刊的要求侧重点也略有不同,但是绝大多数学科的 SCI 期刊都有如下要求。

(1)简要介绍研究背景或动机,清晰指出研究主题。

(2)简要总结研究方法(部分期刊不要求)。

(3)总结主要结果(非技术性,让非本研究领域的学者容易理解)。

(4)指出研究价值或潜在应用,或指明未来研究方向。

(5)其他要求:基于事实的内容概括,避免不常见或非标准化的简写,绝大多数情况下不使用参考文献。

从国际 SCI 期刊对摘要的要求可以看出,摘要几乎涵盖了论文正文的主要内容,即论文写作的目的和背景、研究方法、得出的主要结果以及结论或应用。

为让读者更易于理解以上摘要要求,笔者结合写作经验,将它们简化成摘要是否回答了以下 4 个问题。

(1)你为什么要做这项研究?(研究背景和动机)

(2)主要做了什么?(研究主题和采用的方法)

(3)研究发现了什么主要成果?(研究结果)

(4)为什么这些发现有用或重要?(研究价值)

如果能在摘要中依次清晰地表达上述 4 个要点,就能构成一篇合格甚至优秀的摘要。为了更好地理解这 4 个要点,下面举例说明,如图 4.1 和图 4.2 所示。

图 4.1 和图 4.2 中的两个案例代表了大多数 SCI 论文摘要的结构,但是依据论文的不同内容,各个部分的比重会有不同。例如研究背景在领域内为人熟知,那么研究背景就可以简单描述甚至省略,如图 4.3 所示的摘要就没有研究背景;如果研究方法是论文的主要创新点,则加大方法部分的比重,如图 4.3 所示的摘要,其研究方法是论文的主要创新点,因此就占据了摘要 66/152(43%)的高

■ 文献资料

比例；如果想突出研究结果的重要性，则可以多描述研究价值部分，如图 4.1 所示摘要的最后一部分。

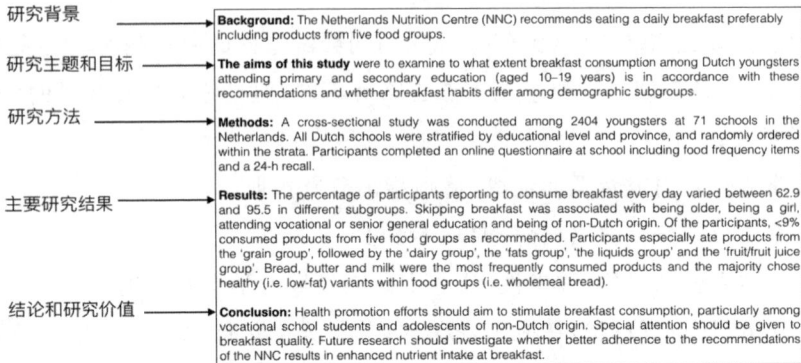

研究背景 ⟶ **Background:** The Netherlands Nutrition Centre (NNC) recommends eating a daily breakfast preferably including products from five food groups.

研究主题和目标 ⟶ **The aims of this study** were to examine to what extent breakfast consumption among Dutch youngsters attending primary and secondary education (aged 10–19 years) is in accordance with these recommendations and whether breakfast habits differ among demographic subgroups.

研究方法 ⟶ **Methods:** A cross-sectional study was conducted among 2404 youngsters at 71 schools in the Netherlands. All Dutch schools were stratified by educational level and province, and randomly ordered within the strata. Participants completed an online questionnaire at school including food frequency items and a 24-h recall.

主要研究结果 ⟶ **Results:** The percentage of participants reporting to consume breakfast every day varied between 62.9 and 95.5 in different subgroups. Skipping breakfast was associated with being older, being a girl, attending vocational or senior general education and being of non-Dutch origin. Of the participants, <9% consumed products from five food groups as recommended. Participants especially ate products from the 'grain group', followed by the 'dairy group', the 'fats group', 'the liquids group' and the 'fruit/fruit juice group'. Bread, butter and milk were the most frequently consumed products and the majority chose healthy (i.e. low-fat) variants within food groups (i.e. wholemeal bread).

结论和研究价值 ⟶ **Conclusion:** Health promotion efforts should aim to stimulate breakfast consumption, particularly among vocational school students and adolescents of non-Dutch origin. Special attention should be given to breakfast quality. Future research should investigate whether better adherence to the recommendations of the NNC results in enhanced nutrient intake at breakfast.

图 4.1　SCI 论文典型摘要案例 1(医学)(Raaijmakers et al.，2009)

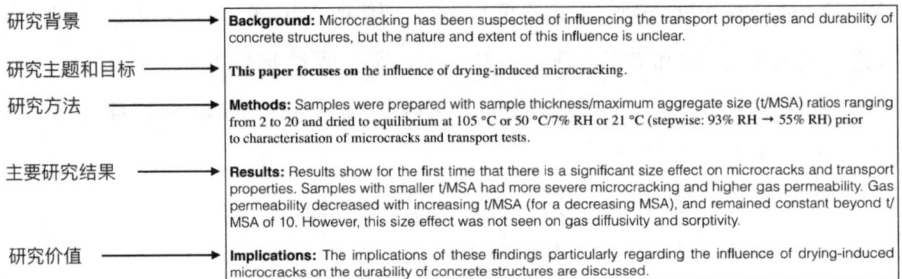

研究背景 ⟶ **Background:** Microcracking has been suspected of influencing the transport properties and durability of concrete structures, but the nature and extent of this influence is unclear.

研究主题和目标 ⟶ **This paper focuses on** the influence of drying-induced microcracking.

研究方法 ⟶ **Methods:** Samples were prepared with sample thickness/maximum aggregate size (t/MSA) ratios ranging from 2 to 20 and dried to equilibrium at 105 °C or 50 °C/7% RH or 21 °C (stepwise: 93% RH → 55% RH) prior to characterisation of microcracks and transport tests.

主要研究结果 ⟶ **Results:** Results show for the first time that there is a significant size effect on microcracks and transport properties. Samples with smaller t/MSA had more severe microcracking and higher gas permeability. Gas permeability decreased with increasing t/MSA (for a decreasing MSA), and remained constant beyond t/MSA of 10. However, this size effect was not seen on gas diffusivity and sorptivity.

研究价值 ⟶ **Implications:** The implications of these findings particularly regarding the influence of drying-induced microcracks on the durability of concrete structures are discussed.

图 4.2　SCI 论文典型摘要案例 2(工程)(Wu et al.，2015)

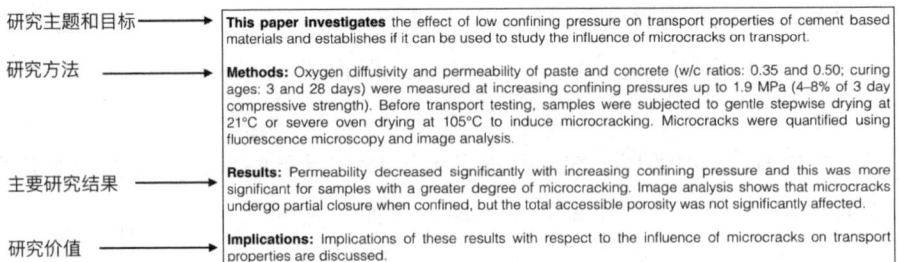

研究主题和目标 ⟶ **This paper investigates** the effect of low confining pressure on transport properties of cement based materials and establishes if it can be used to study the influence of microcracks on transport.

研究方法 ⟶ **Methods:** Oxygen diffusivity and permeability of paste and concrete (w/c ratios: 0.35 and 0.50; curing ages: 3 and 28 days) were measured at increasing confining pressures up to 1.9 MPa (4–8% of 3 day compressive strength). Before transport testing, samples were subjected to gentle stepwise drying at 21°C or severe oven drying at 105°C to induce microcracking. Microcracks were quantified using fluorescence microscopy and image analysis.

主要研究结果 ⟶ **Results:** Permeability decreased significantly with increasing confining pressure and this was more significant for samples with a greater degree of microcracking. Image analysis shows that microcracks undergo partial closure when confined, but the total accessible porosity was not significantly affected.

研究价值 ⟶ **Implications:** Implications of these results with respect to the influence of microcracks on transport properties are discussed.

图 4.3　SCI 论文典型摘要案例 3(工程)(Wu et al.，2014)

4.3 结构化写作方法

为了让读者易于模仿和学习写作最常见的摘要,笔者概括出一种结构化的写作方法,如图 4.4 所示。摘要的结构化写作即按照 BTMRI 结构来构思和撰写,依次为 Background(研究背景)、Topic(研究话题)、Methods(研究方法)、Results(研究结果)和 Implication(研究价值)。详细的解释如下。

(1) Background(研究背景):论文研究内容所在的领域以及该领域的某个研究问题为什么值得关注,是存在分析不足还是理解不透或研究方法有缺陷等问题。摘要的第一句话,也是整篇论文开篇第一句话,必须明确告知读者你所做的研究的主要内容,从而让读者更容易理解论文的研究范围和需要解决的问题。

(2) Topic(研究话题):明确展示采用什么理论或方法解决某个具体的科学问题,或者表明研究的目的。

(3) Methods(研究方法):概述用什么方法,通过什么步骤得到结果。

(4) Results(研究结果):取得了什么样的主要研究结果。突出重要性,并且尽量非技术性地总结结果,让跨学科学者容易读懂。

(5) Implication(研究价值):分析得到的结果带来的潜在应用价值或理论价值。既可以简单指明其价值,也可以指出未来的研究方向。

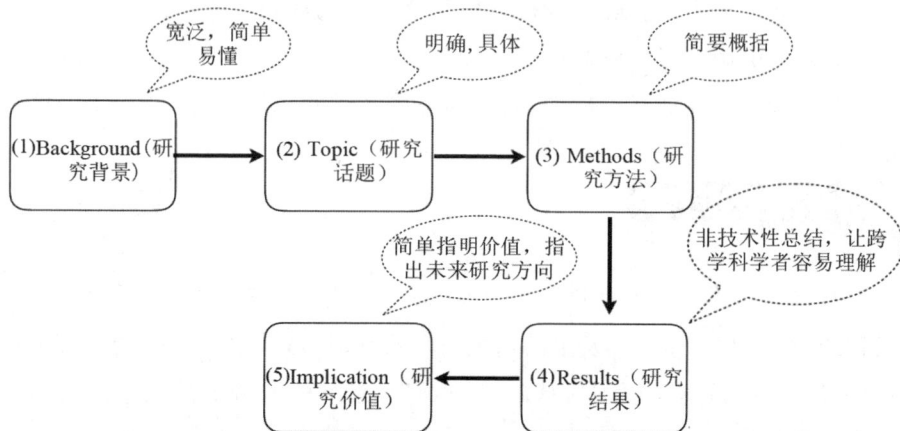

图 4.4　笔者建议的 SCI 论文摘要的结构化写作流程

提示：由于研究价值是作者本人的一种主观判断，因此用情态动词就显得更严谨。摘要中描述研究价值时常用的情态动词有 should，may，can 等，例如：

（1）Special attention <u>should</u> be given to breakfast quality. Future research <u>should</u> investigate whether better adherence to the recommendations of the NNC results in enhanced nutrient intake at breakfast. (Raaijmakers et al.，2009)

（2）These results demonstrate an unexpected role for 5-HT action in the nucleus accumbens in social behaviours，and suggest that targeting this mechanism <u>may</u> prove therapeutically beneficial. (Walsh et al.，2018)

（3）Thus，highly multiplexed subcellular protein maps <u>can</u> be used to identify functionally relevant single-cell states. (Gut et al.，2018)

可以看到，第 2 讲中论文主体的 IMRAD 结构包括了摘要的所有内容，是更加详细的"大论文"版，而摘要则是展示论文中确定的内容。按照 BTMRI 结构来全面系统地构思和写作摘要，能够更加清晰地表达论文的中心论点、创新点和价值，避免遗漏关键点，使初学 SCI 论文的同学能快速上手。

在利用结构化的写作方法时，需要注意以下几个常见问题：

（1）各部分比例没有统一规定，需要根据自己论文的重点来调整。

（2）侧重描述重要信息和主要发现，特别是令人感兴趣的内容。

（3）语言流畅易懂，没有过多技术性词汇，让跨学科学者容易理解。

（4）专业词汇准确、地道，让搜索引擎能检索到摘要。

（5）避免引用参考文献。

（6）一般将摘要放在最后写，具体参考第 2 讲的 2.5 节。

4.4 摘要的时态

写作摘要时需要交替使用多种时态，总的原则是：在说明、描写、解释、刻画某事或物的特点，或描述现在发生的情况时用现在时；叙述过去发生的过程或结果时用过去时。在把握这个原则的基础上，我们再来具体看摘要的几个主要部分写作时的时态使用情况。

（1）Background（研究背景）：为了突出所在研究领域的现状，用现在进行时、现在完成时或一般现在时来表达。

情况 1：现在进行时

As global temperatures rise，large amounts of carbon sequestered in permafrost are becoming available for microbial degradation.（Woodcroft et al.，2018）

情况 2：现在完成时

Microcracking has been suspected of influencing the transport properties and durability of concrete structures，but the nature and extent of this influence is unclear.（Wu et al.，2015）

情况 3：一般现在时

Dysregulated NLRP3 inflammasome activity results in uncontrolled inflammation，which underlies many chronic diseases.（Zhong et al.，2018）

（2）Topic（研究话题）：介绍论文目的用一般现在时,叙述研究目的或方法用一般过去时。

情况 1：介绍论文目的,类似于说明文中的说明性语句

This paper investigates the effect of low confining pressure on transport properties of cement-based materials and establishes if it can be used to study the influence of microcracks on transport.（Wu et al.，2014）

情况 2：叙述研究目的或方法,类似于叙述文中的叙述性语句

The aim of the present investigation was to clarify whether the Ki-67 nuclear antigen is restricted in its expression to certain phases of the cell cycle.（Gerdes，et al.，1984）

（3）Methods（研究方法）：叙述过去的事情（调查或试验）发生的过程用一般过去时,描述或说明方法的流程用一般现在时。被动语态和主动语态均可以,但被动语态用得更多。

情况 1：一般过去时

Microcracks were quantified using fluorescence microscopy and image analysis.（Wu et al.，2014）

Here we use metagenomic sequencing of 214 samples from a permafrost thaw gradient to recover 1,529 metagenome-assembled genomes, including many from phyla with poor genomic representation.（Woodcroft et al.，2018）

注：Here 是指 in this paper。

情况 2：一般现在时，数值建模类论文用得较多

The approach is based on finite-element method and adopts aligned meshing to improve computational efficiency. The mesostructure of concrete is represented by aggregate particles that are surface meshed by triangulation and porous cement paste matrix that arediscretised with tetrahedral elements.（Abyaneh et al.，2016）

（4）Results(研究结果)：说明或描述结果状态用一般现在时，叙述过去产生的结果用一般过去时。被动语态和主动语态均可以，但被动语态用得更多。

情况 1：说明或描述结果状态

Results show for the first time that there is a significant size effect on microcracks and transport properties.（Wu et al.，2015）

情况 2：叙述过去产生的结果

Samples with smaller t/MSA had more severe microcracking and higher gas permeability.（Wu et al.，2015）

图 4.5 展示了一个完整的具有代表性的摘要的时态使用情况。

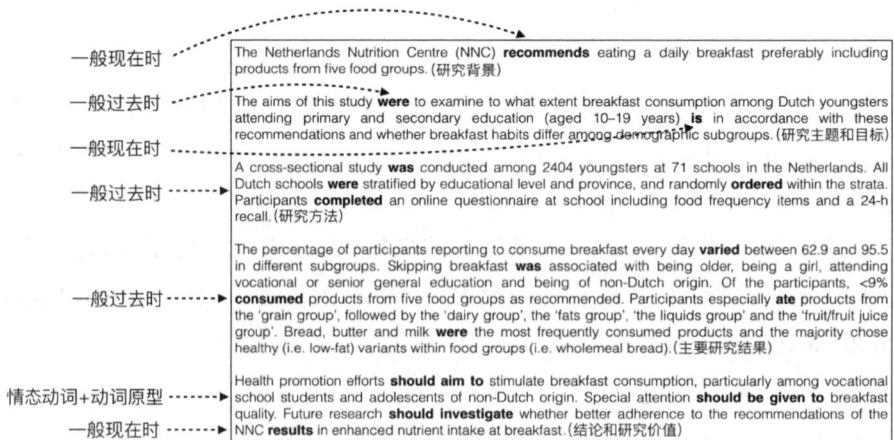

图 4.5　SCI 论文摘要的时态使用案例（医学）（Raaijmakers et al.，2009）

4.5 常见问题答疑

（1）论文摘要怎么写？

可采用结构化写作方式，分四部分撰写，依次是研究背景、研究话题、研究方法和研究价值。具体可参考 4.2 和 4.3 节。

（2）摘要采用什么时态？

总的原则是：在说明、描写、解释、刻画某事或物的特点，或描述现在发生的情况时用现在时；叙述事情过去发生的过程或产生的结果时用过去时。摘要各个部分的时态使用有一定的规律，一般来说，研究背景部分用现在进行时、现在完成时、一般现在时，研究话题部分用一般现在时、一般过去时，研究方法部分用一般过去时或一般现在时，研究价值部分用情态动词＋动词原形的形式。具体可参考 4.4 节。

（3）摘要的 Implication（研究价值）部分为什么需要用情态动词？

由于研究价值部分是作者根据取得的研究结果合理推断出来的，因此在没有得到更进一步采集的证据之前，该研究价值并没有得到检验。为了保持严谨性，需要用情态动词表示一种可能的语气。

4.6 本讲参考文献

Abyaneh S. D., Wong H. S. & Buenfeld N. R. Simulating the Effect of Microcracks on the Diffusivity and Permeability of Concrete Using a Three-Dimensional Model [J]. *Computational Materials Science*，2016（119）：130-143.

Gerdes，J.，Lemke，H.，Baisch，H. E. I. N. Z.，Wacker，H. H.，Schwab，U. & Stein，H. Cell Cycle Analysis of a Cell Proliferation-Associated Human Nuclear Antigen Defined by the Monoclonal Antibody Ki-67[J]. *The Journal of Immunology*，1984，133(4)：1710-1715.

Gut，G.，Herrmann，M. D. & Pelkmans，L. Multiplexed Protein Maps Link

Subcellular Organization to Cellular States[J]. *Science*, 2018, 361:1.

Jiang, Y., Chen, Z., Han, Y., Deb, P., Gao, H., Xie, S. & Elser, V. Electron Ptychography of 2D Materials to Deep Sub-Angström Resolution [J]. *Nature*, 2018, 559:343-349.

Raaijmakers, L. G., Bessems, K. M., Kremers, S. P. & van Assema, P. Breakfast Consumption among Children and Adolescents in the Netherlands [J]. *European Journal of Public Health*, 2009, 20(3): 318-324.

Walsh, J. J., Christoffel, D. J., Heifets, B. D., Ben-Dor, G. A., Selimbeyoglu, A., Hung, L. W. & Malenka, R. C. 5-HT Release in Nucleus Accumbens Rescues Social Deficits in Mouse Autism Model[J]. *Nature*, 2018, 560: 589-594.

Woodcroft, B. J., Singleton, C. M., Boyd, J. A., Evans, P. N., Emerson, J. B., Zayed, A. A. & Wilson, R. M. Genome-Centric View of Carbon Processing in Thawing Permafrost[J]. *Nature*, 2018, 560: 49-54.

Wu, Z., Wong, H. S. & Buenfeld, N. R. Effect of Confining Pressure and Microcracks on Mass Transport Properties of Concrete [J]. *Advances in Applied Ceramics*, 2014, 113(8):485-495.

Wu, Z., Wong, H. S. & Buenfeld, N. R. Influence of Drying-Induced Microcracking and Related Size Effects on Mass Transport Properties of Concrete[J]. *Cement and Concrete Research*, 2015(68): 35-48.

Zhong, Z., Liang, S., Sanchez-Lopez, E., He, F., Shalapour, S., Lin, X. J. & Hevener, A. L. New Mitochondrial DNA Synthesis Enables NLRP3 Inflammasome Activation[J]. *Nature*, 2018, 560: 198-203.

讲故事一样的引言

引言部分引导读者了解论文研究内容的背景信息,并且告诉读者为什么开展和如何开展这项研究。笔者在指导学生写作的过程中发现,不翔实的引言会让人看得云里雾里或者缺乏说服力。高水平论文的引言,往往流畅、自然地引导读者进入一段有价值或有趣的研究内容,以至于在引言的末尾,读者就等不及想去看研究结果,想知道结果部分如何回答研究者所提的研究问题。这些论文的引言通常言简意赅而又有逻辑地被组织起来,常常能体现作者对该领域的理解深度和宽度。本讲将为大家阐述引言的构思方法、引言的漏斗型写法、引言写作的注意点,以及引言写作常用的句型和时态。

5.1 引言的构思方法

引言写作看似简单,很多读者在实际撰写的过程中却有种无从下笔的感觉。一篇论文如果先写引言,难免会有万事开头难的感觉。如果再加上不了解引言的行文思路,则更是难上加难。因此,建议研究者按照本书第 2 讲中笔者推荐的 SCI 论文写作顺序来写引言,即方法—结果—引言—讨论—结论—题目—摘要。将引言放到方法和结果后来写。因为只有充分了解了论文的研究结果,才能够写出高质量的引言,否则会流于泛泛之谈,且无法和研究的主要目的相互呼应。

引言写作的最大难点在于,让研究主题既保持前沿性又有研究价值,将比较大的研究课题落实到具体的实践应用或现象认知中,增加论文的通用性和受众的广泛性。关于如何增加论文的重要性、创新性、通用性和受众广泛性,可以参见第 1 讲。

在构思引言前,问自己 5 个问题,并尝试写下答案。

(1) 为什么这个研究问题很重要?

比如做焊接空心球节点的疲劳测试的研究,为什么重要呢?是因为网架结构的节点疲劳问题容易造成工业生产中的安全事故,因此,研究疲劳性能并对结构加以改善能够更大限度地降低工业生产中的安全事故风险。除了类似的具有实践意义的研究,还有其他方面的重要研究,比如新的理论能填补认知空白。总之,需要构思出一个好的科研想法,瞄准重要的科学问题。如果问题本身的价值不大,即便解决问题的方法再创新,意义自然就不大。在一些严谨苛刻的学者面前,这样的研究问题即便有再好的分析,也会有"无病呻吟"的尴尬评价。

那么如何确保自己的研究问题是重要的?这个问题没有统一的评判标准,各个研究方向也有自己的独特性。但是笔者建议通过以下两个途径予以改进:①阅读理解高水平学者的论文和作者观点,这一般会出现在他们论文的引言和讨论部分或者综述论文中。特别是综述论文,会对某个研究问题进行系统的总结与预测,有助于我们深入了解某个方向研究的来龙去脉,也就能够启发我们定位到重要的研究问题上。②直接和富有经验的同行交流,可通过参加学术会议、邮件交流、当面交流等形式。这比阅读论文更容易理解某个科研问题,对于科研入门者尤其如此。同时,这也能使我们加深对某个重要问题的印象,在后期阅读类似的文献内容时能呼应起来,产生共鸣。

(2) 研究缺口和重要性是什么?

比如焊接空心球问题已经被诸多学者研究过,包括它在静态荷载下的极限承载力等。但是对于焊接空心球节点疲劳问题的研究很少(研究缺口),对其疲劳性能的理解还不完善,而加深理解它的疲劳性能具有重要性,因此,这个研究主题就有一定的创新性和重要性。如果找到恰当的研究方向,比如设计好的实验方法,一般就能取得创新的数据和结果。

需要注意的是,某一个研究问题被研究得少(研究缺口)并不能作为研究动机。从未有人开展过研究,不代表该研究话题值得研究,可能只是因为缺乏重要性,即便解决该问题,带来的作用或意义也很小。比如没有人研究过三角形状的房间门,是因为这样的几何形状不太有应用价值。因此,我们要排除那些不重要的研究缺口。在排除过程中,可以参考这样的思考路径:指出对某科学问题的研究较少且理解不透彻——叙述我投入研究的重要性——表明我的研究成果的创新之处。

(3) 你的研究假设和目标是什么?

回答了问题(2),就知道了论文研究的科学问题。这时需要明确研究的具体目标和假设。比如根据理论认识或者已有的研究结果假设焊接空心球节点的疲劳破坏主要发生在钢管焊趾处,那么目标就是研究钢管焊趾处的疲劳性能。如果对假设不太确定,则可以先做尝试性的小实验来初步验证假设的合理性。这也可以避免由于假设错误造成的时间和经济损失。

(4)你的研究方法是什么?

确定了研究假设和目标后,如何设计方法(如数值模拟、实验研究、理论推导、调查研究等)来实现目标?实际上就是设计一条路径去达成目标。在引言部分简单概括研究方法即可,详细介绍则放到论文的方法部分。

(5)研究的价值又是什么?

假设研究做完了,它带来的意义是什么?对该领域是否有贡献?是推动了新理论的发展,还是发现了新的交叉领域或是将前人没有理解透彻的地方进行了系统分析,又或者是发明了新的效率更高的解决方法及计算模型?等等。在上述案例里,研究钢管焊趾处节点的疲劳性能既弥补了这一领域理论探讨的不足,又能够为改善工厂生产中的节点疲劳问题提供理论支持。

研究价值通常有两种。一种是加深对某一问题的认知和理解,即理论意义上的价值;另一种是带来实践的应用机会,比如在重视实践的医学和工程领域中,研究价值的实践意义尤为重要。

根据自己的研究问题,提出和回答上述 5 个问题后,引言写作的思路就会逐渐清晰。这一过程有助于厘清你的研究思路,为引言的正式写作提供蓝本。以上五个问题也可以帮助构建一份质量上乘的项目计划书。

5.2 引言的漏斗型写法

厘清了引言的写作思路,正式着手写作的时候,仍会有研究者不知道如何开始第一句话,有无从下笔的感觉。这种情况是源于没有一个框架和写作思路指引。笔者总结多年的 SCI 论文写作、审稿和指导经验,提炼出一个行之有效的引言写作结构,即漏斗型结构。

引言的漏斗型结构,是第 2 讲提及的主体部分时间沙漏型结构的一部分,如图5.1 所示。漏斗上大下小,就像引言开头介绍研究的大背景,圈定一个较大的研究范围,然后逐步缩小,找到一个具体的研究缺口,并判断填补缺口将具有很大的重要性,再提出解决方法并阐述结果带来的意义。因此,笔者将引言的漏斗型写法分为4个步骤:研究问题和背景,研究成果和存在问题,研究目标和方法,研究价值。下面将结合具体的案例对它们进行详细阐述。

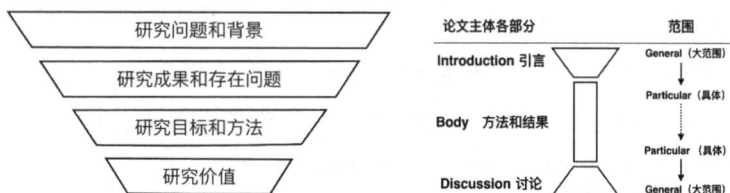

a. 漏斗型引言   b. 时间沙漏型论文主体

图 5.1   引言(a)和论文主体(b)的写作思路

5.2.1 研究问题和背景

第一个步骤是让读者和审稿人清楚地明白你的研究问题及其所处的研究范围和背景,并且显示出问题有重要性而不是宽泛的一般性问题。如果该研究问题可以让非同领域的学者快速明白(比如气候变暖等广泛性问题),则可以简单阐述研究问题;否则,需要更加详细地说明解释该研究问题,甚至需要通过案例说明。图5.2所示的论文研究的是图片的存储格式和信息丢失问题,一般人都容易理解其重要性,因此,作者没有具体解释该研究问题,而是把重点放在了目前的研究背景上,即目前存储的图片格式存在不足之处,还通过举例说明(For example, it is well known that sRGB images are…),虽然RAW格式可以解决以上问题,但又存在两大新的不足。该代表性案例来自新加坡国立大学和加拿大约克大学的 Nguyen 和 Brown 博士发表的计算机领域的论文(Nguyen & Brown, 2016)。

■ 文献资料

研究问题的重要性,一般可以通过以下几种方法说明。

(1)通过反面例子来说明问题的重要性,比如研究对象可能带来的或已带来的后果(计算慢、占据的存储空间大、效率低下、安全性低等)。如图5.2的引言背景就阐述了 RAW 图片格式的一个缺点——占据很大的存储空间。又如4.1节中的构思问题1就说明了研究的"网架结构的节点疲劳"容易造成工业生产中的安全事故。

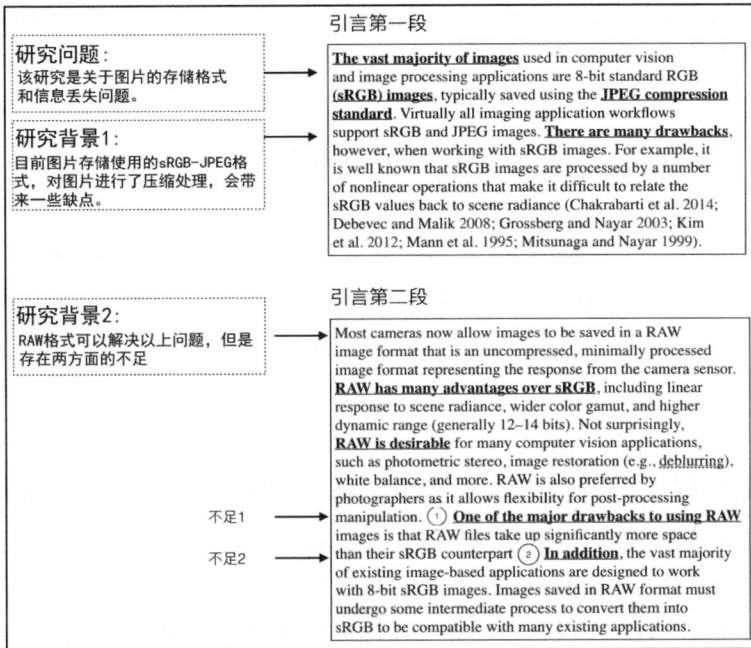

图 5.2 案例论文的引言第一段和第二段

（2）新技术诞生带来的巨大价值，比如现代结构的形式越来越复杂和不规则，导致结构部件相互遮挡而让传统的检测手段无能为力，但新的 CT 技术（能透视）能解决这个问题。以下例子来自英国帝国理工学院的 SCI 论文"Limited View X-ray Tomography for Dimensional Measunements"（Jones & Huthwaite，2018）："Modern engineering is increasingly utilizing complex components. Turbine blades，for example，feature complex cooling channels and highly optimised curved surfaces，and the rise of additive manufacturing has given huge potential for extremely complex shapes. Such shapes present significant inspection challenges to traditional NDE techniques，as these features can obscure defects or manufacturing errors. X-ray computational tomography（CT）is one of the few technologies capable of non-destructively measuring both the external and internal features of a component."

（3）理论认知带来的价值，比如分子传输的宏观长尺度到微观纳米尺度的研究带来的加深理论认知的价值。以下案例来自美国圣母大学的 SCI 论文"Nanoscale

Control and Manipulation of Molecular Transport in Chemical Analysis"(Bohn，2009)：
"The ability to understand and control molecular transport is critical to numerous chemical measurement strategies. In the past，understanding of transport processes has targeted length scales at which continuum descriptions of fluid flow are adequate. However，recent advances have focused on materials and structures designed at the molecular level and constructed with control of composition and structure on molecular and supermolecular length scales. Chemical analysis stands to benefit greatly from molecular-level control of transport and from architectures capable of manipulating the physical placement of species in space and time with nanometer-level precision—the subjects of this article."

可以看出，研究背景的范围一般都较大，因此需要特别注意不能将问题过于泛化而使其显得不重要。在以上几点的阐述中，我们发现，通过叙述来分析研究问题和背景就可以突出问题的重要性。同时，这也带给我们一个启发：既然是较大的研究背景，则基本上会有同行也在研究，因此，可以通过文献调研来提炼研究问题和背景。

5.2.2 研究成果和存在问题

提出研究问题和背景后，需要分析目前这一领域有哪些研究成果及存在的问题。这就需要阅读大量的文献并抓住具体的角度去综述。根据自己的研究问题的特征，研究成果主要有3个导向。

（1）结果导向。体现在研究问题的研究结果，常见的有变量之间的相互影响。比如研究二氧化碳对天气变暖的影响程度有多大，这是一个结果问题。因此，以"二氧化碳对天气变暖的影响程度"为导向，去综述这方面文献。在综述的过程中，再分析和总结存在的主要问题。这些问题主要体现在：①不同学者的结果不一致，比如A学者表明结果和某变量正相关，而B学者显示负相关；②由于实验设备等条件限制，忽略了重要因素；③研究结果很少，得不出充分的结论；④已有的结果不适合新发展，比如Jones和Huthwaite于2018发表的论文"Limited View X-ray Tomography for Dimeutional Measurements"的引言中指明传统的NDE检测技术很难适用于现代复杂的风机叶片。这种由于社会发展带来的新问题，往往是一个迫切需要解决的科研问题。为了更为详细地说明，笔者摘取了以下已发表的论文引言片段。它们具有较好的代表性。

案例 5.1

The published literature contains a vast number of papers on the mass transport properties of cement-based materials. However，studies where aggregate size is a variableare **limited** and **do not provide a clear and consistent answer** as to whether a significant aggregate and sample size effect on transport exists. Data from some suggest that increasing aggregate size increases measured transport［37-40］，while others show insignificant influence［41，42］or even opposing trends［43］. Most studies looked at a small range of aggregate sizes，at **constant sample thickness**，and **very few** have considered the possible influence of microcracks or related their observations to the **t/MSA ratio**［19，40，44］. The **inconsistent findings** may also be due to several influencing parameters that vary （but may not be considered）in experiments，which underscore the difficulty of isolating the effect of microcracks. (Wu et al.，2015)

加粗部分显示了有限的研究结果（关键词：limited，very few）、不一致的研究结论（关键词：do not provide a clear and consistent answer，inconsistent findings）、忽略重要因素（关键词：constant sample thickness vs. t/MSA ratio，前者是样本厚度，后者代表样本厚度与样本中的石头大小的对比）三方面问题。需要强调的是，笔者发现在综述前人的工作时，很多同学喜欢在引言部分罗列前人做了什么工作，然而好的写作却要以研究内容的发展为主线，可参考上面一段的写法。

（2）方法导向。以研究新方法（可指试验方法、建模方法、计算模型等）为创新点的论文，往往需要在引言部分总结已有方法的优缺点。由于方法的创新随着时间发展，因此，可以按时间顺序（如关键年份）来综述已有方法，并且可以顺着这样的思路来开展：新方法部分解决旧问题—还存在部分问题—又有新方法解决它—但还有不足或带来新的问题。如图 5.3 所示的研究图片存储方法的论文引言，就以 Yuan 和 Sun 在 2011 年发展的方法作为起点分析到 2014 年的 Chakrabarti 等人的方法，并沿着上述所示的新旧问题交替的写作思路推进。如果研究的方法较为热门，那么就会出现大量的方法。由于这些方法被发表于不同水平的论文中，我们并不需要逐一进行综述，而是挑选经典方法和最近 3 年的方法，并且选择高水平 SCI 论文中的方法。

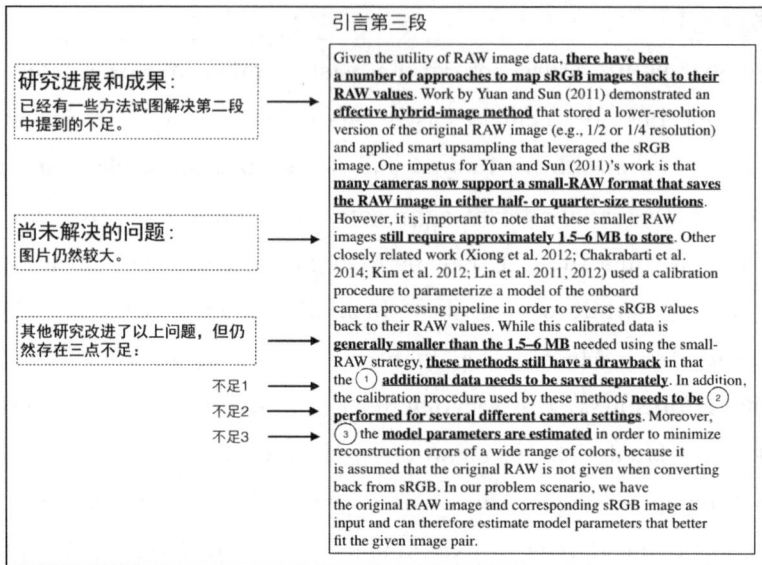

图 5.3　案例论文的引言第三段

（3）理论理解导向：对某一个自然现象，人类的认知需要不断地进化和迭代。因此不断需要新的理论或思想去支撑，直到我们透彻理解了某个现象。特别是涉及机理性的研究论文，更需要在引言中叙述目前对已有机理的认识发展。为了具体说明以结果理论理解型为主的研究成果的写法，笔者摘取了已发表论文的引言片段作为典型案例（Wu et al.，2015）。

🔍 案例 5.2

"To facilitate understanding of the underlying mechanisms causing microcracking, a number of experimental and numerical studies have been carried out on model systems. These are essentially two-dimensional or very thin cementitious composites containing mono-sized aggregate inclusions（glass spheres，steel rods）at relatively low volume fractions. ① These studies collectively show that radial cracks typically occur along the shortest distance connecting neighbouring aggregates，and that increasing aggregate size at constant volume fraction increases the degree of microcracking. ②Some studies have also suggested that a critical aggregate size exists，below which drying shrinkage produces an insignificant amount of microcracking."（注：省略了文中参考文献的引用格式）

该例子中，笔者综述了在建筑混凝土材料中产生微观裂缝的机理 1（句子①）和机理 2（句子②）都与混凝土中的 aggregate（可理解为石子）大小有关。但是目前的研究并没有考虑混凝土样本本身的大小以及它们之间的相对影响大小，即"A related issue that lacks understanding is the influence of size effects（sample thickness and aggregate size）on microcracking"（"石子和样本大小对微观裂缝的影响仍然缺乏理解"）。可以看出，某个问题或现象的机理发展在引言中举足轻重，因为机理是根本。抓住这一根本，就可以串联起综述的主线，使之更有说服力，为提出存在问题奠定坚实的基础。

理论模型或计算模型的研究者，往往需要在引言中通过公式阐述背后的变量意义。不能简单地总结目前理论公式计算不准确或考虑变量不完整的情况，而是要分析背后的机理，找出原因，再提出新的模型假设。

5.2.3 研究目标和方法

总结出目前尚未解决的问题之后，再提出研究目标和方法，即想通过什么方法或方案来解决存在的问题，从而实现研究目标。可用一句话概括研究目标，如图 5.4 中："The goal of this paper is to compute the necessary data to allow an sRGB-JPEG input to reconstruct its corresponding RAW image."

图 5.4　案例论文的引言第四段

至于研究方法,需要说明具体的材料和方法名称,并适当说明方法步骤或流程,可用文字或图片,如图 5.4 中的 Fig.1 所示。如果是试验性论文,往往需要简要概括试验步骤。如果采用的方法很新,不仅要给出解释,而且可以通过引用目前应用这个方法的文献来辅助说明该方法的合理性。而具体的材料和方法说明,则放在引言后的方法部分。

5.2.4 研究价值

高水平论文一般会在引言的末尾简单指明研究价值,例如笔者的论文"Influence of Drying-Induced Microcracking and Related Size Effects on Mass Transport Properties of Concrete"(Wu et al.,2015)中的引言末尾:"The understanding gained will help in interpretation of mass transport measurements, which are increasingly used as performance indicators. It will also facilitate modelling of transport properties from microstructure (e.g. should microcracks be included?). A more practical motivation for this study is to help understand the influence of drying-induced microcracks on durability of most real concrete structures."

如果研究价值较为明显和重要,还可以用单独的段落来强调,如图 5.5 所示。

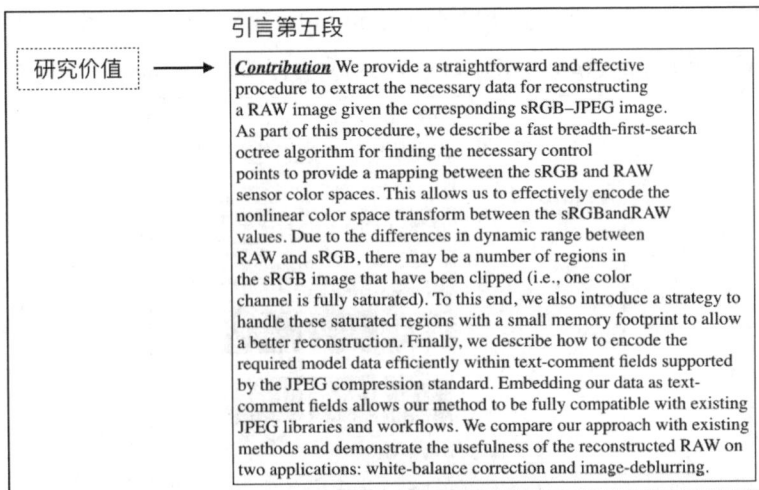

图 5.5　案例论文的引言第五段

以上四个引言的写法步骤适用于绝大多数学科,但是每个学科会略有不同,比如有些领域(如计算机)的论文喜欢在引言最后把论文的组织结构也写上;有些论文则会概括出研究结果。建议读者们多阅读和总结自己领域的论文情况,形成最适合自己的引言写作思路。

5.3 引言写作五大原则

通过上面对漏斗型结构写法的分析,研究者能够大致习得引言的写作思路。要写好引言,还需要注意以下五个写作原则。

(1)逻辑清楚平缓,易于理解。

在写漏斗型结构的引言时,逻辑要清晰平缓,娓娓道来。从一个大的研究范围慢慢地缩小到你想解决的问题以及它的重要性或创新性上,要注意逻辑需严密和不跳跃。不仅要让你的小同行能读懂你的论文,而且要让你的大同行也能容易理解。这也是很多 SCI 期刊目前的建议和要求。

(2)置身于大研究中,扩大受众面。

将研究的问题放在一个大的研究背景当中,让读者和审稿人更容易理解研究的重要性和价值。就像从小学到博士的过程中,一个人的认知范围不断扩大,直到博士阶段研究集中于这个大的认知范围内的某一高精尖的点。在分析这个点的时候,要清晰阐述这个点所在的大范围,让审稿人和读者容易理解研究的背景和动机。

(3)引用文献:就近原则、高手原则、友好原则。

引言的写作,需要大量地引用前人的文献。在引用文献的时候,要遵循 3 个原则:一是就近原则,即引用最近 3~5 年的文献,除非旧文献是一些比较经典的文献。二是高手原则,并不是所有跟研究问题相关的文献都要引用,而是引用那些高水平的 SCI 论文。因为高水平的 SCI 论文,往往包含目前你所研究的点上最新的高质量研究成果。三是友好原则,即通常会在引言部分评论已有的结果,有些研究成果相对来说不是很好或你不认可,这时候不能太严厉地加以批评,而是需要公正客观地去表述这些问题。比如某位学者可能没考虑到某个因素,导致没有产生更加准确的结果,类似这样的表述,更为友好也更符合谦逊的学术交流作风。同时也能避免引言里评价的作者恰巧也是论文审稿人的尴尬情况。

（4）突出创新点和研究重要性。

引言要突出论文的研究缺口和补缺的重要性，这是漏斗型引言写作中最核心的一点。笔者经常发现，有些作者的引言篇幅很长，文献综述很多，但是写得宽泛而浅显，没有合理得出研究缺口，也没有突出研究的重要性，甚至还有不明确研究问题的，这就无法让读者和审稿人读完论文后在脑中建立一张清晰的研究脉络图。因此，这样的引言丧失了它在整篇论文中应有的作用。

（5）短小精悍，保持在 1～1.5 页。

引言需要短小精悍，按照图 5.1 的漏斗型写法，一般在 4～6 段，占满 1～1.5 页即可。在本书第 2 讲的表 2.1 中，高水平期刊论文的引言占整篇论文的比例只有12％，共计约 862 个字，而主要的部分是方法、结果和讨论。此外，在用英文进行写作时，也要遵循简洁的原则。具体可参考本书第 14 讲。

5.4 引言常用句型

- It remains unknown whether...

- To date, it has not been proven...

- No study to date has investigated the effect of...

- There are few data to quantify...

- The literature contains very few studies that...

- The lack of work concerning on... is partly due to...

- The effect of... on... remains unclear

- To what extent studies on... is unclear

- We aim to identify/assess/evaluate/investigate...

- The aim of this paper was to study...

上述 10 个句型是 SCI 论文中常用的 10 个句型。一些起到强调的作用，强调目前研究的不足等。如第一句 It remains unknown whether...强调了目前无法明确的论点。还有一些句型表达了研究目标，如第九句 We aim to identify/assess/evaluate/investigate...，这些语句经常在引言部分用到。

5.5　引言写作时态

总的规律是：叙述过去完成的工作用一般过去式；说明研究问题、研究现象、研究方法、研究成果等则用一般现在时，其中为了强调对现在的影响，会用现在完成时。时态使用比例从高到低依次是一般现在时、一般过去时和现在完成时。以下是对 4.2 节中的案例论文进行了动词时态的标注，其中，黑色加粗代表一般现在时，斜体加粗代表现在完成时，下划线加粗代表一般过去时。

The vast majority of images used in computer vision and image processing applications **are** 8-bit standard RGB(sRGB) images, typically saved using the JPEG compression standard. Virtually all imaging application work flows **support** sRGB and JPEG images. There **are** many drawbacks, however, when working with sRGB images. For example, it **is** well-known that sRGB images **are** processed by a number of nonlinear operations that **make** it difficult to relate the sRGB values back to scene radiance (Chakrabarti et al. 2014; Debevec and Malik 2008; Grossberg and Nayar 2003; Kim et al. 2012; Mann et al. 1995; Mitsunaga and Nayar 1999).

Most cameras now **allow** images to be saved in a RAW image format that **is** an uncompressed, minimally processed image format representing the response from the camera sensor. RAW **has** many advantages over sRGB, including linear response to scene radiance, wider color gamut, and higher dynamic range (generally 12-14 bits). Not surprisingly, RAW **is** desirable for many computer vision applications, such as photometric stereo, image restoration (e. g., deblurring), white balance, and more. RAW **is** also preferred by photographers as it **allows** flexibility for post-processing manipulation. One of the major drawbacks to using RAW images is that RAW files **take** up significantly more space than their sRGB counterpart. In addition, the vast majority of existing image-based applications **are** designed to work with 8-bit sRGB images. Images saved in RAW format must undergo some intermediate process to convert them into sRGB to be compatible with many existing applications.

Given the utility of RAW image data, there *have been* a number of approaches to map sRGB images back to their RAW values. Work by Yuan and Sun (2011) **demonstrated** an effective hybrid-image method that **stored** a lower-resolution version of the original RAW image (e. g., 1/2 or 1/4 resolution) and **applied** smart up sampling that **leveraged** the sRGB image. One impetus for Yuan and Sun (2011)'s work **is** that many cameras now **support** a small-RAW format that **saves** the RAW image in either half or quarter-size resolutions. However, it **is** important to note that these smaller RAW images still **require** approximately 1.5-6 MB to store. Other closely related work (Xiong et al. 2012; Chakrabarti et al. 2014; Kim et al. 2012; Lin et al. 2011, 2012) **used** a calibration procedure to parameterize a model of the on board camera processing pipeline in order to reverse sRGB values back to their RAW values. While this calibrated data **is** generally smaller than the 1.5-6 MB needed using the small-RAW strategy, these methods still **have** a drawback in that the additional data **needs** to be saved separately. In addition, the calibration procedure used by these methods **needs** to be performed for several different camera settings. Moreover, the model parameters **are** estimated in order to minimize reconstruction errors of a wide range of colors, because it **is** assumed that the original RAW **is** not given when converting back from sRGB. In our problem scenario, we **have** the original RAW image and corresponding sRGB image as input and can therefore estimate model parameters that better **fit** the given image pair.

The goal of this paper **is** to compute the necessary data to allow an sRGB-JPEG input to reconstruct its corresponding RAW image. In addition, we **want** to do this with a small memory overhead that can be embedded within the JPEG image such that it **is** 100% compatible with the existing JPEG standard. Specifically, we **restrict** our data to only 128 KB: 64KB for the camera-pipeline parameters and 64KB for saturation correction. We **show** that with only 128 KB of data we can reconstruct the original RAW image with an overall error of less than 0.5%. Furthermore, this data **can** be embedded in two 64 KB JPEG comment fields allowed by the JPEG file format. Figure 1 **shows** an example of our proposed method's ability.

Contribution We **provide** a straightforward and effective procedure to extract the necessary data for reconstructing a RAW image given the corresponding sRGB-JPEG image. As part of this procedure，we **describe** a fast breadth-first-search octree algorithm for finding the necessary control points to provide a mapping between the sRGB and RAW sensor color spaces. This **allows** us to effectively encode the nonlinear color space transform between the sRGB and RAW values. Due to the differences in dynamic range between RAW and sRGB，there **may** be a number of regions in the sRGB image that *have been* clipped (i.e.，one color channel **is** fully saturated). To this end，we also **introduce** a strategy to handle these saturated regions with a small memory footprint to allow a better reconstruction. Finally，we **describe** how to encode the required model data efficiently within text-comment fields supported by the JPEG compression standard. Embedding our data as text-comment fields **allows** our method to be fully compatible with existing JPEG libraries and workflows. We **compare** our approach with existing methods and **demonstrate** the usefulness of there constructed RAW on two applications：white-balance correction and image-deblurring.

We **note** that a shorter conference version of this paper appeared in Nguyen and Brown (2016). Our initial conference paper **did not** address the problem of saturation. This manuscript **addresses** this issue and **provides** additional analysison the trade-off between using more data (i.e.，a larger memory footprint) and the overall image reconstruction quality.

这里再从上面引言中摘取典型句子进行解释。

（1）一般现在时的例子。

There are many drawbacks，however，when working with sRGB images.

这里说明目前 sRGB 图片存在着诸多缺点，因此用一般现在时。

（2）一般过去时的例子。

Work by Yuan and Sun (2011) demonstrated an effective hybrid-image method that stored a lower-resolution version of the original RAW image (e.g.，1/2 or 1/4 resolution)and <u>applied</u> smart up sampling that <u>leveraged</u> the sRGB image.

在引言中经常要用一般过去时举例说明前人所做的某项具体的工作。这里需要注意的是,store,apply,leverage 用过去式,表示作者希望叙述他们做了什么,而不是用以认可他们所做的工作。

(3) 现在完成时的例子。

Given the utility of RAW image data, there <u>have been</u> a number of approaches to map sRGB images back to their RAW values.

用现在完成时强调目前已经有许多方法用于映射 sRGB 图片到 RAW 值。如果这里用一般现在时,则起不到强调的作用,只有一般说明的作用。

5.6 常见问题答疑

(1) 请简单概括论文引言怎么写。

可采用漏斗型结构化写作方式,分四部分写作,依次是研究问题和背景、研究成果和存在问题、研究目标和方法、研究价值。在具体写作前,可以思考以下 5 个问题:①为什么这个研究问题很重要?②研究缺口和重要性是什么?③你的研究假设和目标是什么?④你的研究方法是什么?⑤研究的价值又是什么?具体可参考 4.1 和 4.2 节。

(2) 引言采用什么时态?

叙述过去完成的工作用一般过去式,说明研究工作则用一般现在时,强调对现在的影响则用现在完成时。

(3) 引言要写多长?

占整篇论文的 15% 以下,一般占据 1~1.5 页,字数为 600~900 字。

5.7 本讲参考文献

Bohn,P. W. Nanoscale Control and Manipulation of Molecular Transport in Chemical Analysis[J]. *Annual Review of Analytical Cheminstry*,2009(2): 279-296.

Jones,G. A. & Huthwaite,P. Limited View X-ray Tomography for Dimensional

Measurements[J]. *NDT & E International*，2018(93):98-109.

Nguyen，R. M. & Brown，M. S. RAW Image Reconstruction Using a Self-Contained sRGB-JPEG Image with Small Memory Overhead [J]. *International Journal of Computer Vision*，2018,126(6):637-650.

Wu，Z.，Wong，H. S. & Buenfeld，N. R. Influence of Drying-Induced Microcracking and Related Size Effects on Mass Transport Properties of Concrete[J]. *Cement and Concrete Research*，2015(68):35-48.

让研究方法成为加分项

> 研究方法即论文写作 IMRAD 结构中的 Methods 部分,是引言中提出的研究方法的详细版,具体客观地描述如何开展研究和得到论文结果的过程,是 SCI 论文各个部分中相对容易撰写的部分。不过笔者却发现,研究方法存在缺陷甚至是错误时,就会成为论文的硬伤而极大地影响论文的录用率,由此方法部分就成了减分项而不是加分项。基于笔者的审稿经验,好的研究方法写作,会导向高质量的结果写作。正所谓路径对了,结果基本不会差。因此,虽然方法部分的写作相对简单,但还是需要重视。

研究方法的常见形式有实验性论文的 Materials and Methods, Laboratory Experiments, Field Experiments 等;数值分析类论文的 Approach, Method, Model Development, Theory of 等。研究方法主要包括设计方案,陈述或定义问题,罗列材料和实验步骤,描述数值模拟方法,算法流程,数据收集和处理方法等。本讲分析了研究方法的写作要求和写作思路,并给出了六点写作提示和常用的写作语态及时态建议。

6.1 写作要求

6.1.1 准确细致

撰写研究方法的主要目的是让读者明白研究方法的细节以及方法的准确性和合理性,进而告诉读者结果是如何得来的,并让人信服基于该方法取得研究结果的有效性。细节描述越准确,逻辑阐述越清晰,研究方法的合理性就越能够得到认同,研究结果也更具备科学性。同时,为了保证取得有说服力的结果,方法部分还需要充实细节的完整性,比如研究材料的宏观属性就需要研究微观特征;研究固体结构的有限元模型就需要考虑单元大小、边界条件影响、计算速度、结果稳定性等。

以试验性论文为例,其对材料和试验方法的描述,就像菜谱对某样菜式的介绍,材料是食材,试验方法是详细的烹制过程。将食材和烹制过程描述清楚,可以让食客学习烹制过程;而将材料和试验方法描述清楚,就能够让读者模仿整个实验过程。

🔍 案例 6.1　如何体现细节?

下面是一篇论文研究方法部分的选段,下划线单词就充分体现了细节的写作,比如 second group,40 women,20 and 30 years 等定量信息。

"The second group included 40 women between the ages of 20 and 30 years (M=24.2, SD=2.1), all of whom had emigrated from EI Salvador; had at least 12 years of education; had been permanent residents of the United States for at least 10 years; and lived in Washington, DC."

从中可以看出,方法的细节需要通过精确的定量信息而不是模糊的定性信息来体现。这就需要作者在写作时,给出明确的表达,比如 The test lasted 5 s 而不是 The test lasted approximately 5 s。如果是大约 5 秒,那读者就不清楚是 5.1 秒还是 4.9 秒。精确的表达能够让读者一次读完后没有任何疑惑。

笔者在第 13 讲中谈到如果研究方法存在不合理、缺陷甚至是错误的硬伤,那么论文就有很大可能被批评和拒稿。这告诉我们,在研究的早期就一定要对研究方法做好透彻分析,确保方法准确无误,否则到了投稿阶段再修改方法,将会异常困难,而一旦审稿人对研究方法提出质疑,回复审稿意见书则会难上加难。如果方法部分描述得不够详细(如没有详细说明模型关键参数取值的根据),通常会被要求补充信息。如果我们事先就提供细节信息,不仅节约审稿时间,而且会给审稿人留下严谨的印象,还可以提高论文的印象分。

🔍 案例 6.2　审稿人要求补充信息

某审稿意见:

"In Eq. (7), authors used two coefficients k_1 and k_2 and addressed that they are associated with pile layout and pile type. How did you obtain separate values for k_1 and k_2 from your experimental results, respectively?"

作者在论文中非常简略地说明 k_1 和 k_2 根据经验来取值,审稿人觉得不够充分,于是希望作者详细解释方程 7 中 k_1 和 k_2 的取值理由。

6.1.2 可复制性

在准确、详细的基础上,研究方法还需要具备可复制性,可让研究同行模仿学习。如果不具备可复制性,研究数据的真实性就会受到质疑,论文的研究价值便会被大大削弱,甚至会被撤稿。反之,具备可复制性的研究方法,不仅让同行信服论文的研究结果,也让他们愿意引用该研究方法,从而提升论文的被引用量和影响力。研究结果表明,论文中的研究方法无法被复制的例子在医学领域较多。比如关于癌症研究,2012 年 C. Glenn Begley 和 Lee M. Ellis 发表的一篇调查文献 "Raise Standards for Preclinical Cancer Research"提到,53 篇论文里,只有 11% 的论文研究方法和结果可以被复制传播出来。

为了做到可被复制,除了需要提供细节定量信息,还需要给出清晰的方法步骤,让读者读完之后脑中能够浮现出方法过程。

🔍 案例 6.3 可复制性的实验过程

The compacted samples were covered with wet hessian fabric and plastic sheet at room temperature for the first 24 h to prevent drying. Afterwards, samples were demoulded and sealed-cured at room temperature to ages of 3 and 90 days. Sealed curing was achieved by wrapping each sample with at least 6 layers of cling film and sealing in polythene bags. Periodic weighing of the sealed samples found no significant weight change. The estimated degree of hydration using the backscattered electron microscopy method for similar CEM I systems after sealed curing are 0.62 (3 days) and 0.84 (90 days) at w/b 0.5, and 0.63 (3 days) and 0.72 (90 days) at w/c 0.35. After curing, samples were unwrapped and subjected to four conditioning regimes to produce samples with varying degrees of microcracking and moisture content. Each regime consists of several drying and wetting stages as summarized in Fig. 1. Prior to conditioning, the curved side of each disc was sealed with two layers of waterproof tape to induce unidirectional drying. This was deemed to be a more realistic approximation to the way in which structures dry or wet in service. (Wu et al., 2017)

■ 文献资料

这个案例展示了混凝土样本的准备过程。下划线部分的逻辑步骤清晰地展示了一个可以被复制的实验流程。

此外,如果研究方法内容较多,可进行分块描述,比如 6.2 节中笔者将样本测试内容分拆成两部分进行写作(分别是"2.4 Transport properties"和"2.5 Microcrack characterisation")。分块进行写作不仅使得方法部分结构清晰、逻辑清楚,更有助于将方法部分与接下来的结果部分——对应呈现。

总之,在写作方法部分的时候,要重视细节描述,不能有逻辑上的缺陷,让读者易于理解其中的关键步骤,并可被复制。

6.2 写作思路

由于方法部分的写作思路相对单一,因此可做到流程化写作,并可参考研究方法相似的论文进行模仿类比。总的思路是:描述采用的材料或方法—举证为什么用这种材料或方法—解释如何实施方法以及如何计算结果。在举证时,可举文献说明该材料或方法已被成功应用或者强调该方法具有的优势。

对于有经验的研究者,方法写作思路会非常明确,初学者可请教自己领域内经验丰富的学者进行快速学习,并可参考以下 3 种不同类型论文研究方法的常见写作思路。

(1) 实验性论文写作思路一般遵循:描述材料—开展实验设计(如何处理材料、制作样本等)—描述实验过程(如样本测试)—分析实验结果的数据。

以笔者实验性论文"Influence of Drying-Induced Microcracking and Related Size Effects on Mass Transport Properties of Concrete"(Wu et al., 2015)为例,实验方法部分依次为:2.1 Materials and mix proportions(材料和配合比),2.2 Samples(样本制作),2.3 Conditioning(样本养护),2.4 Transport properties(传输性能),2.5 Microcrack characterisation(微观裂缝表征),其中 2.4 和 2.5 是关于样本测试的两个方面,按操作顺序依次分块写出即可(结果部分的展示也可以按这个顺序,让读者可以——对应)。

(2) 数值分析类论文常见写作思路为:基础理论或方法的描述—模型建立—模型仿真及验证。

以数值模拟论文"Computational Investigation of Capillary Absorption in Concrefe

Using a Three-Dimensional Mesoscale Approach"(Abyaneh et al.，2014)为例，数值模拟方法部分依次为：①Unsaturated flow（非饱和流理论），②Methodology and description of the model（建立模型的思路和描述），③Validation（模型验证）。在建立具体的模型时，又有更进一步的划分。以笔者熟悉的固体结构有限元分析模型为例，它的建模分 3 个步骤：结构模型—材料模型—荷载模型（包括边界条件和受力情况），其中的材料模型通常需要校核材料参数，因此还要介绍校核方法。

有些论文会同时包含实验和数值分析模型，这时首先要确认以实验方法为主还是以数值模型为主。确认主次后，先完整描述主要部分内容，再附加次要部分的介绍，从而将两者分开描述。

（3）调查类论文研究方法的常见写作思路为：试验场地—调查方法—采样顺序—统计方法。

户外的试验调查，首先要描述试验场地。比如地理学研究需要表明试验的地理位置、经纬度等，然后介绍所用调查方法、调查的顺序以及调查后采用的调查数据分析方法等，每个步骤都要详细介绍。

6.3 写作提示

（1）找准参考文献，学会模仿改写。

由于大多数研究方法和已发表论文的研究方法在思路和结构上类似，因此写作新手可以酌情模仿。需要注意：①为确保源头的高质量，需挑高水平期刊论文去模仿。②不仅要借鉴方法的结构形式，更需要理解背后的本质，如果不清楚，可以通过发邮件等方式咨询论文的通讯作者。只有深入理解之后，才能融会贯通，结合自己的研究条件写出个性化的高质量研究方法。③撰写相似语句时，需要避免重复并进行有效改写，具体查重和改写方法可参考本书第 11 讲。

在模仿的同时，还可以引用有信服力的参考文献（比如行业内高水平学者的论文、规范等），用以支撑方法的权威性。

（2）核对细节信息，查漏补缺。

比如说在写样本容量的时候，一定要注意大小问题。因为只有样本足够大，统计分析的数据才具有可靠性，得出的结果的平均意义才有足够的代表性。所以实验样本不能只有 1 个或 2 个,而是推荐描述 3 个及以上的样本;而对于数值模拟,则要做样本稳定性分析,当样本个数达到一定量时,分析的样本变量才稳定,才能做进一步的分析。常见的细节信息有:

①样本名称、样本容量、样本来源、重复次数、假设、置信度。

②详细测试过程、环境因素、图像分辨率、平均值/中位数、标准误差等。

③样本分组的根据(随机 vs.非随机)、控制样本、对比样本、数据量大小。

④"坏"数据被舍弃的标准或根据。

⑤材料说明,是否有特殊性和限制。

⑥软件名称及版本。

⑦方程变量解释说明。

⑧实验照片或模型示意图是否简单明了。

(3)辅助示意图说明。

在描述方法步骤或流程时,可结合图的形式,这样会简洁直观得多。如图 6.1 展示的是某个图像处理方法的流程(Nguyen and Brown,2018)。然而笔者发现,虽然大部分同学有作图意识,但是作图质量却难以保证。如果方法中放置了图形,基本上读者的眼光都会被吸引到图形上,因此要让图形成为加分项而不是减分项,使之逻辑清楚、简洁明了、重点突出、颜色合理。关于如何做出高质量学术图片,可参考本书第 10 讲。

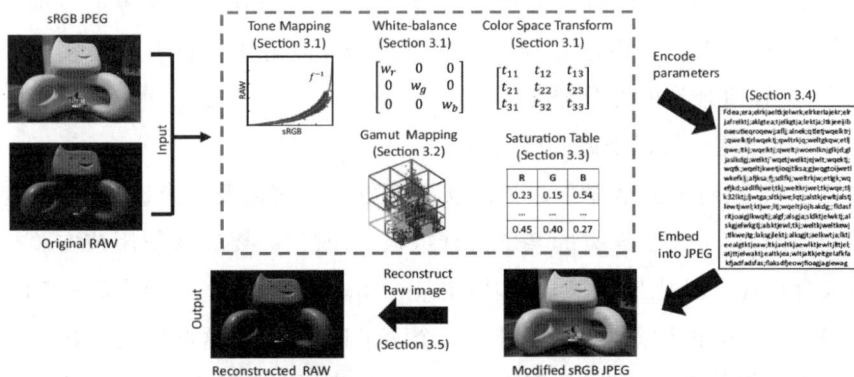

图 6.1 某图像处理方法的流程(Nguyen and Brown,2018)

(4)如何写多次使用的方法。

论文写作过程中,有时同一个课题成果可以发表好几篇论文,这时在不同论文中需要重复介绍某一个研究方法,为了避免自我抄袭,应遵循国际学术界对重复的研究方法写作的一般处理方法。即研究方法在第一次使用时,需详细描述。第二次及以后使用同样的方法时,可简单概括,并指出详细介绍可参考某篇已发表论文。但在不同论文中应用同一种方法时,不能用几乎不变的语句来概括,否则会造成自我抄袭,而是需要做一定程度的多样性表达。

🔍 案例 6.4　重复介绍某一研究方法

笔者在博士期间采用的实验测试方法,已经在 2007 年发表的论文中就介绍过了。为了不造成重复,笔者在"Influence of Drying-Induced Microcracking and Related Size Effects on Mass Transport Properties of Concrete"(Wu et al., 2015)中用一段话对研究方法进行了概括,并在段尾关联到详细介绍该方法的论文(Wong et al., 2007),如图 6.2 所示。

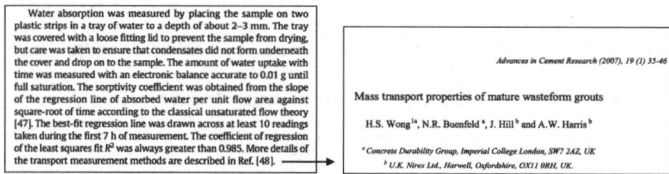

图 6.2　概括方法并引用前文详细方法

(5) 方法描述较长时,可放在附属材料(Supplementary Materials)中。

如果描述的实验过程较长,则可以写成附属材料,放在参考文献的后面。比如图 6.3 中 Science 上的一篇论文,正文只有六七页,但附属材料有一百多页。在这种情况下,比较适合将两部分分开写。

(6) 学术道德:数据来源的合法性。

关于学术道德问题,医学领域的论文研究方法尤其需要注意。比如,研究方法中的实验样本,有可能是人类的某个器官组织,这时候需要确认使用该实验样本的合法性和合理性。又比如在医学中,使用某一实验样本并将实验结果发表的时候,需要征得某些协会的同意,或是要符合某个学术道德规范,这些都需要研究者在研究过程中去了解熟悉并遵循(如图 6.4 所示),以避免违反学术道德,对社会或论文本身造成负面影响。

Science AAAS

www.sciencemag.org/cgi/content/full/327/5963/343/DC1

Supporting Online Material for

Functional and Evolutionary Insights from the Genomes of Three Parasitoid *Nasonia* Species

The *Nasonia* Genome Working Group†

†To whom correspondence should be addressed. E-mail: werr@mail.rochester.edu (J.H.W.); stephenr@bcm.tmc.edu (S.R.)

Published 15 January 2010, *Science* **327**, 343 (2010)
DOI: 10.1126/science.1178028

This PDF file includes:

Materials and Methods
SOM Text
Figs. S1 to S25
Tables S2 to S4, S6 to S16, S18 to S23, S25 to S43, S45 to S49, S51 to S54, S56 and S57
References

Other Supporting Online Material for this manuscript includes the following: (available at www.sciencemag.org/cgi/content/full/327/5963/343/DC1)

Tables S1, S5, S6, S17, S24, S43, S50, and S55

图 6.3 *Science* 论文的附属材料

Human and Animal rights

When reporting experiments on human subjects, authors should indicate whether the procedures followed were in accordance with the ethical standards of the responsible committee on human experimentation (institutional and national) and with the Helsinki Declaration of 1975, as revised in 2000 (5). If doubt exists whether the research was conducted in accordance with the Helsinki Declaration, the authors must explain the rationale for their approach, and demonstrate that the institutional review body explicitly approved the doubtful aspects of the study. When reporting experiments on animals, authors should be asked to indicate whether the institutional and national guide for the care and use of laboratory animals was followed.

图 6.4 医学期刊 *Pharmaceutical Medicine* 对实验对象的学术道德规定

6.4 写作语态

在方法部分，大多数情况用被动语态而不是主动语态。这是因为研究方法部分强调受动者(实验对象)而不是施动者(一般是研究者本身)，因为施动者不言而喻，而受动者的重要性需要在论文中加以突出。

在描述如何做时，句式为被动＋by＋...ing，例如“The thermal elasto-plastic stress analysis was carried out by using the obtained temperature data through the thermal conduction analysis"(Mikihito and Yoshito，2016)，或者句式为被动＋by＋名词，例如"Material for coatings was prepared by the means of sol-gel method"(Bik et al.，2017)。被动语态还可以用于表达为什么这么做，句式为被动＋to＋动词，例如："Dimensionless analyses were used to determine the equation form of linear regression analyses"。

这种句式还可以变换成 To/In order to＋动词……＋被动或主动语态，例如："In order to fit our data within these COM segments，we have limited our data's size to be within 128 KB."(Nguyen and Brown，2018)

6.5 写作时态

由于方法部分主要叙述过去发生的动作，因此用一般过去时。例如：

"Diffusion through the cracked medium was modelled using finite element method by considering the diffusivities of the porous cement paste matrix，aggregate particles and cracks."(Abyaneh et al.，2016)

但是一些论文的方法中，特别是数值模拟类论文，也会存在大量的描述性语句，这时就要用一般现在时，比如在描述方程及变量意义时：

According to Fick's first law of diffusion，the local flux $\bar{j}_m$ is written as：

$$\bar{j}_m = -D_m \nabla c$$

where D_m is the diffusivity of the cement paste matrix and c is the concentration of the diffusing species.(Abyaneh et al.，2016)

因此，总的原则是，如果是叙述过去已经发生的动作用一般过去时；如果是描述方法、过程或现象，则用一般现在时。

6.6 常见问题答疑

(1) 撰写方法部分需要达到什么目的？

能够让读者模仿或复制研究方法，因此撰写方法时需要准确细致且逻辑清晰。

(2) 研究方法什么时候写？

　　笔者建议做完文献综述和设计完研究方案后,即可开始写作研究方法初稿。先把整体框架搭建起来,然后在研究过程中不断调整优化,等研究做完,方法部分也就写完整了。

　　(3) 如何确保实验条件和真实环境相似?

　　要让审稿人信服实验结果,就要确保实验条件和真实环境具有相似性。假如真实的环境温度最高到50℃,那么实验模拟时就要考虑这个上限,不可随意设置模拟温度。除了环境条件要相似,有些学科在模拟时,还需要参考一定的相似理论,比如模拟水流的运动就需要考虑流动相似准则。因此,在设计实验方法时,一定要多问自己为什么可以这样设置,这些问题往往也是审稿人心中的疑惑。

　　(4) 审稿意见中,关于研究方法最"致命"的评价是什么?

　　研究方法错误或条件范围不对,且无法挽回。比如某样本需要在真空环境中开展实验,但是你的样本却在平常环境中开展实验;比如某参数最低到 2,但是你的模型参数却最低到－2;又比如你的方法中假设样本在 30 天达到稳定,但是实际情况却需要 90 天才能基本稳定。这些都是审稿意见中关于研究方法的"致命"性评价。

　　(5) 如何避免和已有论文的方法重复?

　　用自己的语言概括该方法,并指出详细介绍参考已有论文。同时,在概括方法时,需要改写句子和单词,从而避免高重复率。

6.7　本讲参考文献

Abyaneh, S. D., Wong, H. S. & Buenfeld, N. R. Computational Investigation of Capillary Absorption in Concrete Using a Three-Dimensional Mesoscale Approach[J]. *Computational Materials Science*, 2014(87):54-64.

Abyaneh, S. D., Wong, H. S. & Buenfeld, N. R. Simulating the Effect of Microcracks on the Diffusivity and Permeability of Concrete Using a Three-Dimensional Model[J]. *Computational Materials Science*, 2016(119): 130-143.

Bik, M., Stygar, M., Jeleń, P., Dąbrowa, J., Lesniak, M., Brylewski, T. &

Sitarz，M. Protective-Conducting Coatings Based on Black Glasses（SiOC）for Application in Solid Oxide Fuel Cells［J］. *International Journal of Hydrogen Energy*，2017，42（44）：27298-27307.

Mikihito，H. & Yoshito，I. A Simplified FE Simulation Method with Shell Element for Welding Deformation and Residual Stress Generated by Multi-Pass Butt Welding［J］. *International Journal of Steel Structures*，2016，16（1）：51-58.

Nguyen，R. M. & Brown，M. S. RAW Image Reconstruction Using a Self-contained sRGB-JPEG Image with Small Memory Overhead［J］. *International Journal of Computer Vision*，2018，126（6）：637-650.

Wong，H. S.，Buenfeld，N. R.，Hill，J. & Harris，A. W. Mass Transport Properties of Mature Wasteform Grouts［J］. *Advances in Cement Research*，2007，19（1）：35-46.

Wu，Z.，Wong，H. S. & Buenfeld，N. R. Influence of Drying-Induced Microcracking and Related Size Effects on Mass Transport Properties of Concrete［J］. *Cement and Concrete Research*，2015（68）：35-48.

Wu，Z.，Wong，H. S. & Buenfeld，N. R. Transport Properties of Concrete after Drying-Wetting Regimes to Elucidate the Effects of Moisture Content，Hysteresis and Microcracking［J］. *Cement and Concrete Research*，2017（98）：136-154.

结果展示吸引眼球

执行完研究方法后，就需要将收集到或模拟得到的数据进行归纳：整理、分析并展示出来，这就是论文结果部分的主要内容。其主要目的是客观描述取得的结果，并有说服力地回答引言部分提出的科学问题。高水平论文更多地会将结果和讨论部分分开撰写，这有利于整合结果部分不同分支内容的讨论，又能按照研究方法的执行过程清晰地展示数据结果。因此，本讲先分析结果部分的写作，下一讲再分析讨论的写作。本讲将为大家介绍结果的写作准备、写作思路以及常用时态。

7.1 写作准备

7.1.1 分块展示

在 SCI 论文中，结果和讨论部分的结构及内容相对灵活，这虽然让写作经验丰富的研究者有自由发挥的空间，但也让缺乏论文写作经验的同学无从下手。在第 6 讲中，笔者建议大家按照逻辑分块来进行研究方法的写作。那么在写结果的时候，对照着研究方法的逻辑分块，就可以一一对应地写出结果，清晰明了且前后呼应。图 7.1 展示了一篇论文结果部分的开头句，对应了方法部分介绍的 FEA（有限元分析）的方法，具有很强的逻辑流。读者和审稿人也能够对比参照实验及结果，从而更容易读懂论文的结构和内容。

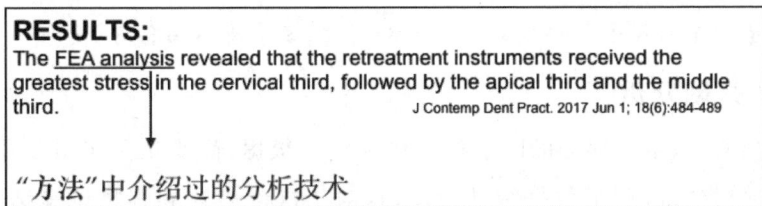

RESULTS:
The <u>FEA analysis</u> revealed that the retreatment instruments received the greatest stress in the cervical third, followed by the apical third and the middle third.

J Contemp Dent Pract. 2017 Jun 1; 18(6):484–489

"方法"中介绍过的分析技术

图 7.1 结果对应方法部分

但需要注意的是,结果部分应描述通过研究方法获得的重要结果,而不是所有结果。对于那些不能帮助解决在引言部分提出的科学问题的结果,就应该舍弃。

7.1.2 区分结果与讨论

■ 结果和讨论的
本质区别

对结果数据的描述要客观,用"数据"说话,且包含对数据的解释和初步分析(如变化趋势、变化范围等);而讨论部分则是扩大范围去联系已有论文进行对比、深入分析结果原因、探讨未来应用价值等,其根本目的在于说服读者相信论文的创新结果,因此两者有程度和范围上的区别。笔者先用农业中水稻的例子来说明两者的区别。

🔍 案例 7.1

农民收割完某品种水稻后,会去分析今年水稻的产量和质量等,这就相当于论文的结果部分。而分析今年为什么质量变好了、今年和往年的数据变化、与其他水稻品种的产量差别、对明年播种和施肥的耕作启示等则相当于讨论部分。

🔍 案例 7.2

以下案例是笔者论文中的两段话,可以清晰地说明结果和讨论部分的区别,如图 7.2 所示。结果部分的下划线语句展示了论文中 Table 4 中的数据结果,显示试验测试值不会受到 leakage(泄漏)的影响。而讨论部分则进一步分析得出论文得到的研究结果(The results show that transport properties of paste or concrete samples decreased with increasing confining pressure, and the decrease was more significant in samples that had a greater degree of microcracking.)不是由于泄漏引起,并接着往下寻找真正的原因。由此看出,讨论部分会超越对数据结果本身的分析,而从更多层面进行探讨? 同时,会从其他角度进行分析,比如图 7.2(b)中分析变化趋势背后的原因。详细的讨论部分写作,请参考本书第 8 讲。

7.1.3 数据分析

科技论文中,结果部分的图表往往呈现定量数据,而既然是定量数据,则需要做定量的数据分析,赋予数据统计意义,这对于准确表述和解释试验结果相当重要。从数据角度来说,结果部分其实就是对数据进行分析、解释并将其展示出来的

Results

Confining pressure

Figure 3 shows the colour intensities obtained on the pressure-sensitive film when the sample was confined at different applied compressive loads. The figure shows that the colour density increased with the increase in applied load. The corresponding confining pressures are 0·33, 0·57, 1·15 and 1·93 MPa for applied compressive load of 10, 15, 25 and 35 kN respectively. As expected, the measured confining pressure varies linearly with applied load. The best-fit line across the measured data has a regression coefficient of greater than 0·99.

Table 4 shows the results from the blank tests on a steel disc confined at loads of 7, 8, 9 and 10 kN. The results show that a compressive load of 9 kN and above is sufficient to prevent gas leakage through the curved face of the test sample. A compressive load of 9 kN corresponds to a confining pressure of 0·3 MPa, which is 20% higher than the highest applied gas pressure in the permeability test. Note that in the actual testing of cement paste and concrete samples, compressive loads of greater than 10 kN are used. Therefore, we are confident that the transport test results on the cement paste and concrete samples are not affected by leakage through the curved face.

Discussion

The results show that transport properties of paste or concrete samples decreased with increasing confining pressure, and the decrease was more significant in samples that had a greater degree of microcracking. It is important to note that the observed trend is not due to leakage since blank tests have been carried out at the lowest confining pressure and found that the seal was indeed effective (Table 4). The results from microscopy and image analysis show that the decrease in transport properties was due to closure of the microcracks when the sample was compressed. Since most of the micro-cracks are nearly perpendicular to the exposed surface and propagate into the sample, their closure is expected to have a substantial impact on transport properties.

However, the effect of confining pressure was more significant for permeability than diffusivity. This strongly indicates that permeability is more sensitive to microcracks compared to diffusivity. Theoretically, flow through a cracked media driven by pressure gradient scales to the cube of the crack width, whereas diffusion is proportional to the total accessible porosity.[30] This finding is consistent with those from other studies[26,31]

a. 结果部分   b. 讨论部分

图 7.2 结果与讨论部分的区别实例(Wu et al.，2014)

过程。因此在写作结果部分前,需要进行数据分析。基础的数据分析,主要是求平均值(mean)、标准差(standard deviation)或标准误差(standard error),进行最小二乘法拟合分析等。得到的结果可用 $x \pm SE, n = $ sample size 形式来展示,例如 20.12 ± 0.34 m,$n = 10$。对于复杂的数据分析,如判断实验样本和参考样本的效果是否相等,可进行假设来检验。论文中需要写出概率 p 值。以上的数据分析可以用微软的 Excel 或 SPSS 等统计分析软件进行。

🔍 案例 7.3

The results of this analysis demonstrated that the mature blood vessel density in both the A549 and A549/DDP tumor models decreased significantly with DHA treatment compared with the control group ($p < 0.05$ and $p < 0.01$, respectively). (Zhang et al. 2013)

这里的 $p < 0.05$ 和 $p < 0.01$ 分别代表实验样本和参考样本的成熟血管密度有统计学差异和有显著性统计学差异,即表示:比起参考样本值,实验样本值经过 DHA 处理后的成熟血管密度值显著降低是有统计学意义的(大概率成立)。

7.2 写作思路

科技论文的显著特点是以数据为基础,因而需要展示大量的数据结果。因此,我们可以利用这个特点去展示结果,即把主要数据结果先绘制成图或汇总成表,然后把图表依次放入文中,并以文字有机串联起来。这时每一张图表和匹配的文字是一个单元,组合图表单元就构成了结果部分。等全文写完后,再根据全文逻辑优化调整图表在文中的位置。

为了让结果部分更简洁,使之符合高水平论文流畅简洁的特点(这些特点可参考本书第1讲),图表不宜多,而且要确保每张图都富含信息并体现论文相对独立的结果。关于如何制作高质量图表,可参考本书第10讲。

每一个图表单元的具体逻辑结构为三部分:开头文字、图表、解释结果。开头文字用于概括图表内容,图表后面则解释数据结果。这也有利于读者对照文字和图表阅读。每个分块结果依次主要包括:

(1)主要数据结果。

(2)数据变化趋势。

(3)反常数据结果。

注意,上述顺序不能颠倒,否则逻辑上会不通。

另外,结果和结论不一样,结果更多是总结数据结果,而这些结果经过严密深入的讨论之后才能称为结论。为了确保写出严密深刻的结论,就应将结果和讨论分开写,分别构成 Results 和 Discussion,特别是在研究数据丰富且需要多角度、多方面讨论的时候。但如果讨论不多,也可以将它们合在一起写,即便如此,也要用段落清晰地区别它们。即先写结果段落再撰写讨论段落,不可将两者混杂在一起。在较少的情况下,可以将结果和对应的讨论合并成一段表达(这样的情况通常表明这部分结果不重要,简单分析即可)。

下面展示笔者论文(Wu et al., 2015)中的某一结果部分作为案例。

🔍 案例7.4 论文的结果部分举例

开头文字(第一部分):主要概括了数据的变化范围

"The measured gas diffusivity, gas permeability and sorptivity are shown in

Table 5. Each value is an average of three replicates and precision is expressed as the standard error，which is the standard deviation divided by the square-root of sample number $(=\sigma/n^{1/2})$. The diffusivity ranged from 2.6×10^{-8} to 2.8×10^{-7} m^2/s, while gas permeability and sorptivity ranged from 1.5×10^{-17} to 9.2×10^{-16} m^2 and 80 to 239.5 $g/m^2 \cdot min^{0.5}$ respectively. It is noted that water absorption was not carried out on 'cut' samples because these samples were required for another study."

表格内容(第二部分)：详细列出所有相关数据

Table 5
Mass transport results for all samples. 'Cut' samples are indicated with an asterisk (*). Standard errors are shown in brackets.

Sample ID	O_2 diffusivity ($\times 10^{-7}$ m^2/s)			O_2 permeability ($\times 10^{-17}$ m^2)			Sorptivity ($g/m^2 \cdot min^{0.5}$)		
	105 °C	50 °C	21 °C, 55% RH	105 °C	50 °C	21 °C, 55% RH	105 °C	50 °C	21 °C, 55% RH
M2.5:50	2.83 (0.01)	2.48 (0.02)	1.19 (0.02)	24.3 (0.55)	16.0 (0.48)	12.5 (0.28)	162.3 (4.6)	239.5 (1.2)	88.3 (3.5)
M5:50	2.73 (0.04)	2.32 (0.05)	1.10 (0.06)	26.3 (1.80)	15.6 (0.74)	10.7 (1.13)	184.3 (4.0)	188.5 (13.6)	83.0 (3.8)
C10:50	2.01 (0.02)	1.67 (0.00)	0.75 (0.07)	61.7 (2.17)	27.4 (3.08)	13.9 (3.75)	167.9 (1.4)	170.8 (10.6)	96.7 (12.2)
C20:50	1.92 (0.04)	1.55 (0.08)	0.84 (0.06)	92.3 (3.46)	53.7 (4.14)	28.8 (5.86)	190.5 (10.2)	170.1 (10.6)	91.9 (9.2)
M2.5:25	2.62 (0.15)	2.11 (0.11)	0.93 (0.07)	19.8 (2.02)	12.2 (0.77)	6.16 (1.16)	197.2 (24.4)	205.8 (3.7)	93.5 (11.3)
M5:25	2.68 (0.04)	1.91 (0.09)	0.92 (0.09)	30.7 (0.75)	18.1 (0.90)	6.93 (1.50)	195.8 (25.1)	187.6 (6.9)	81.7 (6.3)
C10:25	1.73 (0.19)	1.30 (0.02)	0.79 (0.07)	66.4 (2.21)	50.8 (8.72)	29.1 (1.68)	172.5 (10.0)	140.5 (3.7)	80.0 (7.5)
M2.5:50*	2.21 (0.19)	1.63 (0.12)	0.26 (0.06)	11.1 (2.26)	7.09 (1.74)	1.45 (0.68)	–	–	–
M5:50*	2.19 (0.19)	1.73 (0.13)	0.35 (0.09)	13.0 (3.40)	9.77 (4.07)	3.05 (1.17)	–	–	–
C10:50*	2.14 (0.22)	1.76 (0.18)	0.53 (0.05)	59.7 (3.50)	37.8 (10.9)	22.0 (1.71)	–	–	–
M2.5:25*	2.26 (0.19)	1.64 (0.22)	0.53 (0.04)	11.8 (2.59)	9.60 (4.93)	3.60 (1.78)	–	–	–
M5:25*	2.11 (0.17)	1.70 (0.17)	0.53 (0.07)	15.2 (2.87)	12.6 (4.63)	4.73 (1.78)	–	–	–
C10:25*	2.09 (0.12)	1.77 (0.16)	0.68 (0.01)	46.8 (9.21)	29.0 (9.23)	18.0 (4.44)	–	–	–

数据解释(第三部分)：解释表格中的数据结果

"It is well known that the conditioning method greatly influences the measured transport property and this is reflected in the data(主要结果). Oven drying at 105°C produced the highest transport coefficients，while drying at 21°C，55% RH consistently gave the lowest values. The transport property measured after drying at 105°C was up to a factor of 9 times that at 21°C，55% RH, and up to twice that measured after drying at 50°C.(数据变化趋势) The 105°C and 50°C oven-dried samples showed a slight nonlinear relationship between cumulative absorbed water and square-root of elapsed time, where initial mass gain was followed by a more rapid mass gain before achieving saturation. Therefore，the absorption plots showed a sigmoidal, instead of the conventional bi-linear, trend(反常数据结果). This behaviour was previously observed in cement pastes containing drying-induced microcracks. It creates uncertainties regarding the way in which the sorptivity coefficient should be defined and calculated.

Nevertheless，the sorptivity coefficients reported in this paper were calculated following the conventional approach as described in the last paragraph of Section 2.4."

除了以上结合图组织语言外，还需要注意把各部分结果有机串联在一起，共同去回答论文引言中提出的科学问题。为了保证紧凑性，就需要分析各个结果之间内在的联系，比如案例7.4段落1中的a结果和段落2中的b结果可以从不同角度解释某一个机理，那么就适合把它们放在一起（上下段）阐述，这样也有利于在讨论部分对它们一起进行分析。

以下句式常用于串联各个段落的结果：

（1）Another observation was that...

（2）It is also noted that...

（3）Figure... also shows that...

（4）However，it is interesting/unexpected to observe that...

（5）Similar to the behaviour observed for...，it can be seen that...

7.3 写作时态

叙述或描述过去发生的事情（过程和发展变化等）用一般过去时，但如果是说明、描写、解释、刻画某事或物的特点，或描述正在发生的情况时用现在时。

🔍 案例7.5　写作时态举例

下文展示了SCI论文"Computational Investigation of Capillary Absorption in Concrete Using a Three-Dimentional Mesoscale Approach"（Abyaneh et al.，2014）结果中的写作时态，字体加粗并加下划线的动词是现在时，斜体并加粗的动词是过去时。两者可以交替使用，且一个句子中可能出现两种时态。

■ 文献资料

5. Results

5.1. Size and statistical effects

Our numerical model **is** inevitably subject to effects of digital resolution，finite sample size and statistical fluctuation. Size effects **arise** since the physical volume of the numerical sample **has been** limited to speed up computation, while statistical effects **are** due to the random nature of the model. For example, at the start of each simulation the aggregate particles **are** randomly placed in the media, therefore the created mesostructure **is** different for each realisation. In order to decrease the effect of statistical fluctuations and the size effect, simulations **are** repeated and averaged. The reported sorptivity results **are** the average of six different realisations. Overall, we *found* that the sorptivity values **have** a coefficient of variation (standard deviation/average) of less than 4%. Furthermore, the isotropy of the samples *was* examined by computing the sorptivity in each of the three directions. The standard deviation **is** again less than 4%.

The resolution in the digitized mesostructure **may** also affect the accuracy of the simulations. In general, the accuracy of the simulations **should** increase with higher resolution. However, the available computational resource **imposes** a practical limit on the resolution to be used. It *was* found that the sorptivity values **differ** by less than 2% when the resolution (voxel size) *was* increased from 0.5 mm to 0.25 mm. On a single 64-bit PC (3.4 GHz, 8 GB RAM), the simulations **take** a few hours to converge depending on the aggregate volume fraction. The simulation time *increased* by more than 8 times when resolution (voxel size) *was* increased from 0.5 mm to 0.25 mm. Thus, it *was* concluded that a 0.5 mm resolution **gives** reasonably accurate results at an acceptable computational cost.

We then *evaluated* the effect of D_0 and n on the simulated sorptivity ratio S/S_m, where S and S_m **are** the sorptivity of the concrete and mortar respectively. A set of simulations *was* performed where the scaled sorptivity for mortar s *was* varied between 1 and 10 mm/min$^{1/2}$. This **covers** a wide range of experimental sorptivity data for mortars of varying formulations and maturity. Then, D_0 *was* calculated as a function of n (6—8) using Eq.6. It *was* found that the effect of D_0 and n, and thus the choice of s on the simulated sorptivity ratio S/S_m for concrete, **is** negligible.

In the following sections, simulations **are** performed using the proposed model to examine the relative influence of aggregate volume fraction, size and particle shape on the water penetration profile and sorptivity of concrete. In all cases, the numerical sample **is** a cube of 50 mm divided to 100 regular voxel elements in each direction (Fig. 2). We **consider** the case of water absorption into concrete which **is** initially dried and then subject to a free water boundary condition. For the ease of comparison with the experimental data of Hall, we **assume** that the simulated concretes **are** made of coarseaggre gate particles embedded in a mortar that **has** a sorptivity and saturated water content of 2.57 mm/min$^{0.5}$ and 0.27 respectively. Thus, the scaled sorptivity s of the mortar is 9.52 mm/min$^{0.5}$. We **note** however, that the choice of s **does not** influence the simulated S/S_m ratio as discussed in the preceding paragraph.

7.4 本讲参考文献

Abyaneh, S. D., Wong, H. S. & Buenfeld, N. R. Computational Investigation of Capillary Absorption in Concrete Using a Three-Dimensional Mesoscale Approach[J]. *Computational Materials Science*, 2014(87):54-64.

Wu, Z., Wong, H. S. & Buenfeld, N. R. Effect of Confining Pressure and Microcracks on Mass Transport Propertie of Concrete[J]. *Advances in Applied Ceramics*, 2014,113(8):485-495.

Wu, Z., Wong, H. S. & Buenfeld, N. R. Influence of Drying-Induced Microcracking and Related Size Effects on Mass Transport Properties of Concrete[J]. *Cement and Concrete Research*, 2015(68):35-48.

Zhang, J. L., Wang, Z., Hu, W., Chen, S. S., Lou, X. E. & Zhou, H. J. DHA Regulates Angiogenesis and Improves the Efficiency of CDDP for the Treatment of Lung Carcinoma[J]. *Microvascular Research*, 2013(87):14-24.

第8讲

讨论用于增加论文厚度

Discussion(讨论)是体现一篇论文深度的主要部分,对于提升论文质量极其重要,也是说服审稿人接受论文结果的最好机会。高水平 SCI 论文往往有着独立和丰富的讨论部分。然而笔者发现,很多研究者觉得没什么可写,往往几句话就讨论完了。即便写出了讨论,往往也是浅显讨论而缺乏厚度,这也是一般水平论文的讨论字数比高水平论文的讨论字数少得多的原因(22.4% vs. 10.8%,见第 2 讲的 2.2 节)。在 2017 年 5 月,笔者的高校演讲调查结果显示,讨论被认为是 SCI 论文中最难写的部分(见本书第 2 讲图 2.3)。在这样的背景下,本讲将具体介绍 SCI 论文讨论部分的写作内容、写作结构,并结合案例讲解,使研究者对什么是有效的讨论写作有一个清晰的认识,同时能着手对讨论部分进行高效写作。

8.1 是否分开写

笔者在本书第 7 讲的 7.2 节中已分析过结果和讨论分开写及合并写的情况,这里再次强调:分开与合并只是形式上的变化,关键还是要抓住两者内容上的区别。结果强调研究数据展示和数据解释,讨论则聚焦在如何分析结果使之有说服力。如果不理解这两者的本质差别,就可能造成结果和讨论部分重复,特别是和讨论中概括内容的部分重复。这也是有些人选择将结果和讨论部分合在一起写以避免重复的原因之一。不过,优秀的讨论写作不仅不会造成重复,而且可以大大提升论文质量。

在落实到具体的写作上时,无论是合并还是分开写结果和讨论,笔者都建议在写初稿时将两者分开,写完后再考虑是否合并。这样在写作时有利于区分它们的内容而不至于混淆。此外,单独写讨论还可以逼着自己多思考,让讨论更加透彻和全面,这也是高水平 SCI 论文的写作特点。如果有价值的、丰富的研究数据得不到深入的挖掘、讨论和分析,且发表在一般的学术期刊上,那么就会像高明的厨师拥有非常好的食材却做不出一道美味的佳肴,这是非常遗憾的。

8.2 讨论包含的内容

在本书第 2 讲的图 2.6(时间沙漏模型)中,笔者指出论文主体部分的尾端就是讨论部分。其在相对"瘦小"的方法和结果部分之后开始"增肥",意味着在分析内容上进行了衍生和扩展,并将取得的结果辐射到更广的研究范围上。例如,结果部分聚焦在自己的研究数据,而讨论部分还要对比其他相关联的研究成果。讨论的范围一般较大,且形式相对灵活,并没有严格固定的内容和顺序,因此让初学者感觉困难。通常来说,讨论部分可包括以下内容。

8.2.1 概括关键发现

结果部分较为具体地展示了各个方面的研究结果,而讨论部分则要归纳整理结果,串联起最主要的发现去回答引言部分提出的要解决的问题(如图 8.1 中的句1)。注意,讨论部分并不需要概括分析所有结果,而是要去讨论体现论文创新性和重要性的结果。其中那些令人吃惊或反常的结果数据,往往能引起审稿人的注意,审稿人会期待作者在后面给出具有说服力的解释。概括和解释好这部分结果,往往能增强论文的创新性;反之,则可能让审稿人质疑研究数据的准确性。在概括结果时,可以举例描述结果的具体数据,或联系结果部分的某个图表,让读者更能理解。如图 8.1 中的句 2 就联系了在结果中展示的"Table 4"(指论文中而非本书中的表格)。

📖 文献资料

讨论部分除了可以概括明确的数据结果,比如图 8.1 的句 1 和句 3 中,数据可以直接表明某个结果(基本上从图或数据中明显可以看到),还可以推测或推导论文中数据无法直接显示的结果,常用 suggest,indicate,highlight,imply 引导,比如:"The data in Fig. 6 and Table 8 <u>suggest</u> that crack closure and decrease in permeability will continue if confinement was increased beyond 2 MPa, in particular for samples containing high levels of microcracking."这些结果往往是数据带来的引申结果,能增加论文的丰富度和厚度。但需要注意的是,需要有根据和适度地推测,否则得出的结果会因过于勉强而缺乏说服力。此外,为了确保论文能得出有确定性的创新性结果,这种基于已有数据的推测不宜过多,而应该有充足的明确数据来展现结果(类似图 8.1 中的句 1)。

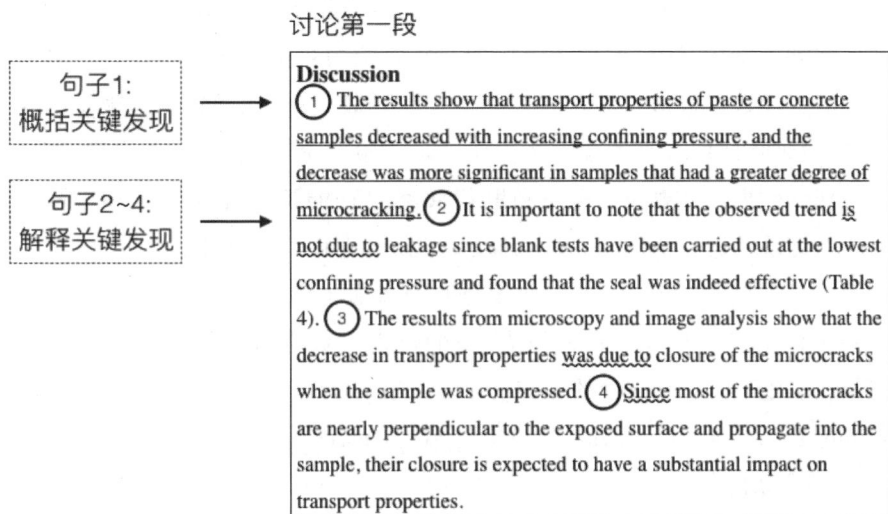

讨论第一段

句子1:
概括关键发现　→

句子2~4:
解释关键发现　→

Discussion

① The results show that transport properties of paste or concrete samples decreased with increasing confining pressure, and the decrease was more significant in samples that had a greater degree of microcracking. ② It is important to note that the observed trend is not due to leakage since blank tests have been carried out at the lowest confining pressure and found that the seal was indeed effective (Table 4). ③ The results from microscopy and image analysis show that the decrease in transport properties was due to closure of the microcracks when the sample was compressed. ④ Since most of the microcracks are nearly perpendicular to the exposed surface and propagate into the sample, their closure is expected to have a substantial impact on transport properties.

图 8.1　讨论部分的内容举例(Wu et al.，2014)

在讨论中概括结果时,需要注意和结果部分中概括结果的区别,不要和结果部分重复,应做适当的延伸概括。比如:

(1)结果：After administration of drug X，20 out of 25 patients experienced intracranial bleeding.

(2)讨论：Our results indicate that drug X may have significant adverse effects.

该结果部分表明,"25 个病人中有 20 个病人都对药剂 X 有颅内出血反应"。因此,在讨论部分就不能重复上述结果中的表达,或采用类似的表达,比如转化为百分比来表述,即"80％的病人在使用药剂 X 后有颅内出血反应",这相当于重复结果而不是讨论。好的讨论是延伸概括,如"研究结果表明药剂 X 可能有副作用"这样的表述就是一个变相的总结,是讨论中应该出现的延伸表述。

8.2.2 解释关键发现，分析原因

论文的创新点往往体现在新的发现上,这就需要解释获得新发现的原因或排除某个原因,以此增强结果的可信度(如图 8.1 中的句 2—4,下画波浪线的单词/词组即

解释原因的关键词)。为了增加解释的力度,需要理论或数据支撑,如图 8.1 中句 2 的解释就用"Table 4"中的数据进行佐证;句 3 和句 4 的解释就用论文中图像分析的数据进行佐证。如果自己的论文没有相应的理论或数据支撑,则需要寻找已发表论文中的数据来支撑,但在已发表论文中找到非常匹配的数据往往很难。若审稿人觉得解释原因的支撑数据很重要而作者又无法提供,则很有可能导致论文被拒。这也提示我们,在写研究计划时要考虑周全。如果是试验性论文,还应特别注意,在实验室里得到一部分数据后就要及时分析和思考原因,从而能及时调整实验方向或内容,切不可一味地记录数据,否则很有可能到最后才发现错误,为时已晚。

如果有反常的研究结果,就一定要进行有说服力的解释,因为这些反常的结果可能是一个创新点。为了增强说服力,我们可以用数据来支撑解释。如果实在没有数据支撑,就只能进行合理的假设分析,常用的单词或短语有 perhaps,may,it is possible that,it seems probable that。不过,笔者强烈建议尽量用数据去解释结果而少用假设分析。

对于创新的研究发现,如果能进行充分的解释和说明,描述出的结果往往可以让审稿人眼前一亮。但强调创新点的时候,并不需要用类似于"for the first time" "we strongly believe that…"的强调短语。因为对于严谨、客观的学术思维,这些强调短语会让人觉得不自然,甚至反感。

此外,实验研究中有时会出现失误,对此作者也要进行解释,只要不影响大局,也就不会受到期刊的批评。

8.2.3 同其他研究对比,佐证结果合理性

在概括和解释关键结果之后,还需要将取得的结果同前人研究结果进行对比,以体现结果的合理性。可从相似或不同的地方进行对比:如果和前人研究结果一致,则可以增加自己结果的可靠性;在对比时,可描述其中具有代表性的前人研究结果,如果还能指出其存在的问题,便能反向突出我们的结果独具新意之处。如果不一致,则需要阐明和前人结果不同之处以及分析背后的原因。图 8.2 是与他人研究结果一致的案例及说明。

从图 8.2 中可以看出,笔者不仅指出了研究结果与前人研究结果保持一致(句1),而且还举了例,摆出了细节数据,更加有说服力;同时,指出前人研究中存在不足(如句 2 中的"However, no explanation for this effect was provided."),并用直接的实

"Very few studies have systematically investigated the effect of confining pressure on microcracks and transport properties of concrete. Most of the available studies have been carried out at confining pressures that are much higher than the values used in the present study. ① However, **_their findings seem consistent with our study_**. ② For example, Mills[32] showed that both water and gas permeability of concrete (w/c ratios: 0.42, 0.56, 0.64 and 0.77, 35 days sealed curing) decreased by 0 to 77% for water permeability and 19 to 50% for gas permeability as the lateral confining pressure increased from 5 to 25 MPa. However, no explanation for this effect was provided. ③ Lion et al.[25] found that apparent gas permeability of mortars (0.5 w/c ratio, 58% vol. sand, 2-year water cured) that were dried at 60, 105 and 205°C decreased by 27, 46 and 41% respectively when confining pressure was increased from 4 to 28 MPa. The authors attributed this to closure of microcracks, but no direct evidence of this was presented."

句1：
指出结果一致性

句2和3：
举例说明及指出存在的问题

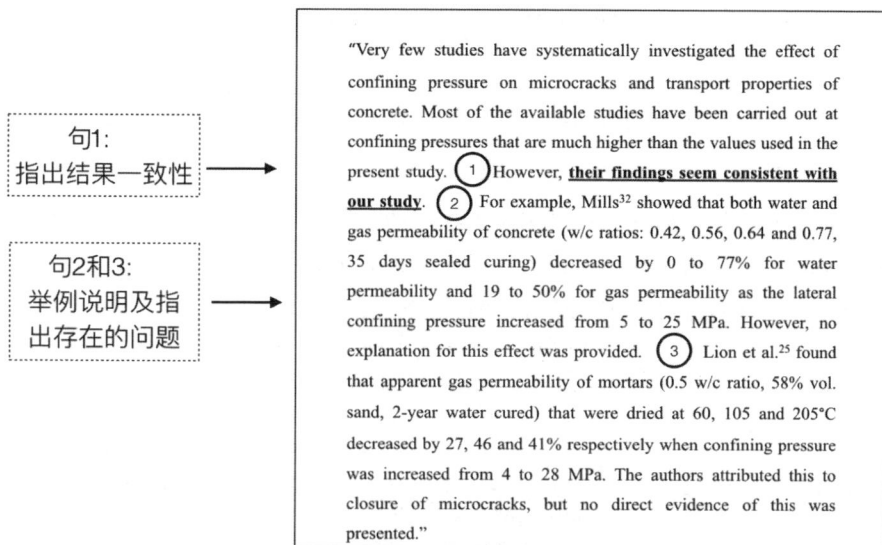

图 8.2　研究对比案例（一致性结果）（Wu et al.，2014）

验数据来说明。因此，该论文既有和前人研究一致之处，又提出并尝试解决其不足之处，把该领域的研究往前推进了一步。如果与前人研究的结果明显一致，相关研究已经较多，那么佐证一致时则不需要描述前人研究的细节，只需表明两者一致和加入参考文献即可，如下面例句下划线部分，"The significant overlaps show that the discrepancies between transport measured on drying and rewetting are largely due to differences in moisture content，in agreement with moisture diffusivity results from sorption experiments."（Wu et al.，2017）

　　需要注意的是，如果这些前人研究中包括作者本人发表的论文，那么在举例说明时就不能完全用作者本人的论文来佐证，而要补充其他人的论文，以增强说服力，避免被认为是单纯为了增加自己论文的引用量而提及自己的论文。

　　对于数值分析和实验研究相结合的论文，还需要对比两者，以显示出一致的结果。比如，在数值分析中，需要先确定模拟的某一个或几个关键案例结果和试验结果一致，证明数值模型的合理性，再基于这个模型去开展参数分析或敏感性分析。而对于研究新的数值模型的论文，往往需要和已有模型的结果进行对比，在保证结果趋势或范围一致的前提下，突出新模型有更好的性能（比如准确性和鲁棒性更好）或增加了新的预测范围等。

表明结果一致性的常用例句有：

（1）… also reported…

（2）The findings from… seem consistent with our study. For example，…

（3）…，in agreement with results from…

（4）Our results agree well with those from…

（5）These seem broadly in line with our findings.

表明结果不一致的例句及说明如图 8.3 所示。

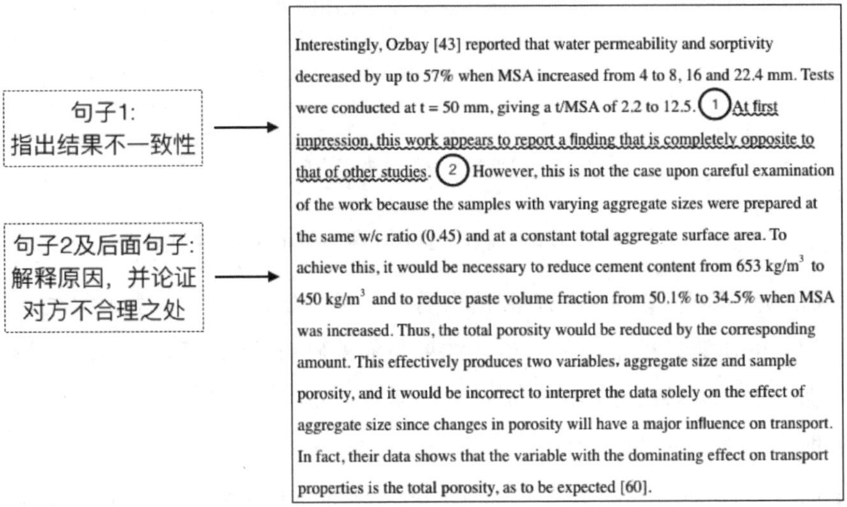

句子1：
指出结果不一致性

句子2及后面句子：
解释原因，并论证
对方不合理之处

Interestingly, Ozbay [43] reported that water permeability and sorptivity decreased by up to 57% when MSA increased from 4 to 8, 16 and 22.4 mm. Tests were conducted at t = 50 mm, giving a t/MSA of 2.2 to 12.5. ① At first impression, this work appears to report a finding that is completely opposite to that of other studies. ② However, this is not the case upon careful examination of the work because the samples with varying aggregate sizes were prepared at the same w/c ratio (0.45) and at a constant total aggregate surface area. To achieve this, it would be necessary to reduce cement content from 653 kg/m³ to 450 kg/m³ and to reduce paste volume fraction from 50.1% to 34.5% when MSA was increased. Thus, the total porosity would be reduced by the corresponding amount. This effectively produces two variables, aggregate size and sample porosity, and it would be incorrect to interpret the data solely on the effect of aggregate size since changes in porosity will have a major influence on transport. In fact, their data shows that the variable with the dominating effect on transport properties is the total porosity, as to be expected [60].

图 8.3　研究对比案例（结果不一致）（Wu et al.，2015）

从图 8.3 中可以看出，笔者先指出自己的研究与作者 Ozbay 的研究结果相反，再对不一致的原因进行深入分析，最终发现对方的研究存在解释数据有误的现象，从而论证了笔者研究结果的合理性。需要注意的是，在分析与前人研究不一致的原因时，讲究客观、公正，不带有主观色彩，以事实为依据，用数据来辩驳，这样才能让审稿人倾向于相信作者自己的研究结果。

那如果无法论证前人研究有不妥当之处，反而发现自己的研究结果存在缺陷呢？对于这种棘手问题，该怎么办？能及时纠正错误（数值模型类论文中可通过修改设计、代码，并重新运行程序而矫正数据）当然是最理想的。但如果在写作时，发现由于时间、科研经费不足等问题无法再重复研究，这时要分析这种缺陷对论文主要结果是否有大的影响。如果影响较大，那就是这篇论文的硬伤，很可能导致论文无法发表在 SCI 期刊上；而如果是小影响，那么指出这个不足并解释这个不足不会对论文主要结果产生影响，再附上具体的理由，这样的写作便完全不会影响论文被高水平期刊录用了。

8.2.4 理论意义或应用价值，体现成果的重要性

分析完研究结果及其背后的原因后，讨论需要往前深入一步，去拓展分析结果的延伸意义，以呼应引言部分提出的研究价值。正如本书第 1 讲所阐述的，高水平论文的研究成果不仅需要创新性而且需要重要性，而体现研究成果的重要性就是讨论部分可以做的事情。大部分的 SCI 期刊都会指明，希望对研究结果的价值进行讨论。虽然也有些 SCI 期刊的投稿指南中没有明确说明这一点，但是笔者强烈建议要重视分析结果的重要性。为了分析好结果的重要性，可以在讨论中单独写一个小结——Implications，明确详尽地指出结果的理论意义（如推动某一理论某点的认知）、应用价值或指导意义（改善实验过程、增加潜在应用机会等）。这也是笔者发表 SCI 论文的常用做法。如果是强调应用的方法类论文，还可以直接写该方法的应用案例（Applications），如 Nguyen 和 Brown（2018）提出一种新的图像方法，就在第五部分里面分析了三个方面的应用案例。

通常来说，SCI 期刊主编希望看到一篇论文的价值不仅仅局限于论文中分析的案例或情形，而是有更大的应用范围。因此，对于实验性论文，要找出几个具有典型意义的应用场景；对于理论性论文，则是要表明文中的理论或模型可以被借鉴到其他领域中，比如笔者的研究之一"混凝土材料存在微观裂缝时对吸水性能的影响"，这个理论认知就可以借鉴到和混凝土材料性能相类似的其他孔隙材料上。

对 Implication 写作不清楚的同学，建议阅读本领域内的案例研究（Case Studies），其中会有大量对新方法或新解决方案的应用价值讨论。还可以阅读自己领域内高水平的、有单独 Implications 部分的论文。

以笔者论文（Wu, et al., 2014）中的 Implications 部分为例：Implications 中，笔者分析了三个方面，如图 8.4 所示，并未讨论特别大的应用价值，而是侧重从试验方法的指导意义扩展到实际环境中的指导意义。

8.2.5 未解决的问题以及未来研究的想法

如果论文对结果的讨论较为透彻，则往往能分析出研究存在的问题以及未来

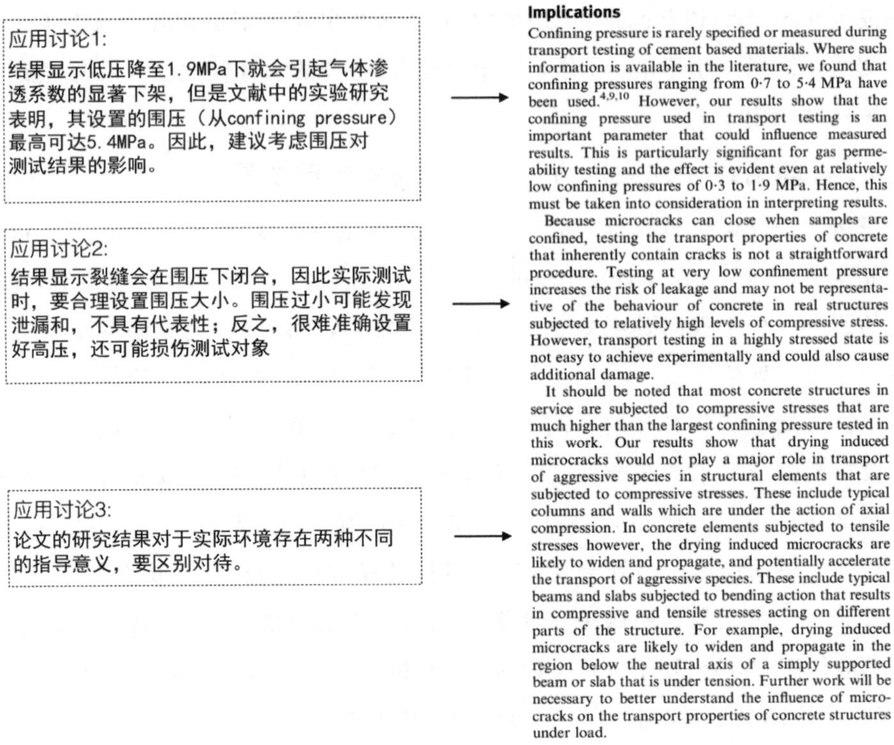

应用讨论1：
结果显示低压降至1.9MPa下就会引起气体渗透系数的显著下架，但是文献中的实验研究表明，其设置的围压（从confining pressure）最高可达5.4MPa。因此，建议考虑围压对测试结果的影响。

应用讨论2：
结果显示裂缝会在围压下闭合，因此实际测试时，要合理设置围压大小。围压过小可能发现泄漏和、不具有代表性；反之，很难准确设置好高压，还可能损伤测试对象

应用讨论3：
论文的研究结果对于实际环境存在两种不同的指导意义，要区别对待。

Implications

Confining pressure is rarely specified or measured during transport testing of cement based materials. Where such information is available in the literature, we found that confining pressures ranging from 0·7 to 5·4 MPa have been used.[4,9,10] However, our results show that the confining pressure used in transport testing is an important parameter that could influence measured results. This is particularly significant for gas permeability testing and the effect is evident even at relatively low confining pressures of 0·3 to 1·9 MPa. Hence, this must be taken into consideration in interpreting results.

Because microcracks can close when samples are confined, testing the transport properties of concrete that inherently contain cracks is not a straightforward procedure. Testing at very low confinement pressure increases the risk of leakage and may not be representative of the behaviour of concrete in real structures subjected to relatively high levels of compressive stress. However, transport testing in a highly stressed state is not easy to achieve experimentally and could also cause additional damage.

It should be noted that most concrete structures in service are subjected to compressive stresses that are much higher than the largest confining pressure tested in this work. Our results show that drying induced microcracks would not play a major role in transport of aggressive species in structural elements that are subjected to compressive stresses. These include typical columns and walls which are under the action of axial compression. In concrete elements subjected to tensile stresses however, the drying induced microcracks are likely to widen and propagate, and potentially accelerate the transport of aggressive species. These include typical beams and slabs subjected to bending action that results in compressive and tensile stresses acting on different parts of the structure. For example, drying induced microcracks are likely to widen and propagate in the region below the neutral axis of a simply supported beam or slab that is under tension. Further work will be necessary to better understand the influence of microcracks on the transport properties of concrete structures under load.

图 8.4　讨论中的 Implications(Wu et al.，2014)

可能扩展的方向。如图 8.5 所示的论文通过讨论，将已有的结果进行了向外辐射，扩展到了新的知识边界，创造出新的知识点（即论文的创新成果）。而大多数论文很难完美无缺地论证出新的知识点，总是存在少量的不足或不完善之处，不过当这些不足并不影响整体的研究结果的时候，指出和分析这些不足，有利于让审稿人明白作者考虑周全，不仅不会让审稿人觉得论文质量有问题，反而会更加佩服作者分析到位。如果不分析这些不足，在大部分情况下审稿人也能在审稿时发现和提出，到时就会更加被动。笔者的经验表明，如果讨论透彻，大部分的审稿问题在投稿前都可以预测到，自然就非常容易收到回复和加快论文被录用速度。

同时，通过透彻的讨论分析，作者往往还能从其中的一小点联想出新的研究方向或产生新想法。指出这些新想法并给出一定的根据，能吸引同行继续往前推进研究，不断提高对某个科学问题的认识。不过在大多数情况下，由于审稿时间较长，等论文发表时，这样的新想法其实不算新了，因为论文作者本人如果觉得该想

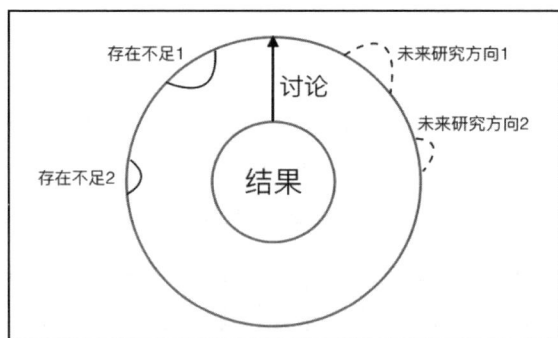

图 8.5 讨论结果和提炼新的知识点过程

法价值很大,便会早已开展研究并率先发表出结果。如图 8.6 所示,在笔者写完论文时,针对论文中提到的新想法其实已经在开展实验研究了,也在论文中进行了说明,并表明研究结果会发表出来。此外,这种写法还可以给未来发表的论文做宣传,因为读者会被引导去搜索新的论文,从而增加新论文的阅读量和引用量。

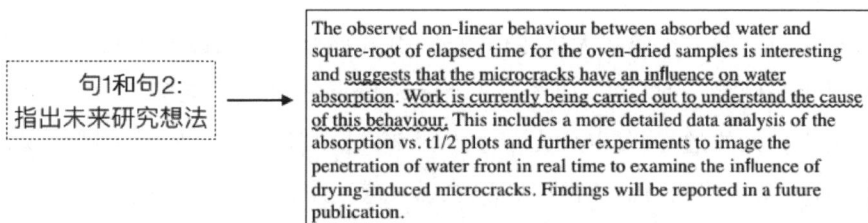

句1和句2:
指出未来研究想法
→
The observed non-linear behaviour between absorbed water and square-root of elapsed time for the oven-dried samples is interesting and suggests that the microcracks have an influence on water absorption. Work is currently being carried out to understand the cause of this behaviour. This includes a more detailed data analysis of the absorption vs. t1/2 plots and further experiments to image the penetration of water front in real time to examine the influence of drying-induced microcracks. Findings will be reported in a future publication.

图 8.6 讨论中指出未来研究想法

然而从已经发表的 SCI 论文来看,这部分内容在讨论中占比最少,甚至很多人只是简单地提及或者忽略。可能的原因一是担心描述研究不足而被审稿人发现后带来审稿麻烦,二是相对保守而不愿意透露科研想法。因此,大部分期刊对这部分的写作也就没有强制性要求,作者可根据自身情况灵活处理。

从以上五大块内容的分析来看,讨论的写作其实可以包含很丰富的内容。然而就像笔者在本讲开头提的,很多学生觉得没有什么内容可以写。笔者分析这背后的原因,可能是:

(1)讨论写作较难,又缺乏有效指导。

(2)讨论内容较为灵活,没有类似摘要一样的固定章法。

(3)写好讨论需要很强的逻辑分析能力和批判性思维,而它们在中国学生教育环节中往往是缺失的。

（4）研究结果不够丰富，缺乏可讨论的基础。

从这些原因来分析，笔者觉得最本质的是要具备良好的批判性科研思维。如果能将其应用到设计方案、获取数据以及数据分析和写作过程中，对研究的关键环节进行批判性严密思考，比如去思考研究结果为什么是合理的、采用的研究方法是不是最优的方法等，那么我们就不会觉得没有内容可写，反而觉得内容丰富且有清晰流畅的写作逻辑去串联它们。然而笔者也深刻地觉得，科研新手很难具备这样的分析思维，因为批判性科研思维需要通过不断的指导练习和广而深的知识面才能形成。为了更好地帮助初学者，在了解了讨论部分的内容后，接下去笔者总结并给出了撰写讨论的一种较为通用的倒漏斗型写作结构。

8.3 讨论的倒漏斗型写法

讨论与引言的写作模式大体相仿，只是引言部分遵循正漏斗型写法（详见第 2 讲），而讨论是倒漏斗型写法，如图 8.7 所示。倒漏斗型写作是模拟讨论写作的研究范围由小到大的过程，可以分为 4 个步骤来说明写作过程：概括关键发现；解释并分析原因；结果比较，佐证合理性；理论意义或应用价值，体现重要性。由于每篇论文的侧重点不同，因此每个子部分的比例较为灵活。

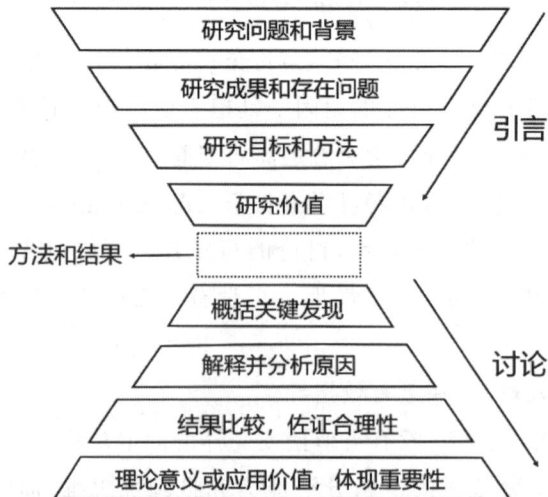

图 8.7　和引言部分对应的倒漏斗型讨论结构

由于讨论部分回答了引言中提出的要解决的科学问题,因此撰写讨论时要回应引言部分的内容。比如,概括关键内容时是否清晰回答了引言部分提出的要解决的问题,并体现解决问题方法或思路方案的创新性;讨论研究价值时是否解释了引言部分指出的潜在价值,体现研究成果的重要性。可见讨论和引言部分相辅相成,前呼后应。当完成高质量的讨论后,就自然形成了论文的结论内容。

8.4 讨论写作技巧

笔者总结了以下几条写作经验,可以让讨论写作变得相对简单。

(1) 采用结构化写作思路,从模仿开始,慢慢灵活运用其他讨论形式。

(2) 对每个相对独立的结果先分别展开讨论,再合并讨论分析。

(3) 多角度思考问题,如宏观研究要结合微观分析、模型分析要结合实验验证或对比其他模型。

(4) 多阅读领域内的相关高水平论文,找结合点进行讨论。

(5) 对不是 100% 确定的内容,不用肯定语气,而用缓和语气,如 probably,may,seem 等。

(6) 少提,甚至不提"for the first time"。只要讨论透彻,审稿人会自己形成判断。

8.5 常见问题答疑

对于在写实验类论文时,总觉得分析讨论部分几句话就能写完,而别人的文章总能写几大段。这个问题怎么解决?

讨论部分之所以没有话讲,是因为没有利用深度逻辑思维去深入地解释、对比、延伸结果数据。可参考本讲 8.2 节的内容进行多角度分析,从而写出有厚度的讨论。

8.6 本讲参考文献

Nguyen，R. M. & Brown，M. S. RAW Image Reconstruction Using a Self-contained sRGB-JPEG Image with Small Memory Overhead ［J］. *International Journal of Computer Vision*，2018，126(6)：637-650.

Wu，Z.，Wong，H. S. & Buenfeld，N. R. Effect of Confining Pressure and Microcracks on Mass Transport Properties of Concrete［J］. *Advances in Applied Ceramics*，2014，113(8)：485-495.

Wu，Z.，Wong，H. S. & Buenfeld，N. R. Influence of Drying-Induced Microcracking and Related Size Effects on Mass Transport Properties of Concrete［J］. *Cement and Concrete Research*，2015(68)：35-48.

Wu，Z.，Wong，H. S. & Buenfeld，N. R. Transport Properties of Concrete after Drying-Wetting Regimes to Elucidate the Effects of Moisture Content，Hysteresis and Microcracking［J］. *Cement and Concrete Research*，2017(98)：136-154.

概括和结论展示科学严谨性

通常所说的结论包括 Summary（概括）和 Conclusions（结论）两部分，它们是 SCI 论文中最容易撰写的部分，因为它们只是概括内容而不新添信息。因此只要具备抽象思维，在研究内容完整的基础上，就可以写好这部分内容。而抽象思维又是中国人擅长的思维，因此我们撰写概括和结论部分就变得相对简单。然而还是有些写作细节需要注意，比如容易写成和摘要重复的内容，也会降低论文的写作质量。本讲将分析高水平结论的写作特点、写作结构和写作时态点。

9.1 写作特点

9.1.1 短小严谨

好的英文论文并不一定要多的结论，但是每一个结论都需要经过严谨的讨论和分析，并且要有充足的结果数据来支撑。而一般水平的论文往往容易多列结果，但其中有一些结果却经不起推敲，常常会受到审稿人的批评并要求修正。因此，每一条结论都要在概括和讨论中进行严密的推理分析，否则它就不能写在结论中。一般来说，概括和结论部分的词数是 300～500，是摘要词数的两倍左右。

9.1.2 结构清晰

先概括论文的研究内容和方法，再呈现研究结论，形成概括和结论两部分清晰的结构。其中，概括研究内容和方法时，要注意与引言部分的研究目标和方法区分开，否则容易造成重复。总体来说，引言中的研究目标和方法描述，应该比概括中的研究目标和方法描述更加具体，前者是让读者读完后明确知道研究内容和相应的研究方法，而后者是提醒读者论文的主要研究内容并展示论文结论，因此引言和结论一起构成了论文的主要框架。有些审稿人，比如笔者，读完题目、摘要、引言后,马上就阅读概括和结论部分,这样就基本清楚论文的主要内容了。

对于结论,也和前面的摘要不同。摘要是总结主要结果,而结论是其扩展版,包含更多的细节(如数据),常以 bullets 的形式分点展示。以笔者的论文为例,笔者摘取了相关的部分进行对比,如表 9.1 和表 9.2 所示。

表 9.1 引言与概括和结论中研究内容及方法的描述的对比(Wu et al., 2017)

引言中	概括和结论中
This paper presents an attempt to isolate and to better understand some of these effects by subjecting a range of pastes, mortars and concrete samples to several drying regimes (105°C, 50°C/7% RH, 21°C/33% RH or stepwise at 21°C/93% RH → 3% RH) to induce varying degrees of damage and moisture content. The micro-cracked samples were then reconditioned at gradually increasing relative humidity (21°C/33% RH → 86% RH) and to full saturation. Oxygen diffusivity and permeability, moisture content, degree of saturation and accessible porosity were measured at various stages of each conditioning regime. Electrical conductivity and total porosity were determined at saturation. Microcracking was characterised using fluorescence microscopy and image analysis. The entire programme involved > 1,440 transport measurements over a 3-year period.	Mass transport and microstructural properties of a range of pastes, mortars and concretes were tested after being subjected to several drying and rewetting regimes (by humidification and full saturation) over a period of three years. Variables included w/b ratio (0.35 and 0.50), binder type (CEM I, CEM I with 10% silica fume replacement, and CEM III containing 70% GGBS), aggregate size (5 and 10 mm), curing age (3 and 90 days) and conditioning regimes. Oxygen diffusivity and permeability, electrical conductivity, porosity and degree of microcracking were examined.

表 9.2 摘要与概括和结论中结论总结描述的对比(Wu et al., 2017)

摘要中	概括和结论中
Oxygen diffusivity and permeability, electrical conductivity, microcracking, accessible and total porosity were measured at different conditioning stages over 3-year period to better understand the effects of shrinkage, hysteresis and drying-induced damage on transport properties.	The main findings are as follows: a) Drying induces a greater change in transport properties compared to varying w/b ratios, curing ages or SCMs. Stepwise drying at 21°C: 93% RH → 3% RH can increase gaseous transport by an order of magnitude while drying at 105°C increases it by nearly two orders of magnitude.

续 表

摘要中	概括和结论中
	This is due to a combination of factors: emptying of pores (capillaries, gels, interlayer) increasing porosity accessible togas, changes to microstructure (C-S-H collapse, pore coarsening) and shrinkage induced microcracking. 　　b) Drying induces surface microcracking of widths ≈1 to 60 μm with map-cracking that propagates approximately perpendicular into the sample to depths of several mm （ < 10 mm ）. The width, length, density and penetration depth of microcracks increase with severityof drying. Microcracking also increases with increase in w/b ratioand aggregate particle size. 　　……

9.1.3 无新信息

所有概括和结论中的内容都是旧信息,都在论文的前面部分中出现过。因此,这部分写作要等到论文主体部分(引言、方法、结果和讨论)写完后再动笔。总结结论时,即可以按照论文中出现结论的顺序写,也可以按照结论的重要性来排序(最重要的结论放第一)。

9.1.4 无参考文献

和摘要一样,在大部分情况下结论中不出现参考文献,因此这部分是总结自己论文的创新内容,和前人研究没有关系。任何和前人研究有关系的内容应该被放入讨论中。

9.2 写作结构

根据概括和结论部分具有结构化的特点,它们的写作可总结成如下结构。

(1)概括研究内容和方法(第一段)。

这部分通常简洁地指出研究方法和过程即可,如表 9.1 所示。

（2）概括结论（第二段，用 bullets 形式），如图 9.1 所示笔者论文（Wu et al.，2017）的结论部分开头。

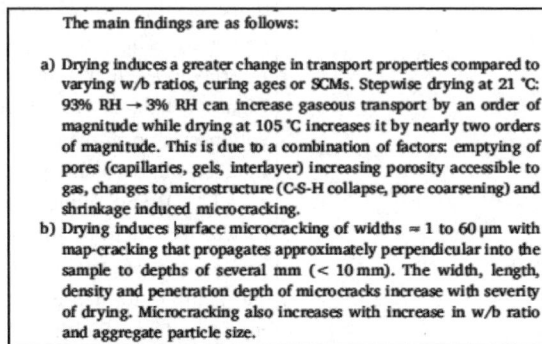

The main findings are as follows:

a) Drying induces a greater change in transport properties compared to varying w/b ratios, curing ages or SCMs. Stepwise drying at 21 ℃: 93% RH → 3% RH can increase gaseous transport by an order of magnitude while drying at 105 ℃ increases it by nearly two orders of magnitude. This is due to a combination of factors: emptying of pores (capillaries, gels, interlayer) increasing porosity accessible to gas, changes to microstructure (C-S-H collapse, pore coarsening) and shrinkage induced microcracking.

b) Drying induces surface microcracking of widths ≈ 1 to 60 μm with map-cracking that propagates approximately perpendicular into the sample to depths of several mm (< 10 mm). The width, length, density and penetration depth of microcracks increase with severity of drying. Microcracking also increases with increase in w/b ratio and aggregate particle size.

图 9.1　用 bullets 展示结论要点

这种形式最大的优点在于条理清晰，不容易遗漏要点。这种形式要求各要点之间相对独立，且罗列的结论至少在三个及以上。除了 bullets 形式，还可以直接用段落来概括结论。这种写作形式适合于各个要点之间连接紧密的情况，同时也要求作者具备较强的逻辑写作能力，能将各个段落有逻辑地串联起来。如果结论个数较少，自然容易被串联起来，也就适合这种形式。

虽然摘要的内容架构（见本书第 4 讲）和结论部分有重合之处，但它们的内容不能重复。按照本书第 2 讲，摘要是在结论写完之后再归纳概括，因此摘要比结论部分还要精炼。如果需要表述重合内容，应对表达方式加以改写。

结论部分是一个向审稿人传递并彰显重要研究成果的窗口。因此，需要精雕细琢从而打造一个华丽的结尾，让审稿人阅读完后有种意犹未尽的感受，从而体现出内容的吸引力。对于特别重要的创新点，还可以用强调的语气，如"Therefore, the confining pressure used must be taken into consideration in interpreting transport results"（Wu et al.，2014）；对于不是由论文中数据直接得出而是由逻辑推理出来的结论，则可以用情态动词委婉表示，如"On this basis, one may conclude that drying-induced microcracks would have little impact on the durability of common concrete structures in the field"（Wu et al.，2017）。

9.3 写作时态

主要有三种时态可以被用在结论的写作中。它们是：

（1）现在完成时，一般用于结论的起始部分，即概括研究内容时，比如："By providing an overview of the current state of big data applications in the healthcare environment, this study has explored the current challenges that governments and healthcare stakeholders are facing, and the opportunities presented by big data."(Jee and Kim，2013)

■ 文献资料

（2）一般过去时，一般用于概述研究方法，比如："Mass transport and microstructural properties of a range of pastes, mortars and concretes were tested after being subjected to several drying and rewetting regimes（by humidification and full saturation）over a period of three years."(Wu et al.，2017)

（3）一般现在时（和一般过去时一起），用于概括研究结论，比如："It is also observed that the applied confining pressure causes the microcracks to undergo partial closure, but this did not produce a significant change in total accessible porosity."(Wu et al.，2014)

9.4 本讲参考文献

Jee, K. & Kim, G. H. Potentiality of Big Data in the Medical Sector: Focus on How to Reshape the Healthcare System [J]. *Healthcare Informatics Research*, 2013, 19(2): 79-85.

Wu, Z., Wong, H. S. & Buenfeld, N. R. Effect of Confining Pressure and Microcracks on Mass Transport Properties of Concrete [J]. *Advances in Applied Ceramics*, 2014, 113(8): 485-495.

Wu, Z., Wong, H. S. & Buenfeld, N. R. Transport Properties of Concrete after Drying-Wetting Regimes to Elucidate the Effects of Moisture Content, Hysteresis and Microcracking[J]. *Cement and Concrete Research*, 2017(98): 136-154.

吸引眼球的图表制作

正如本书第 7 讲 7.2 节分析,SCI 论文的显著特点就是在结果部分需要有机串联起文字和图表。由于几乎所有 SCI 论文都包含图或表,由此可见它们在论文中具有非常重要的作用。这也就意味着如果想要发表 SCI 论文或者提升 SCI 论文的质量,我们就需要做出符合学术期刊要求的专业图表。

笔者在指导 SCI 论文写作和发表时发现,部分中国研究人员存在一个很大的误区,即画出的图往往没有重点,不能结合论文中的文字传递关键信息,大部分只是起到展示作用。这其中一个重要原因是过度依赖作图软件而没有把精力放在挖掘作图的本质上。其实在大部分情况下,用 Excel 和 PPT(或 Mac 电脑的 Keynote)就可以做出高质量的图表。另外,作图还需要十分注意细节,比如图中各条数据线区别太小就会让读者看得费劲。只有细节上做到严谨,图表才能起到正面的作用,否则会成为论文的失败点,也会受到审稿人的批评。虽然审稿人,一般很少因为图表问题拒绝一篇论文,但是如果能做出专业的图表,就一定能让审稿人增加对论文质量的认可。

本讲的目的在于让读者了解 SCI 期刊论文图表以及摸透其背后的本质因素,并通过展示常见的图表案例让读者学会模仿从而做出专业图表。笔者希望通过提炼图表背后的本质因素,让读者举一反三,能在自己的研究领域内做出高质量图表,让审稿人赏心悦目。图和表的主要区别是图用于表示数据之间的关系,而表用来展示数据的大小。如果数据量不多,则可以省去表格,直接用文字表达。本讲先重点分析图,再讲述表的制作。由于表的制作较为简单,因此本讲把重点放在图的制作上。

10.1 图的要求和功能

10.1.1 图的要求

经验丰富的审稿人,往往会在看完题目和摘要后,先快速阅读图的部分,再看其他部分。这是因为图较为直观、简洁地表达重要结果,让繁忙的审稿人能快速理解作者想要表达的研究结果。总的来说,优秀的图形需要做到以下几点。

(1) 具有物理意义(或灵魂)。

图不是简单地呈现数据,而是通过数据来反映背后的现象、物理规律等。因此,只有充分理解数据,明确作图的目的,才能建立起图形的“灵魂”,从而让图中的数据说话。例如,如果是描述非连续变化的变量,则宜用散点图或柱状图,而不是适用于连续变量的折线图。又比如,在图形的关键数据位置,加以辅助线说明(如图 10.1 中 Y 轴为 1.0 的横线)会带来不同的物理意义。

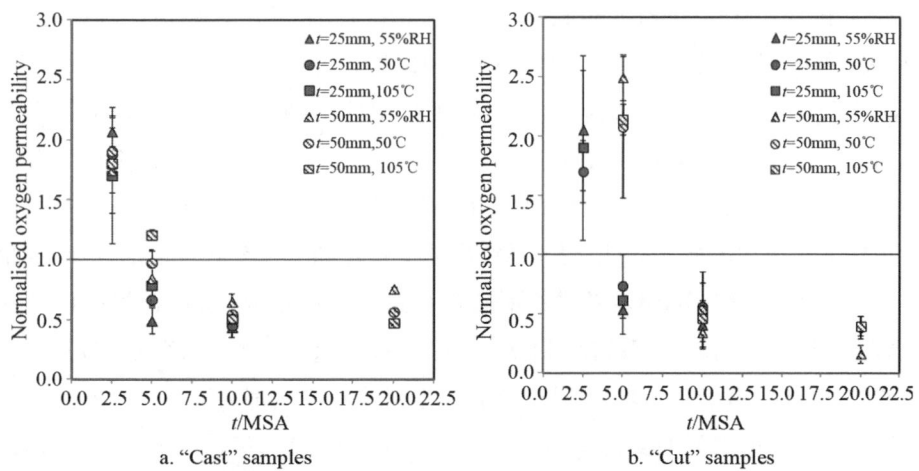

图 10.1　Gas permeability decreased significantly with increase in $t/$MSA ratio, but stabilised beyond $t/$MSA of 10 (Wu et al., 2015)

(2) 优秀的作图细节。

在把握图的灵魂后,还需要在作图形式上做到优秀,就像给灵魂加上肉体,从而展现出优秀的专业图。优秀的图需要准确搭载有效信息,作图要素详细明确,重点突出。过度注重形式的美术效果会分散读者的注意力，误导读者的阅读重点。要力争用最简洁的图形元素传递最丰富的数据内容。具体的作图细节可参考本讲接下去的讲解。

10.1.2 图的功能

一般来说，如果图能吸引审稿人，则会促进论文的发表。而要让图体现出吸引力，则需要充分体现图的功能。图在论文中的主要功能有以下 3 个。

（1）清晰展现数据。

图的基础功能是呈现清晰可见的数据，为表达结果和展开对数据的讨论建立基础。这就要求展现出清晰的数据点，能让读者快速识别其中的关键数据点或变化趋势，特别是当一幅图中包含较多的数据点时。如图 10.1 所示，图中共有两个类型的样本(Cast vs. Cut)，且每一个类型有 6 组样本(2 种厚度，3 种试验条件)。笔者用图 10.1a、图 10.1b 分别展示两个类型的样本，这不仅可以避免在同一幅图中展示过于密集的数据，更重要的是让审稿人明白两个类型之间的数据要进行对比。在每个子图中，由于有 6 组数据，为了区分它们，笔者用 2 种颜色(填充白和灰色)代表 2 种样本厚度；用 3 种符号表示 3 种试验条件。

除了图 10.1 所展示的数据图，常见的还有流程图、照片和示意图，由于它们主要起到展示或说明作用，因此更需要清晰地展现数据，否则就起不到核心作用。

（2）反映变化趋势，揭示数据背后的规律、因果关系与新发现等。

相比于文字和表格，图可以明显地突出数据变化趋势以反映背后的规律、因果关系等。比如在图 10.1 中，笔者首先将所有数据进行了标准化(所有数据除以所在数据组的平均值)，从而将数据按比例缩放，去除了数据的单位限制，降低了数据之间的较大差异。同时，由于被平均数所除，所有数据变化趋势线都会穿过"1"线，这样有利于比较不同组数据之间的变化趋势。从中清楚地看出，氧气渗透性随着 t/MSA 值的增大而明显下降，直到 t/MSA 值大于 10，也就意味着氧气渗透性对样本厚度 t 和石头大小(MSA)的相对值非常敏感。这个结论成为这篇论文的主要结论之一。

（3）利于读者快速、准确提取关键信息。

图的另一大显著特点就是鲜明有力地凸显关键信息。如图 10.2 中，①笔者在图形顶部处标明"Exposed surface"，表明该图片拍摄于样本的表面而不是其他位置；②被染色显亮后的微观裂缝，几乎垂直于表面的裂缝从表面一路延伸下来，在遇到石头时,走向发生变化,但紧紧沿着其表面发展;③裂缝在不同位置时,被称为不同类型的裂缝,分别是 Matrix crack 和 Bond crack;④为了清楚反映裂缝的宽度,笔者在图片右下角放上了尺度条。

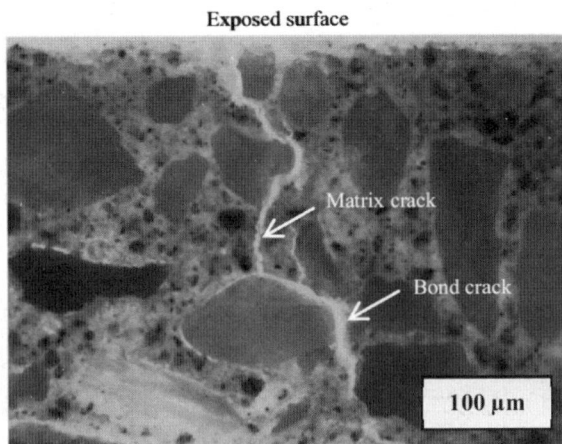

图 10.2　干燥收缩后的混凝土样本(断面)的典型的微观裂缝走向(Wu et al.，2015)

除了可以实现以上 3 个主要功能,优秀的图形展示还可以提高研究工作的专业性(比如通过专业的实验流程)、丰富性(比如考虑多种情况或多变量)和真实性(比如呈现详细的结果数据)。其目的是让审稿人更加信服研究结果,提高稿件的吸引力、录用率和被引用率。

总之,优秀的图可以从文字中脱离出来,并可以单独和清晰地表达最重要的结果,展现数据背后的物理意义,并把握好作图的细节。这就是笔者认为的作图原则。然而,满足这个原则的图,却往往只能在高水平论文中找到。在实际的审稿过程中,笔者在看了图之后基本会做如下判断:

(1) 立刻明白想要表达的意思,可判为优秀。

(2) 需要文字信息辅助理解,可判为中等。

(3) 理解困难,需要猜测,可判为差。

由于审稿人是相同大领域的大同行或相同小领域的小同行,因此理解专业图是件相对容易的事情。如果图让审稿人理解困难,甚至需要猜测其背后想要表达的意思,则一定不会让审稿人产生好感。

10.2 常见图的类型

根据研究内容的不同,在论文中需要设置不同类型的图,一般被统称为 Figure。这些图形主要包括数据图(Graph,图 10.3a)、流程图(Flowchart,图 10.3b)、照片(Photograph/Image,图 10.3c)、示意图(Illustration,图 10.3d)及其他[如 AutoCAD 专业制图(Drawing)、地理地图(Map)等]。

10.2.1 数据图

数据图用于展示单一变量的数量变化或多个变量之间的关系,是 SCI 论文中使用频率最高的图形形式。比如可用柱状图表示单一变量的数值变化,(例如某地区 3—10 月份的平均气温变化;可用 XY 散点图、折线图或拟合图表示变量 x 和 y 之间的变化关系,例如用 XY 散点图表示某地区气温变化和冰淇淋销量的关系。

10.2.2 流程图

流程图用于展示事件的逻辑步骤或时间关系,说明算法过程、工作过程、试验操作过程等,常用箭头连接不同形状的图形符号来表示整个过程。

10.2.3 照片

照片主要包括试验或现场照片,或软件模拟图像,常用于直观表征对象的特征或记录研究对象的动态发展变化。例如,在材料的微观结构分析中,常用电镜扫描仪拍摄材料的微米级结构特征。

10.2.4 示意图

用简化的图形辅助说明或解释相对复杂的理论、原理、试验装置等,常用于辅助描述 SCI 论文的方法。比如,用简化示意图解释光合作用的过程。

10.2.5 其他

主要包括用于展示研究地区的方位、地形等的地图或地貌图。如图 10.3e、图 10.3f 所示,用于展示研究对象(例如土木或机械设备)复杂精细结构的图。

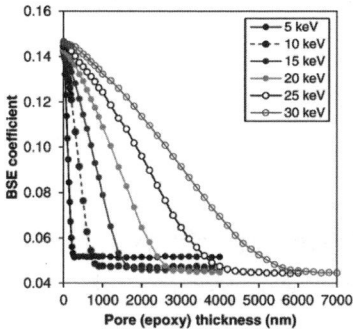

a. 数据图(Graph)

(Yio et al. CCR, 2016, 89: 320-331)

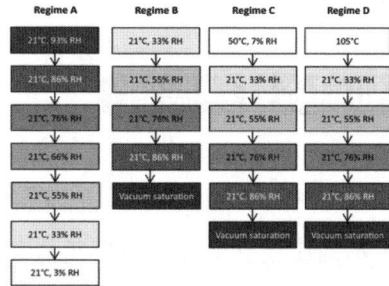

b. 流程图(Flowchart)

(Wu et al. CCR, 2017, 98: 136-154)

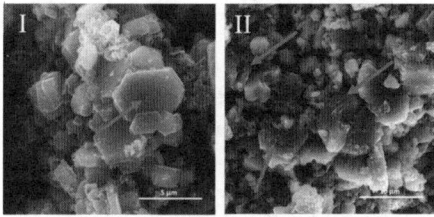

c. 照片 (Photograph/Image)

(Navrátilová et al., 2017)

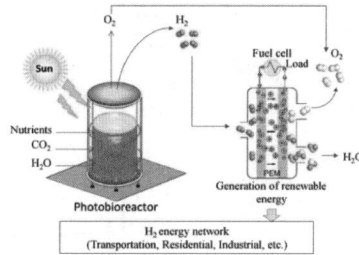

d. 示意图 (Illustration)

(Gardner and Nethercot, JCSR, 2004, 60: 1291-1318)

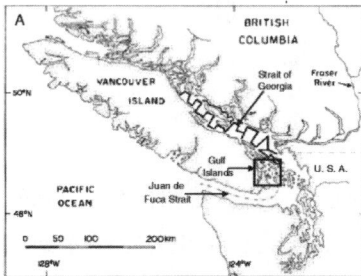

e. 地貌图 (Map)

Beamish et al. Environmental Biology of Fishes. 2012,
94: 135-148)

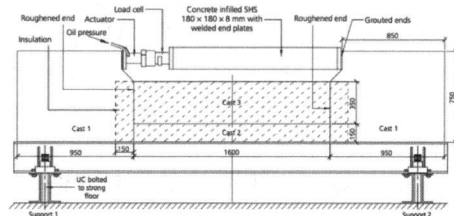

f. 专业制图 (Drawing)

(Micallef et al. Mag. Con. Res., 2017, 69: 1170-118

图 10.3　SCI 论文中常见图的类型(土木工程学科)

下面重点对数据图的制作进行讲解,简要描述流程图、照片和示意图。

10.3 如何做好数据图?

10.3.1 图的关键要素

为了准确而独立地传达数据重点信息及背后规律,图的制作必须包含基本的要素和细节,且有重点地突出它们。下面以最典型的线图为代表来介绍一下图的基本构成要素,如图 10.4 所示。

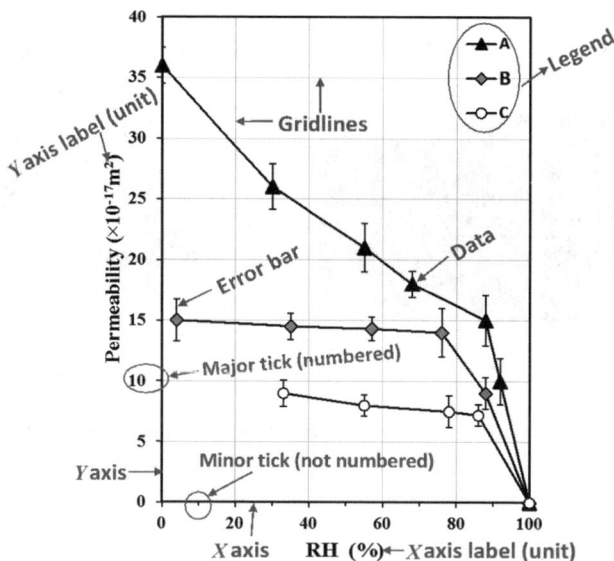

图 10.4　线图的基本构成要素

SCI 论文中的图题(Figure Caption)位于图的正下方,紧随图的编号(Figure + Number)之后。图的编号为阿拉伯数字,按照在文中出现的顺序依次递增。复合图中往往多个子图共用一个标题,但每个分图需用字母标明(如 a,b,c 等)。图题不仅包含横纵轴和数据的主要信息,还需要对图的各要素进行解释,特殊情况下应注明实验环境或者采样地点等。对图展示的结果不建议出现在图的标题中,应移至文字叙述部分。如图 10.1 图题中将图中反映的数据结果进行了叙述,更好的图题可以是"The effect of t/MSA ratio on gas permeability"。

含有横纵轴的图中应有相应轴标(Axis Label),横纵轴代表量的名称(X/Y Axis Label)以及单位。图例(Legend)是对图标的简洁说明,增强图的完整性和独立性。图例的布局要充分应用图中的空白区域,将图例清晰地罗列出来。

数据(Data)是整个图的核心部分。图中用图标(Symbol),如不同线条、图像和颜色来表达数据,以区分不同变化量。如果是多个样本数据的平均值数据,还需要加上误差线(Error Bar),以表示不同样本数据点靠近平均值的程度。即误差线越短,各个数据点越靠近平均值,平均值就越有代表意义;反之,各个数据点就越远离平均值。

横纵轴上需包含数轴刻度(Major Tick 和 Minor Tick)并标注数值。一般来说,横轴自左向右,纵轴自下而上,由原点(Origin)开始数值逐渐增大。

10.3.2 常见的数据图类别

在数据图、流程图、照片和示意图中,后三者的形式都比较直接和容易入手。而数据图有多种形式,这里我们着重针对数据图的作图过程做解释和指导。常用的数据图主要包括:XY 散点图、XY 线图、柱状图、条形图和饼图。在掌握了它们的主要特征之后,即可根据数据特征选定合适的图形类型。

(1) XY 散点图(XY Scatter)用于表示两个变量之间的相关性和趋势,如图10.5 所示。可以根据图中点的分布情况来推测两者是否有关联性。如果统计学分析证明了两者的关联,根据需要可在图中绘制出回归线(Regression Line),并计算出回归方程。需要注意的是,回归方程需要结合物理意义进行选择,以得出合理的回归方程。即便图反映出了两者的关系(如图10.5,两者近似呈线性关系,符合背后的物理意义:孔隙材料的扩散系数和该孔隙率成正比关系),但是它们的关系又不是论文的重点,或者可能还存在其他影响因子时(除了孔隙率,还有其他因素会影响扩散系数的大小),这时在文中简单说明图中能反映出来的关系即可,并不需要一定拟合出明确的回归方程。这样的制图分析更加严谨,也不带来新的麻烦(比如审稿人提不同意见)。

(2) XY 线图(XY Line Graph)适用于表达连续性的数据中一个变量随另一个变量变动的情况,如图10.6 所示。线图可包含多组数据,按照顺序将绘制出的同组数据的点连接起来,并用多种图例来区分不同组别的数据。虽然试验或数值分析得到的有限个数据是离散的,但是该变量是连续变量(如图10.6 湿度的变化),我们可以将离散点用线连接起来,以此表示连续变量的变化趋势。如果是非

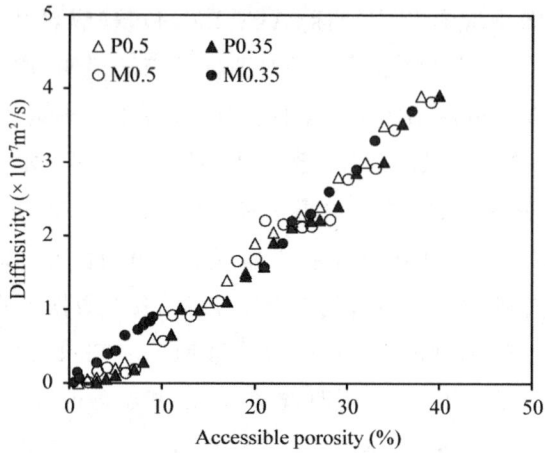

图 10.5　*XY* 散点图例子(引自 Wu et al.，2017)

连续变量,则不适合用线图,而该选用柱状图。关于散点之间的连线形式,需要考虑以下几点。

（1）散点要相对密集,否则不能准确反映变化规律。比如图 10.6 中,如果只测

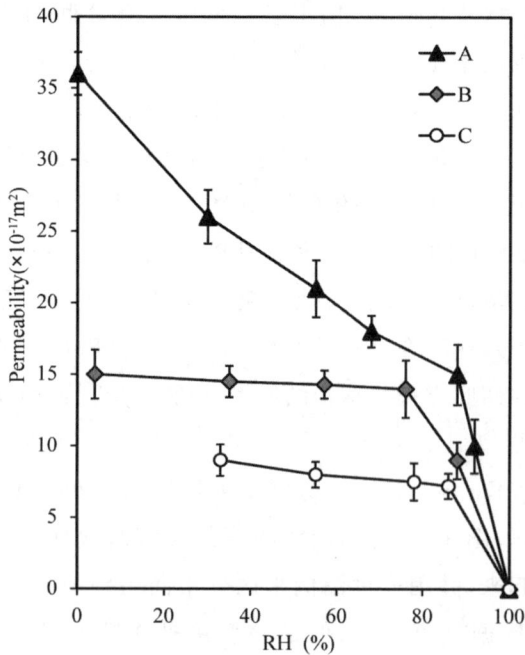

图 10.6　*XY* 线图例子(引自 Wu et al.，2017)

量了相对湿度为 0、50％、100％时的渗透系数,则丧失了介于这三者数据中间的很多重要信息。这时,就不适合将散点连接起来。总之,在设计试验方案或数据采集方案时,要尽可能采集充分多的数据,这对高质量作图大有裨益。

(2) 是否选用直线和光滑曲线,要看数据密集度和物理意义。如果数据非常密集,选用直线连接即可,这是因为即便是曲线关系,由于是密集的两点之间直接连接,也会让整体呈现出曲线效果;如果数据密集程度一般,为了正确反映变化规律,则需要考虑两点背后两个变量之间的物理意义。如果横纵轴的两个变量存在非常明确的物理关系,比如在恒定加速度情况下,位移和时间的关系是抛物线(曲线)关系,因此就可以用光滑曲线连接相邻的两个散点,如图 10.7a 所示。图 10.7b 则是直线连接的对比。可以看出,如果数据点不密集,光滑曲线和直线连接相邻点就有一定的差别。但是如果数据足够密集,则直线连接也可以达到相同效果。在

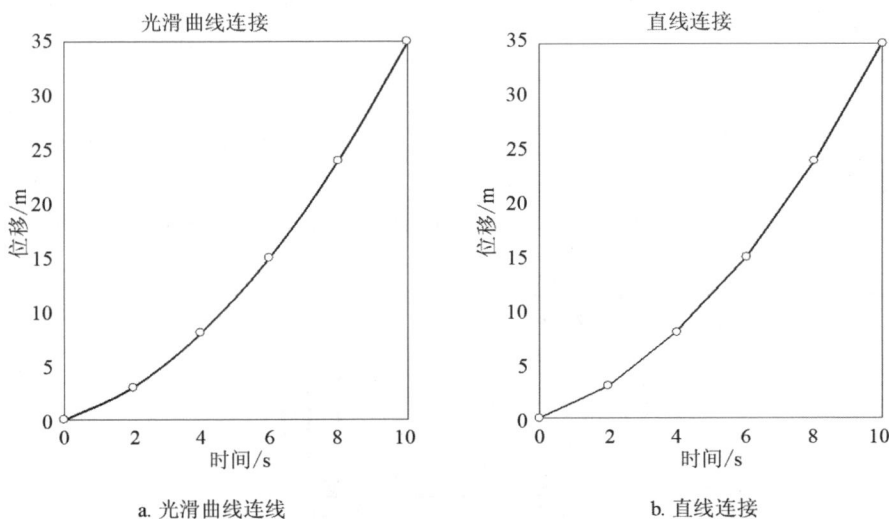

a. 光滑曲线连线　　　　　　　　　b. 直线连接

图 10.7　位移和时间关系(初速度为 1m/s,加速度为 0.5m²/s)

科学论文中,一般创新的研究数据反映出来的结果基本上是未知的,带有一定的摸索性质,因此笔者建议一般用简单的直线连接,因为直接连接相邻点是明确的线性关系,而曲线连线则有无穷种可能性,因此很难给出具体的曲线方程。例如图 10.6 所示的渗透系数和相对湿度的关系。由于影响渗透系数的因素有很多,且目前尚没有确定性的物理方程来描述渗透系数和相对湿度的关系,因此选用直线连接仅

仅是为了表示渗透系数随着相对湿度的增加而降低,并没有去探究出两者的具体物理关系,带有简化分析的意图。

(3)柱状图(Bar Graph)是利用长方形的长短来代替不同组别的数值(通常是非连续变量的数值),表示它们之间的对比关系。横轴通常为组别或类别,图中各长方形之间等距。柱状图包含单式(见图 10.8a)和复式(见图 10.8b、图 10.8c)。单式柱状图展示一个变量在单个类别的不同组别之间的变化;复式柱状图各组别包含无间隔的长方形条柱,便于实现同一系列的各组内和不同系列的不同组别之间的复杂比较过程,形式上既可并排(见图 10.8b)也可以层叠(见图 10.8c)。

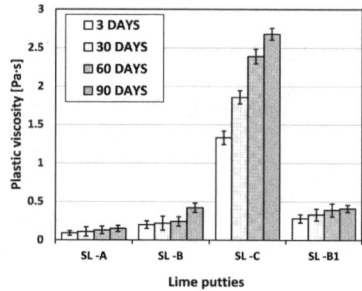

a. 单式柱状图(引自Schneider et al., 2011)　　　b. 并排复式柱状图(引自Navrátilová et al., 2017)

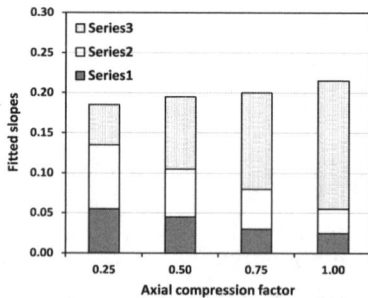

c. 层叠复式柱状图(引自Yio et al., 2017)

图 10.8　常见的柱状图举例

(4)直方图(Histogram)以高度不等的长方形或密集直线来呈现变量数据的分布。通常情况下,它的两个坐标分别是统计样本和该样本对应的某个属性的度量(如频率),如图 10.9 所示。由于它的横轴是量化数据,因此与条形图的横轴有显著不同。

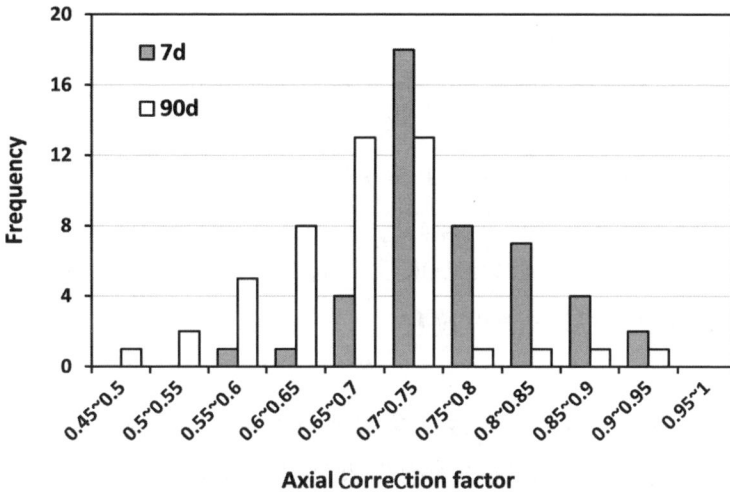

图 10.9　直方图举例（引自 Yio et al.，2017）

（5）饼图（Pie Chart）常用来表示构成比率，饼图中每一块扇形的面积大小代表该类别在整体事物中所占的百分率，如图 10.10 所示。

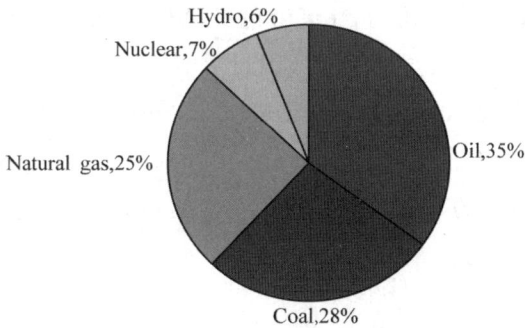

图 10.10　饼图举例：世界主要能源消耗分布

以上常见的数据图，笔者均在微软 Excel 中完成，它也是笔者之前和现在学习、工作使用的数据图作图软件。我们之所以选择 Excel，主要考虑以下因素：

（1）使用方便：Office 办公软件已包含它，无须下载其他软件。

（2）功能完整：覆盖绝大部分的科学数据分析工具，如求平均值、方差、误差线、显著性分析等。

（3）上手容易：基于本科阶段积累的经验，几乎不需要额外学习教程即可快速摸索学会，可以把主要精力花在分析图的灵魂上。

（4）资源广泛：方便和同事交流，也比较方便在网络上找到指导教程。

在此也建议读者，如果刚入门数据分析和作图，可先选择简单的办公软件，把精力放在分析数据和提高图的质量上。软件只是工具，更重要的是通过工具去呈现一张具有灵魂和优秀细节的高质量图片。接下去，笔者将简单描述制作数据图的基本过程，掌握它之后再通过不断练习，即可脱离模板，灵活运用。

10.3.3 数据图的基本制作过程

（1）数据整理和分析。

可在 Excel 中人工输入数据或者从其他数据采集仪器的软件中导出数据到 Excel，并对数据整理分类，剔除错误数据，调整格式，从而保持清晰的排列方式。在此基础上，根据论文要求，选择合适的数据分析工具进行数据分析，比如求平均值、误差线、p 值等。需要注意的是，除非是确定的错误数据，比如采集时人工操作错误引起的错误数据，可以直接删除，否则需要保留那些异常数据，并进行原因分析，因为说不定那就是一个创新点。如果实在找不出合理的原因，可在论文的结果或讨论部分进行解释说明。比如，在笔者论文（Wu et al.，2017）中，笔者和同事们无法找出某个样本数据的异常原因，因此在结果中进行了说明："There is no reason why P 0.5-3d should behave differently, therefore this departure could be an experimental error（e.g.，sample preparation or testing error）."在大量数据中存在一到两个无法解释的异常数据是相当正常的事情，只要它们不是关键数据（如直接影响主要结论的数据），则无须担心太多。

（2）选择图的类型。

根据常见数据类型的特点，结合图的展示目的，从 XY 散点图、XY 折线图、柱状图、直方图、饼图中选择适合的图的类型。如果不确定哪一种类型最适合展示数据，可以进行尝试比较。笔者的经验是，如果长期研究某个课题方向，所需要的图的类型和以往自己已经发表的论文中的图的类型很可能基本一致。根据各自特点，可以将已经做好的图存成模板供下次制图时快速调用，以节约工作时间。多次作图之后，形成对某类或某几类图的深入理解，就完全可以脱离模板，仅靠经验或感觉便能运用自如。

（3）设置图的基本要素。

如果没有图的模板，第一次制图和选定图的类型后的主要任务是：

①添加 XY 轴的轴标、刻度、数值和变量单位。

②调整轴标、字体类型、大小、线条粗细和空间布局。

③调整轴标后让图中数据点占据大部分空间（2/3 左右），只留少量空白区域；调整字体一般为 Times New Roman，大小一般为 12 号或 14 号。字号大小可根据实际情况调整，以让图中文字清晰可见为准。线条粗细为 1pt 或 1.25pt。

④用区分度高的图例表达不同组别的数据。

论文中常用和不常用的符号见图 10.11。一般选用区分度较大的图 10.11a 的四种形状。为了让颜色在不同打印机下打印出相同效果，一般可选用纯白色或纯黑色填充。这样一共有 8 种不同的带颜色符号，可代表 8 种不同的数据，这对于大部分论文已够用。而且一幅图中最好不超过 6 条数据线，否则会因包含太多信息而不容易区分。对于确实需要更多数据的情况，可考虑使用实虚线或不同颜色的线条来代表更多组数据。需要注意的是，Excel 默认的符号大小为 5。这个大小一般都不够，笔者一般调整为 7，让数据点清晰可见。

a. 黑白两色的常用符号   b. 不常用的符号

图 10.11 论文中常用和不常用的符号

⑤撰写图的编号和图题，并在图题中对各分图信息、图例和实验条件进行必要的说明。图题字体和正文一致，大小一般比正文小 1 号，如果正文是 10 号，那么图题字体就是 9 号。

（4）根据检查表校验图。

可参照目标期刊的作图要求对图进行检查和修改。笔者对论文中常见的图的要求进行了归纳总结，读者可按据此对图进行自我检查，以提高作图质量。

①图的可读性。

● 文字的字体、尺寸、大小写和粗细选择是否恰当？

● 是否有横纵轴？横纵轴是否标注？单位及其形式是否准确、统一？

● 横纵轴的坐标区间是否妥当？不要将横纵轴坐标范围扩值太多，否则不利于解读数据变化规律，浪费版面空间。

● 图中图例的样式和颜色容易区分吗？

● 彩色的运用是提高了数据的理解效率还是增加了无效的图元素？（反例见图10.19）

● 分辨率符合目标期刊的要求吗？

● 图中是否包含大量不常用的或自定义的缩略语？

● 图中的资料、分图以及文字的排列顺序是否遵从大家从左到右或顺时针的阅读习惯？

● 图中内容和线条是否过多（超过6条）？要考虑简化信息或者将一张图分割为多张图来表达，各分图用(a)(b)(c)等来表示，线型也要有多样性，如实线、虚线等。

● 图是否具有独立性？即通过阅读图就能理解图意，并不用反复参照文本说明。

②图的一致性。

● 坐标轴的刻度和数值格式是否统一？间隔要适当，数字大小要清晰易读取。

● 图题中的说明和单位与图中的数据是否一致？

● 分图之间的大小、格式、坐标轴范围、图例样式、照片分辨率等是否一致？

③图的完整性。

● 有没有遗漏单位和要素的名称？脚标的书写是否正确？

● 图中的字母代码、序号和图例在图题中解释说明了吗？

● 图题是否交代横纵轴的变量和因变量、必要实验条件以及分图的标题？

● 图的表达是否突出重点内容或者关键细节来帮助读者解读数据？

10.3.4 图的格式和保存

制图完成后，就可以保存并导出到 Word 文档中。为了符合期刊要求，需要注意以下 3 个方面的问题。

（1）尺寸。

SCI 期刊对图的物理格式要求分半幅（单栏）和全幅（双栏）。由于投稿时一般为单栏排版而出刊时为双栏排版,所以在单栏排版清晰可见的图片,到了双栏排版时由于图片尺寸被缩小就不一定会清晰了。因此,我们最好一开始就设置好大小,以匹配双栏排版的尺寸要求。笔者建议将图的宽度设置成 7.5cm,这样双栏排版时图不会被缩小也就不会丧失清晰度,可保证图中的各个元素依然清晰可见。图的高度则需要根据具体的情况而定,大部分的期刊并没有统一的规定。

(2)分辨率。

在不超过目标期刊最大文件大小的前提下,尽量提交分辨率高的文件,以免造成退稿或者修订等困扰。一般来说期刊对于论文中图片分辨率的要求分为以下 3 类:

①彩色或灰度图片(Color or Greyscale Photographs),分辨率不低于 300dpi/ppi。

②没有中间填充色的黑白图片(Monochrome Images),分辨率不低于 1000dpi/ppi。

③含图片和黑白细线的复合图(Combination Artwork),分辨率不低于 500 dpi/ppi。

在准备稿件时,可提前查好具体期刊对图片分辨率的要求。查图片分辨率的方法:右键图片 Properties(Windows 电脑),或在 Preview 中 Command＋I 查看(Mac 电脑),或使用专业图片处理软件比如 Photoshop。

(3)导出格式。

学术期刊要求提交稿件时一并提交独立的图片文件,格式为 PDF 或 TIFF(不同期刊的要求略有差异)。在 Excel 中用数据绘制的单个图可以直接保存为 PDF 格式。方法是:选择需要保存的图,在 Excel 中文件点击"另存为",选取 PDF 格式即可。

如要在 Word 文档中粘贴 PDF 格式的图,可选中 Excel 中的目标图,回到 Word 文档中。此时不要直接粘贴,而是采用选择性粘贴(Paste Special),然后选PDF 文件或插入前面导出的 PDF 文件。

若需要将 Excel 中的多个图做成复合图,可以用同样的方式在 Word 文档中逐个导入或选择性粘贴 PDF 图,组合在一页 Word 文档中后再另存为 PDF 文件。若期刊要求 TIFF 格式的图片,可将单个 PDF 文件在 Photoshop 中通过"另存为"实现。我们推荐在图表转换成图片的时候就设为规定格式导出,不要保存为 JPEG

或者JPG格式后再转换成 PDF 或 TIFF 格式,因为前两种格式包含信息量较少,转换过程中部分图像信息会丢失,影响图片的质量。

10.4 如何做好流程图?

10.4.1 流程图关键要素

流程图的关键要素是图形符号和文字说明。不同的图形符号代表不同类型的执行动作,辅之文字说明,形成一个信息输入—输出的完整闭环。清晰明了的流程图能够帮助研究者和读者更加形象立体地理解算法流程、试验步骤等(见图 10.3b 的 4 种实验方案),同时能够帮助研究者发现流程中不明显的特征,如缺陷或瓶颈,有利于在研究方案的设计阶段及时修正和改进各个步骤。因此,流程图在强调逻辑过程的科技论文中起着重要作用(重要性仅次于数据图)。

常见的流程图图形符号主要包括作业流程开始(或结束)、过程处理、方案决策、逻辑路径、输入/输出等,详细的解释参见表 10.1。

表 10.1 常见的流程图图形符号及解释

符　号	名　称	意　义
⬭	作业开始或结束(Start & End)	流程图开始和结束,每个流程图只有一个起点
▭	处理(Process)	具体的任务或工作
◇	决策(Decision)	不同方案选择
→	路径(Path)	动作的逻辑顺序
▱	输入/输出(Input/Output)	输入或输出参数等数据

续 表

符　号	名　称	意　义
	文件（Document）	输入或输出文件
	已定义流程（Predefined process）	使用某一已定义的处理程序
	归档（Pigeonhole）	文件和档案的存档
	连接（Connector）	流程图向另一个流程图的出口或从另一地方的入口
	注解（Comment）	表示附注说明

10.4.2 流程图的基本制作过程

做好流程图的基础是理顺逻辑，比如理顺从开始到结束的整个算法发展过程。在此基础上，从表10.1中选择正确的符号在工具中进行组装即可。笔者常用的工具是微软的 PPT，在其中可直接插入流程图符号，并且有对齐及保持等距的功能。流程图完成后另存为 PDF，再插入到 Word 文档中，并做适当剪裁即可。由于默认的 PPT 页面高度较小，而大多数流程图有较多的步骤，可先对 PPT 页面设置较大的高度值再作图。除了 PPT，读者们也可以用其他流程图制作软件，比如 Visio。图 10.12 展示了一个典型的 SCI 论文算法类流程图，该图使用 PPT 制作。

■ 文献资料

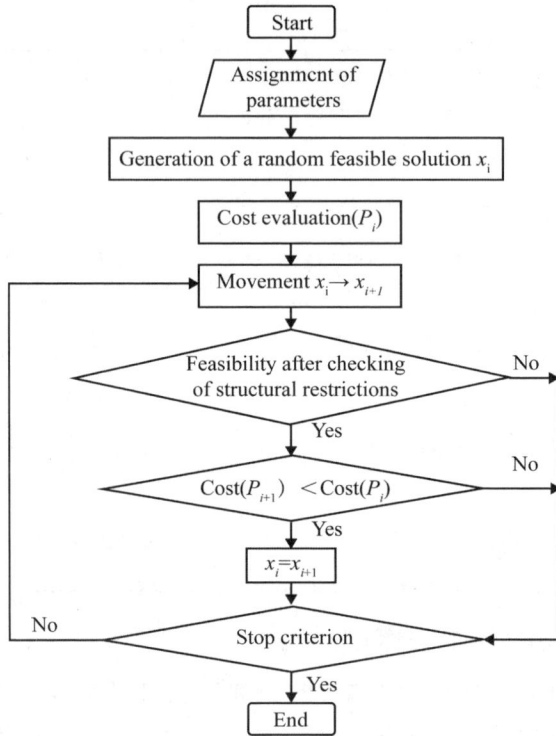

图 10.12 论文(Yepes et al., 2017)中的 DLS 算法流程图

10.5 如何处理照片(Photograph/Image)?

高质量试验或现场拍摄照片需要保持清晰和高对比度,一般的单反相机在静止状态下会自动聚焦,拍摄物体后基本都能满足以上要求。由于照片主要起到展示研究对象或试验仪器的作用,因此,还需要将照片中的重要部件标示出来,否则审稿人会很难快速读懂图中元素。在标示名称或画辅助线时,要注意颜色对比问题。如果背景是黑色等深色,可选用对比强烈的白色,否则就会很难看出准确的对比,如图 10.13 中 Linear spring 的辅助线就和黑色背景混淆在一起了。

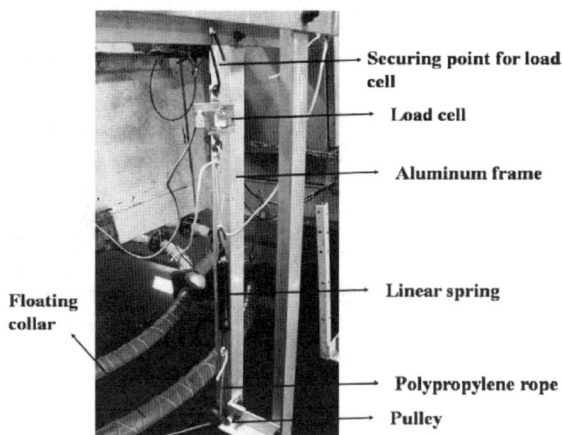

图 10.13　论文(James et al.，2016)中试验装置的照片例子

对于电子显微镜等拍摄的精细微观结构图（Image），首先需要保持高分辨率、高清晰度和高对比度；其次，由于肉眼难以快速识别微观图像中的关键要素，我们常常需要将图像中的关键位置用箭头标示出来；最后需要提醒的是，由于图中元素呈现的是高倍放大的显示效果，我们还需要在图像右下角位置放上尺度条或在图题中说明拍摄时的放大倍数。图 10.3c 展示了一幅典型的电子显微镜图。

10.6　如何做好示意图？

由于示意图起到解释说明的作用，因此要做到简洁明了、清晰、重点突出和有较强的可读性，让审稿人能结合文字快速理解其中的关键意思。否则，会起到反作用，增加理解难度，还不如不放示意图。对于简单的示意图（比如工程领域论文的示意图），可以用 PPT 制作，如图 10.14a 所示；而对于相对复杂的生物医学示意图，则需要用到专业的示意图制作软件，比如 Adobe Illustrator（AI）。在国外一些大学，科研人员只要想好作图思路以及要表达的主要意思，会有专业的制图老师帮助作图，从而让科研人员节约时间，专注在科研上。

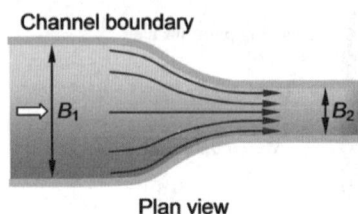

a. 流体力学通过狭窄区域(Ali and Dey, 2018)

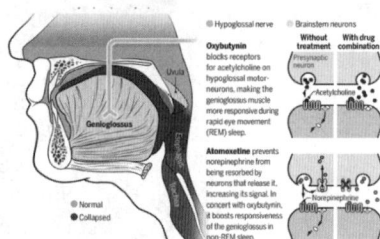

b. 新药物组合治疗打呼噜(Wadman, 2018)

图 10.14　示意图举例

10.7 图中的常见错误

笔者在审阅论文中发现,虽然大部分图的形式和内容比较简单,但是作者们却非常容易犯错或者画得不专业,导致不能准确传达想要表达的中心意思,甚至给审稿人留下不严谨、不专业的印象。笔者总结的科技论文中常见的图的错误列举如下。

(1) 内容错误。

①本应该用文字或表格呈现数据却误用引图形,见例 10.1。

②选取了错误的图的类型(例如要呈现独立不连续的数据采用了 XY 线形图),见例 10.2。

③拟合曲线在图中的起始点与散点数据的范围不相吻合,延伸到了散点数据并不覆盖的区间,见例 10.3。

④百分比条形图中同一组不同类别之和不等于 100%。

⑤堆积条形图中的变量太多(超过 2 个,难以直观提取数据信息)。

⑥对图中数据的分析比较放在图注中而不是文中展开,如例 10.3 中的图注。

案例 10.1

数据不该用图表达

只需要用一句话就可以表达图 10.15 的含义:"Among the test group of 56 patients who were hospitalized for an average of 14 days,6 acquired infections."

因此，在这个例子中，文字描述更加简洁和直接，也就比图形更适合。

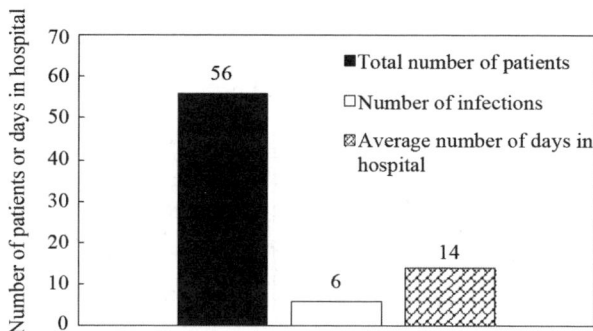

图 10.15　医院感染病人统计（Gastel and Day，2016）

🔍 案例 10.2

图的类型使用错误

该用柱状图却用了 XY 线图，如图 10.16 所示。

非连续数据即包括不同类别的数据，也包括非连续变化的离散点数据。如果离散点之间的数据不存在，或者即便存在但是研究中没有对其开展研究（如加入某非连续试剂含量：2％，6％，10％），一般就不适合用 XY 线图，而推荐用 XY 散点图或者柱状图。图 10.16a 中数据点之间的浓度没有经过测试，因此无法评估其对自变量的影响。用 XY 图表示就不适合，改为图 10.16b 中的柱状图更适合。

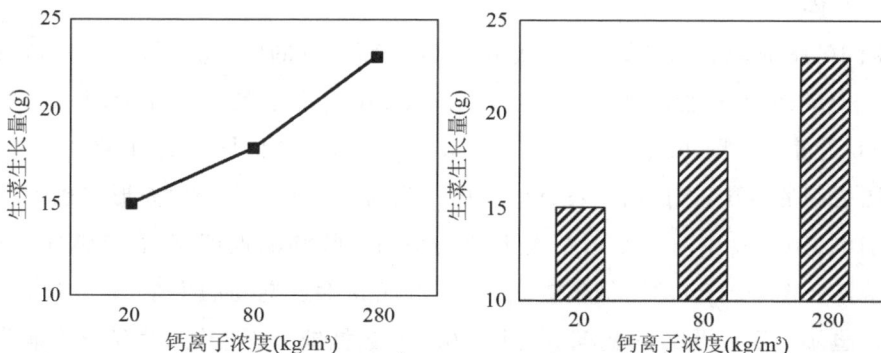

a. 非连续数据类别不能用XY线图　　　　b. 柱状图可用于展示非连续数据

图 10.16　图的类型使用举例

🔍 **案例 10.3**

拟合曲线超范围

如图 10.17 所示。

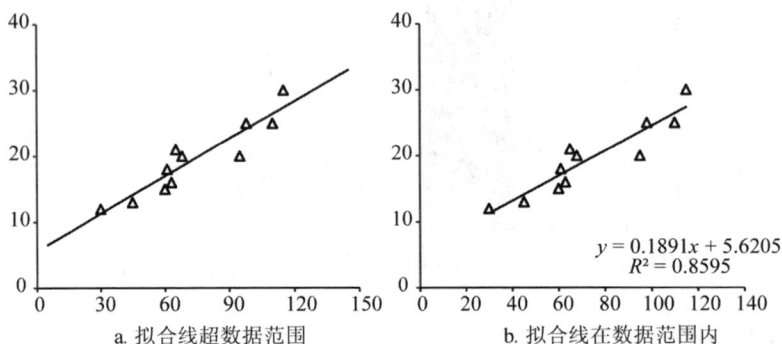

a. 拟合线超数据范围　　　　b. 拟合线在数据范围内

$$y = 0.1891x + 5.6205$$
$$R^2 = 0.8595$$

图 10.17　拟合曲线超范围与在数据范围内

之所以建议要将拟合范围限制在已知数据范围内,是因为我们无法100%确定超出已知数据范围的数据就在拟合线上或附近,这是基于严谨的科学研究思维的分析。

(2) 格式错误。

①对比图(对照图)或各分图未采用相同的作图格式及模式(比如纵坐标的刻度最大值不一样)。

②分图标注和图例没有充分利用图形空白区域。

③字体太小或太大。

图 10.18 是笔者为了说明"格式错误"问题而设置的两个分图。它们具有相同的 XY 变量,但是实验条件不一样。图 10.18a 中的样本是 3 天养护,而图 10.18b 则是 90 天养护。图 10.18a 的中 Y 坐标最大值是 70,然而图 10.18b 是 40,这不利于两图之间的对比,因此需要设置成一样的范围。两个分图的填充形式也不一致,图 10.18a、10.18b 在 150 ℃ 时情况下分别采用横线和散点填充,容易造成审稿人视觉混淆。图 10.18b 的图例位置太靠右,造成其附近空间的多余,其外边框和图 10.18a 也不一致。最致命的问题是图 10.18b 数据缺了误差线,没有统计意义;图 10.18a 的字体太小。

(3) 无效元素。

①不必要的网格线、彩色和三维图。多选取纯白,纯黑和条纹图例,少用彩色。

a. 3天养护   b. 90天养护

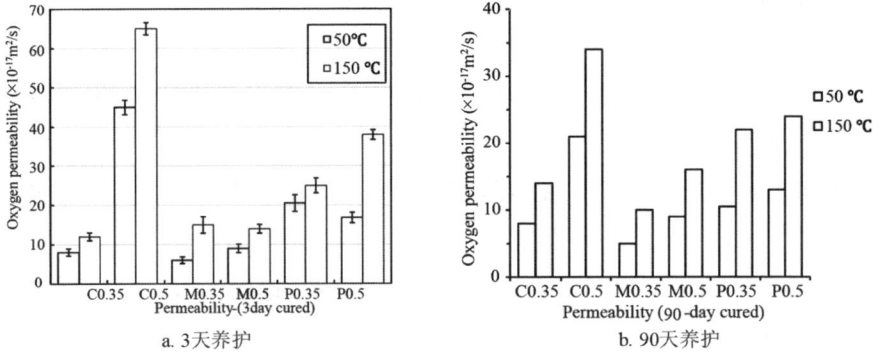

图 10.18 格式错误的例子

即便用彩色,颜色的种类要控制在 4 种以内。

②灰色图例、灰色阴影或灰色背景(它们容易造成不同打印效果)。

③太相似度的例样式(选择容易区分的图样和颜色来代表不同的变量)。

a. 彩色三维立体图   b. 黑白复式柱状图   c. 表格

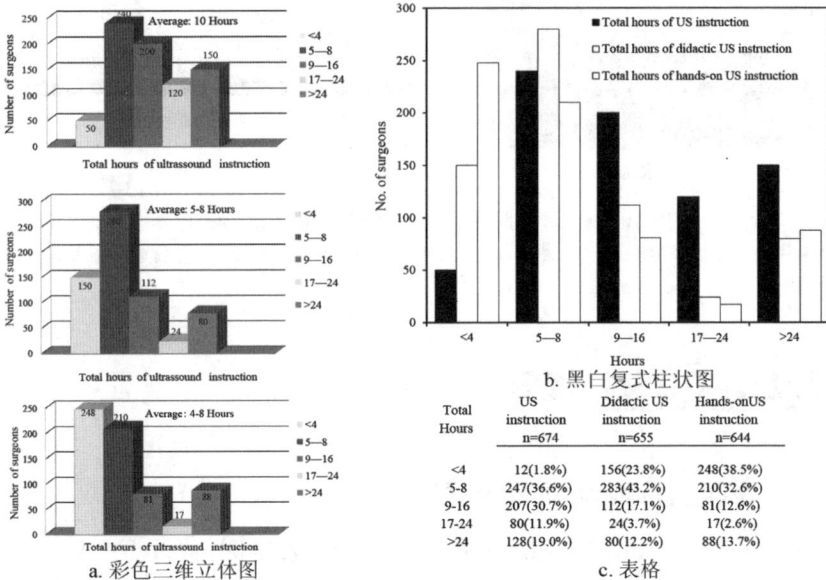

图 10.19 不必要的彩色和三维图

注：该例中图 10.19a 采用三组彩色的三维立体图来表达数据,增加了图形数量,且用彩色填充柱也使得图中数字很难辨识。该组数据也可以改为图 10.19b 中的黑白复式柱状图来呈现,降低了图形数量,但数据密度依然过大。图 10.19c 的表格形式则最清晰简洁地表达了数据和比率,也更节省版面空间。

（4）信息缺失。

①图不独立，缺失部分要素，例如数据图 10.18b 缺误差线，没有对图中的要素进行文字注解（实验装置照片和对应的原理图应包含适量元素解释，使读者明白实验设备的机理，见图 10.20）。

②图中出现大量自定义或者不易理解的缩写，文字阅读方向不统一或过于冗长杂乱。

③与大小相关的照片中没有比例尺或放大倍数，如图 10.3c 中的微观分析照片就需要比例尺。

④照片像素过低或线条太细，不能被轻易识别。比如屏幕截图的像素过低。

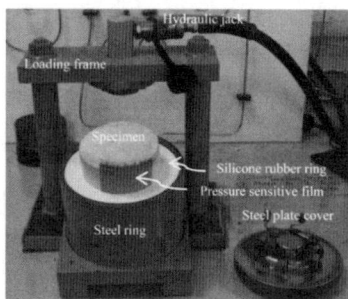

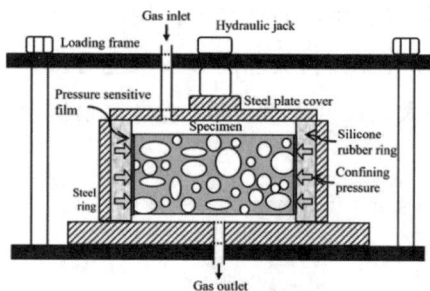

a. 实验装置图   b. 实验原理示意图
图 10.20   试验照片的合理处理（Wu et al.，2014）

注：保持照片清晰、物品摆放整齐（注意拍摄光线和拍摄角度），标示重要物件，并可画剖面图用于解释实验原理。

10.8 专业作图软件介绍

10.8.1 处理照片或画复杂示意图

（1）ImageJ 和 Photoshop 具备完善的图形元素量测、修改、拼接和裁剪等功能。其中 ImageJ 非常容易上手，Photoshop 则有一定的门槛。

（2）Adobe Illustrator 适用于部分学科如生物和医学等专业复杂的示意图制作。

10.8.2 数据处理

（1）Excel 软件易于获得和上手，具有广泛的数据分析和作图应用，满足大部分论文的数据分析要求。

（2）Matlab 擅长数据的复杂编程计算，且可将数据转化为优秀的三维图形。

（3）Origin（Originlab，Originpro）也擅长数据的复杂计算和科学出图（二维或三维）。

10.8.3 画流程图

采用 PPT 或 Visio 可画出较为完整的流程图，操作都简单易学。

10.9 表格制作介绍

10.9.1 常见误区

表格的最大功能就是可简化重复的数据结构，不至于需要用冗长复杂的句子来表达数据，如第 14 讲的表 14.7 和长串文字罗列。因此，如果论文中存在较多的重复数据结构，则适合用表格或图表达，否则用文字表达即可。如表 10.2 展示的图 10.15 中的数据，由于只有一家医院的感染病人数据，没有重复数据结构（每一列都只有一个数据，不是变量数据），因此就没有必要用表格来表达数据，而是直接用文字描述即可："Among the test group of 56 patients who were hospitalized for an average of 14 days，6 acquired infections."

表 10.2　某医院感染病人统计

Total number of patients	Number of infected patients	Average number of days in hospital
56	6	14

如果重复的数据结构中包含多个相同应变量数据，可用文字简单表达时，也没有必要用表格，如表 10.3 所示。该表格中，当荷载速率（Loading Rate，是自变量）从 0.1 增加到 0.3 时，裂缝（裂缝数量是应变量）都没有出现；再增加到 0.4 和 0.5 mm/s 时，只有 1 条裂缝；而当荷载速率达到峰值 0.6 mm/s 时，则出现了 2 条裂缝。以上文字表达会让读者更容易阅读和理解，就没有必要用表格。

表 10.3　Effect of loading rate on the number of cracks

Loading Rate（mm/s）	Number of Cracks
0.1	0
0.2	0
0.3	0
0.4	1
0.5	1
0.6	2

总之,好的表格的每一列或行都包含有效信息,而且排列合理,能让审稿人只通过读表就能明白表格中的所有信息。

10.9.2 注意细节

在避开以上两个误区之外,还需要注意以下细节:

(1) 在微软 Word 中制作可编辑表格,不可用在 Excel 中制作完后截图或存为图片再导入 Word 文档的方法。

(2) 变量若有单位,则将单位置于变量名称的右边,如表 10.3 的 Loading Rate (mm/s)。

(3) 如数据有标准误差(Standard Error),则需要在数据右边写出,如笔者论文(Wu et al., 2017)中的表 4,如图 10.21 所示。

Table 4
Average desorption and sorption coefficients (%/day$^{0.5}$) for conditioning regimes (A, B, C, D). Numbers in brackets are standard errors.

Mix	Curing age (d)	Desorption (%/day$^{0.5}$)				Sorption (%/day$^{0.5}$)			
		A	B	C	D	A	B	C	D
P 0.5	3	−0.400 (0.006)	−1.56 (0.009)	−4.25 (0.015)	−14.6 (0.131)	−	0.245 (0.002)	0.351 (0.002)	0.248 (0.001)
	90	−0.294 (0.005)	−0.447 (0.001)	−1.69 (0.004)	−6.07 (0.031)	−	0.339 (0.005)	0.313 (0.003)	0.310 (0.002)
P 0.35	3	−0.347 (0.005)	−0.616 (0.003)	−2.26 (0.122)	−8.50 (0.058)	−	0.226 (0.007)	0.311 (0.001)	0.285 (0.014)
	90	−0.247 (0.002)	−0.435 (0.004)	−1.83 (0.001)	−7.29 (0.076)	−	0.264 (0.002)	0.359 (0.004)	0.339 (0.001)
M 0.5	3	−0.180 (0.003)	−0.449 (0.008)	−1.12 (0.024)	−5.11 (0.032)	−	0.085 (0.006)	0.088 (0.001)	0.075 (0.003)
	90	−0.138 (0.008)	−0.146 (0.005)	−0.656 (0.012)	−3.97 (0.063)	−	0.121 (0.002)	0.119 (0.001)	0.132 (0.001)
M 0.35	3	−0.174 (0.002)	−0.293 (0.003)	−1.09 (0.014)	−3.99 (0.068)	−	0.102 (0.002)	0.093 (0.001)	0.094 (0.002)
	90	−0.179 (0.002)	−0.152 (0.002)	−0.689 (0.014)	−2.37 (0.101)	−	0.040 (0.001)	0.135 (0.001)	0.155 (0.002)
C 0.5	3	−0.128 (0.002)	−0.351 (0.012)	−0.836 (0.019)	−2.53 (0.039)	−	0.055 (0.003)	0.079 (0.001)	0.051 (0.001)
	90	−0.118 (0.001)	−0.122 (0.003)	−0.452 (0.017)	−0.871 (0.055)	−	0.063 (0.003)	0.067 (0.001)	0.095 (0.003)
C 0.35	3	−0.101 (0.002)	−0.196 (0.003)	−0.625 (0.010)	−2.11 (0.021)	−	0.050 (0.019)	0.083 (0.001)	0.058 (0.004)
	90	−0.084 (0.003)	−0.106 (0.004)	−0.393 (0.007)	−1.17 (0.014)	−	0.078 (0.003)	0.081 (0.003)	0.084 (0.001)
C-SF 0.35	90	−0.033 (0.001)	−0.059 (0.001)	−0.308 (0.001)	−1.74 (0.014)	−	0.026 (0.001)	0.098 (0.001)	0.092 (0.002)
C-SG 0.35	90	−0.070 (0.002)	−0.082 (0.004)	−0.327 (0.020)	−1.89 (0.053)	−	0.037 (0.002)	0.088 (0.003)	0.093 (0.004)

图 10.21　笔者论文中的表 4

（4）如有显著性分析，需要在数据旁指明 P 值或写上代表显著性的字母或星号 *（例如，* 代表显著性水平在 $P=0.05$；＊＊代表显著性水平在 $P=0.01$；＊＊＊代表显著性水平在 $P=0.001$）。

（5）数据精度一致，比如都是 0.001。

（6）如某个单元格没有数据，则写上"—"。

（7）绝大多数情况不会出现竖线。

（8）如果表格中有简写，则在表格左下角标注出来。这样审稿人不需要查看文字部分就可以明白变量含义。上述笔者论文（Wu et al.，2017）中的表 4（见图 10.21）没有标注简写变量的含义，是因为类似变量在笔者论文的表 2 中已做解释。

10.9.3 制表方法

图 10.22 展示了一种常见的表格模板。一般来说线条宽度可用默认的 0.5pt，某些期刊则是要求表格的顶头线和最底线用加粗线 1.5pt。列标题一般不加粗，不过某些期刊会要求加粗。脚注字号比表格中字体小一号，表格中字体和文字部分同样大。表格中文字或数据左对齐排列。在具体的格式上可参考目标期刊的要求。

Table x. Title of the Table.

列标题	列标题		列标题	
	列标题	列标题	列标题	列标题
entry 1	data	data	data	data
entry 2	data	data	data[1]	data

[1] Tables may have a footer.

图 10.22 表格制作模板

10.10 本讲参考文献

Ali，S. Z. & Dey，S. Impact of Phenomenological Theory of Turbulence on Pragmatic Approach to Fluvial Hydraulics[J]. *Physics of Fluids*，2018，30(4):1-11.

James，J. G.，Kumar，S.，Dharmasree，K. K.，Nagarajan，V.，Mukherjee，C. K. & Dash，B. Observation on Forces and Motions of a Mariculture Cage from

Model and Prototype Experiments [J]. *IEEE Journal of Oceanic Engineering*, 2016, 41(3):552-568.

Navrátilová, E., Tihlaríková, E., Neděla, V., Rovnaníková, P. & Pavlík, J. Effect of the Preparation of Lime Putties on Their Properties[J]. *Scientific Reports*, 2017, 7(1):1-9.

Qin, G. H., Wu, Z. X. & Lu, Y. M. A Novel Determination Algorithm of Locating Parameters for Fixture Design[J]. *Key Engineering Materials*, 2009(407):94-98.

Schneider, M., Romer, M., Tschudin, M. & Bolio, H. Sustainable Cement Production-Present and Future[J]. *Cement and Concrete Research*, 2011, 41 (7):642-650.

Wadman, M. Drug Pair Shows Promise for Treating Sleep Apnea[J]. *Science*, 2018, 361 (6408): 1174-1175.

Wu, Z., Wong, H. S. & Buenfeld, N. R. Effect of Confining Pressure and Microcracks on Mass Transport Properties of Concrete[J]. *Advances in Applied Ceramics*, 2014, 113(8):485-495.

Wu, Z., Wong, H. S. & Buenfeld, N. R. Influence of Drying-Induced Microcracking and Related Size Effects on Mass Transport Properties of Concrete[J]. *Cement and Concrete Research*, 2015(68):35-48.

Wu, Z., Wong, H. S. & Buenfeld, N. R. Transport Properties of Concrete after Drying-Wetting Regimes to Elucidate the Effects of Moisture Content, Hysteresis and Microcracking[J]. *Cement and Concrete Research*, 2017(98):136-154.

Yepes, V., Martí, J. V., García-Segura, T. & González-Vidosa, F. Heuristics in Optimal Detailed Design of Precast Road Bridges[J]. *Archives of Civil and Mechanical Engineering*, 2017, 17(4):738-749.

Yio, M. H. N., Wong, H. S. & Buenfeld, N. R. Representative Elementary Volume (REV) of Cementitious Materials from Three-Dimensional Pore Structure Analysis[J]. *Cement and Concrete Research*, 2017(102): 187-202.

英文论文查重原理及降重

据全球著名出版社 Wiley(威立)介绍,目前超过 1/3 的国际期刊编辑经常碰到论文有重复的情况。编辑一旦发现论文的重复率过高(即和已发表的论文数据库中的某一篇或多篇论文高度相似),就会直接拒稿或退回论文要求改写,这是每位作者都绝对不想看到的后果。重复率等于论文中重复的单词个数除以论文参与查重的总字数(原则上参考文献不参与查重)。比如,一篇含有 5000 个单词的论文中有 1000 个单词被认定重复,那么这篇论文的重复率就是 20%。在查重报告中,一般用 Similarity Score(相似度分数)或 Similarity Index(相似度指数)表示重复率,两者的定义没有任何差别。

本讲将结合理论和真实的案例分析分别介绍查重的必要性、重复的原因、权威查重算法的原理、降重的方法及案例分析,并在最后一节对读者关心的常见问题进行解答。通过阅读本内容,读者们可以更加系统地了解国际 SCI 期刊的查重原理以及掌握减少重复率的技巧,从而顺利通过 SCI 期刊的查重预筛选。我们想强调的是,学会改写不是为了更好地拷贝再转化成自己的写作,而是让大家更好地学会消化吸收和引用参考已发表的论文,特别是论文的引言和材料方法部分以及综述性论文的写作方法。

■ 英文论文查重及降重

11.1 查重的必要性

随着来自中国地区的英文论文的激增及部分论文的重复问题越发严重,国际上越来越多的 SCI 期刊设置了论文预筛选环节,即编辑在查看论文内容之前,用查重软件对提交上来的论文进行查重。比如国际著名的学术出版商 Elsevier(爱思唯尔)出版的大部分期刊和 Wiley 出版的所有开放性期刊都设置了自动查重。

如果论文被查出小程度重复,则会被期刊编辑要求改写,但论文作者会给期刊留下不好的印象,而且由于要改写论文便会延长论文的审稿时间和推迟最终发表时间。如果有较大程度的重复,期刊编辑一般会直接拒稿或要求作者做出合理的解释。如果解释不成立,则有可能被认为是违反学术道德而拒稿且不给再投机会。国际著名的学术出版商 Elsevier 官网上的"作者指引"(Guide for Authors)列出的拒稿原因中就提到道德问题,如图 11.1 所示。

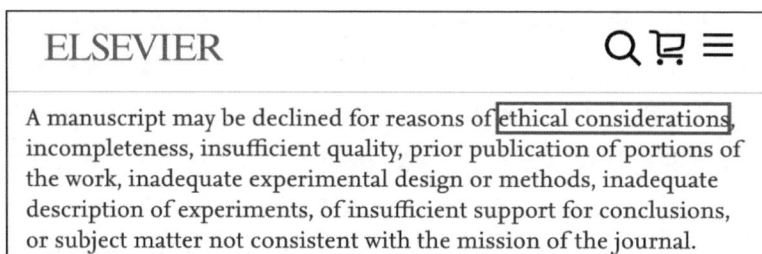

ELSEVIER

A manuscript may be declined for reasons of ethical considerations, incompleteness, insufficient quality, prior publication of portions of the work, inadequate experimental design or methods, inadequate description of experiments, of insufficient support for conclusions, or subject matter not consistent with the mission of the journal.

图 11.1　著名学术出版商 Elsevier 旗下某期刊的"作者指引"节选

下面给出 3 个真实案例来说明重复率过高导致的后果。

案例 11.1

重复率过高,作者被要求做出解释[Springer(斯普林格)出版社期刊]

气象与大气科学研究领域中的 SCI 期刊 *Theoretical and Applied Climatology* 的主编让作者对论文重复率过高的问题进行解释:

"The program iThenticate has indicated that 33 percent of your text are very similar or identical to other papers,foremost to two websites,which you do not cite. Please comment."

主编发现该作者的论文中有 1/3 的单词与其他论文中的单词相似或完全一致,于是让作者给出解释。可想而知,如果解释不好,将很难说服主编录用该论文,甚至连送审的机会都不给。

案例 11.2

重复率过高,论文被退回(Wiley 出版社期刊)

海洋领域的 SCI 期刊 *Journal of Geophysical Research-Oceans* 的编辑对某一投稿人的论文在未审稿前进行了查重,并做出如下评价:

"Our screening for overlap with published works，including those authored by yourself and/or your co-authors，indicates that substantial parts of the manuscript are similar to those from other works. After careful consideration of your manuscript and these other works，I am returning the manuscript without review."

编辑明确说明该论文和已有文献存在大量的重复,并且给出了直接拒稿的决定。由于编辑没有给出具体的重复程度和重复的地方,笔者帮助该投稿人进行了查重,结果显示重复率高达40%,即论文中有2/5的单词存在和已有文献重复的情况,属于重度重复。

🔍 案例 11.3

重复率过高,论文被退回(Elsevier 出版社期刊)

笔者的朋友曾经向土木工程方面的一个王牌期刊 *Engineering Structures* 投稿,投稿后很快就收到了如下具体的编辑意见:

"This paper cannot be considered for possible publication due to a high similarity index（25%），which indicates a large amount of overlapping with published materials."

论文被查出重复率为25%,导致论文被主编立即拒绝,而且主编不给这篇论文修改后再投的机会,作者遗憾不已。

即使论文侥幸通过编辑预审和审稿人审稿而发表,在论文见刊后也需要接受读者的审阅。如果读者发现论文存在和其他论文重复的情况,可直接向期刊编辑或主编汇报重复的可疑情况。期刊编辑接到申诉后则有义务对该论文进行查重,如果查重结果证明读者的申诉成立,且论文通讯作者不能做出合理解释,则该期刊有权撤回已经发表的论文,同时有权通知作者所在单位或者资助本论文研究的基金单位。如此造成的影响将会非常恶劣,会极大地影响作者的学术声誉。Steen 等人在 2013 年发表的研究成果(Steen et al.,2013)中分析了 2047 篇被撤稿的医学论文后,他们发现这些论文被撤稿的时间都在发表后的平均 32.9 个月内,且被撤稿时间越来越短。比如在 2002 年后发表的 1333 篇论文中,撤稿的平

■ 文献资料

均时间降为 23.8 个月,而且对于高影响因子的 SCI 期刊,撤稿时间更短。这说明,国际 SCI 期刊编辑越来越重视类似抄袭造成的重复等学术道德问题。

因此有必要了解国际 SCI 期刊的查重原理。在了解查重原理的基础上,再学习改写论文的常用技巧就可以尽量避免重复或有效降低论文的重复率。

11.2 重复原因

中国学者在发表英文论文的时候,存在非英语母语的劣势,会受到中式思维逻辑与英文表达无法完美衔接的制约。为了摆脱这方面的制约,并展示语言表述的地道性,我们很可能会借鉴和模仿同领域中母语是英语的国际学者的英文写作。然而在模仿借鉴的过程中,存在着许多会导致重复的情形。再者,在引用自己过去发表的论文,特别是研究背景和研究方法部分的时候,也会容易造成重复。同时,随着互联网的发展,可获取的网络论文信息越来越多,这也就更容易造成论文内容的重复了。

重复可分为故意重复(即直接挪用他人写作成果)和无意重复(即自己写的内容也会重复)。对于故意重复,比如直接复制粘贴造成雷同,由于没有分析的必要,我们不再说明。而我们会重点分析无意重复,剖析背后的主要原因,并为有效避免重复和降低重复率提供方法。

下面我们对无意重复的 6 个主要原因从 SCI 论文的各个部分进行解释说明。

11.2.1 情形 1: 题目的核心要素类似,容易重复

由于题目中包含的核心关键词在同一领域中很可能一样,因此如果研究内容和已发表论文的研究内容相似,那么就很可能出现题目高度重复的情况,如表 11.1 所示。

表 11.1　高度重复的两篇论文题目

论文 1 题目	Material Properties of Cold-Formed High Strength Steel at Elevated Temperatures
论文 2 题目	Mechanical Properties of Cold-Formed Steel Tubular Sections at Elevated Temperatures

两篇论文研究的对象相似(Cold-Formed High Strength Steel 是一种高强度钢材料,Cold-Formed Steel Tubular Sections 是一种普通钢管),且测试条件都是

高温（at Elevated Temperatures），只是把研究变量从材料属性（Material Properties)变成了力学属性（Mechanical Properties)，因此两者结构相同，导致较大程度的重复。

题目重复的主要原因是题目的核心要素相似，如研究的对象、研究的变量、研究的条件、研究理论/方法/关系等。这些核心要素常常被写在一些常用的表达中，比如题目的经常写法有（下划线表示研究对象或条件）：

①Effect of Transformed Letters on Reading Speed

②Effect of Captopril on Mortality and Morbidity in Patients

③Material Properties of Cold-Formed High Strength Steel at Elevated Temperatures

④Electronic Properties of Two-Dimensional Systems

⑤ Experimental / Numerical / Theoretical Study of Industrial Wastewater Treatment by Freezing

⑥Experimental / Numerical / Theoretical Study of the BEC-BCS Crossover Region in Lithium 6

⑦Tool Condition Monitoring Using Artificial Intelligence Methods

⑧ Nonlinear Modelling of Switched Reluctance Motors Using Artificial Intelligence Techniques

虽然论文题目的字数很少，即便被查出有重复也不会对全文整体的重复率有较大影响，但是如果被 SCI 期刊编辑发现高度重复，就很可能会判断我们的论文是在重复前人的研究，也就是说创新性很差，很有可能直接被编辑拒稿。这也提醒我们可以在投稿前先去搜索一下是否有高度相似的题目，如果是，则需要改动。关于英文论文题目的写作指导，可参考本书第 3 讲。

11.2.2 情形 2：研究背景相似，模仿后容易重复

在引言的写作中，首先要在第一段介绍研究背景，这在两种情况下容易造成重复。

（1）情况 1：在引言的第一段中描述和国际同行相似的研究背景。这时候，如果我们去模仿已经发表出来的同行论文，而且没有正确地改写，就容易造成重复。

🔍 **案例 11.4**

原文："The transport properties of cementitious materials have been studied for many decades. This is because movement of aggressive species such as chlorides, carbon dioxide, oxygen, sulphates and alkalis are responsible for most deterioration processes affecting concrete structures including reinforcement corrosion, sulphate attack and alkali-aggregate reaction."

原文的中心是说明水泥基材料的传输性能很重要以及为什么重要。如果是小领域同行,很可能也需要表达类似的意思。如果想模仿并改写,但是把握不好的话,就会造成重复。

举一个模仿后的例子:"The transport properties of cement-based materials have been extensively studied. It has been found that the movement of aggressive species in cementitious materials such as chlorides, CO_2, oxygen, sulphates and alkalis could cause most deterioration processes which affect concrete structures such as reinforcement corrosion, sulphate attack and alkali-aggregate reaction."

模仿后的段落和原文有高达 $31/49 \approx 63\%$ 的重复率,其重复的单词和短语用下划线表示。

(2) 情况 2:作者自己的某一个课题成果较为丰富,可以就该成果连续发好几篇论文,而每篇论文的大背景大同小异,这样引言中的研究背景部分则容易造成自我重复。比如基于一个博士课题成果,往往可以发 3～5 篇 SCI 论文。由于是同一个课题,因此总的研究背景是相似的,这时候就容易造成引言第一段的重复。

11.2.3 情形 3: 综述当前研究成果

在引言中,容易出现重复的第二个部分是对前人研究成果的总结概括。如果没有高度概括前人的研究成果,就容易出现短语结构和关键词重复的情况。比如:

句 1:A constitutive model for aluminium alloys exposed to transient state conditions was developed.

句 2:Maljaars et al. proposed a constitutive model for the properties of aluminium alloys exposed to fire conditions.

这两句话分别用被动语句和主动语句表达某个新模型被提出来(针对某个具

体对象)的意思，都采用了短语结构 a constitutive model for sth.，而且研究对象 aluminium alloys(铝合金)又很常见，也容易形成重复的情况。

或者选用一些常见的短语进行概括，也有可能出现重复的情况。比如：

句 3：We particularly consider the problem of capillary infiltration of saturated solution into a porous medium，which has been commonly used by <u>a number of experimental and numerical studies on</u> crystallization of salts in geomaterials

句 4：There have also been <u>a number of experimental numerical studies on</u> the fire resistance of concrete materials.

短语 a number of experimental and numerical studies on 经常被用在引言中来表示某个热点话题的关注度，因此就容易造成重复。

此外，在报道某种情况或数据时，由于数据和报道的对象都是统一的，就容易造成重复，比如：

句 5：According to the World Health Organization（WHO）report，there were 9 million people who were diagnosed tuberculosis and 1.5 million death cases worldwide in 2013.

句 6：While much progress has been made with tuberculosis control，<u>the World Health Organization（WHO）report</u> shows that <u>9 million people</u> developed tuberculosis and that <u>1.5 million</u> people died <u>worldwide in 2013</u>.

报道主体是世界卫生组织（World Health Organization）、结核病犯病人数和死亡人数以及所在年份，它们都是固定的，因此就容易造成重复。

11.2.4 情形 4： 相同或相似研究方法，易重复

如果我们的论文研究方法和国际同行类似，往往需要参考已发表论文中的方法和具体步骤。其中那些较为标准和通用的方法步骤往往可以被借鉴。如果我们没做好改写，就容易造成语句重复。

同时，如果我们已经发表过使用某个试验方法或数值分析方法的论文，在新的论文中需要再次描述同一方法，就很容易造成自我重复。比如，我们有可能把已经发表的论文的方法部分作为一个模板，保持主体结构不变，只改动关键变量，比如材料名称、测试条件等。再比如，同一个课题组中的科研工作者都使用同一实验

室、仪器及实验方法,这时如果没有正确改写,就容易造成论文的自我重复或与同门/同行重复。

案例 11.5

多篇论文出现相似试验方法描述

论文1,发表于 *Chemical Geology*:

"Laser sampling was performed using a GeoLas 2005 System, and an Agilent 7500a ICP-MS instrument was used to acquire ion-signal intensities."

论文2,发表于 *Lithos*:

"The laser sampling was performed using a GeoLas 2005 System, and an Agilent 7500a ICP-MS instrument was used to acquire the ion-signal intensities."

论文3,发表于 *Tectonophysics*:

"Laser sampling was performed using a GeoLas 2005. An Agilent 7500a ICP-MS was used to acquire ion-signal intensities."

笔者仅以国内某重点实验室为例,以课题组为单位,其中的所有科研人员均可完全套用整个实验方法流程,只需置换样品名称。由此可想而知,会造成怎样的重复率。上面摘录的仅是一部分实验过程。那么,这样生成的文章会得到怎样的审稿意见呢?请看下面真实的审稿意见:

"Checking through your manuscript, it is noted that large part of the data is drawn from already published papers. Since the present manuscript does not follow ethical practices in publishing, the journal cannot consider the submission for publication. Our journal is a high-ranking scientific journal which strictly follows ethical practices."

我们自己虽然明白这些通用的试验方法很难有新的写法,也知道我们研究的重点不在试验方法上,即便试验方法相同,研究的创新点还是存在的。可是,如果作者在提交论文之后无法通过计算机查重算法的初次审核,文章的重复问题就上升到了道德层次,将无法给编辑发现文章精华的机会,更有甚者可能使作者丧失再次投稿的机会。

11.2.5 情形 5： 研究变量相似，结果易重复

如果使用和已发表的论文中相同的试验或模拟方法，特别是和自己已发表论文中的实验方法相同，且测量的变量也相同，就会出现在论文结果部分使用和已发表论文结果部分相类似的句子结构去表达的情况。

🔍 案例 11.6

句子 1："The material properties obtained from the stress-strain curves from transient state test results under room temperature are summarized in Table 5, using the definitions of symbol as shown in Fig. 4."

句子 2："Under room temperature, <u>the material properties obtained from the stress-strain curves from transient state test results are summarized in Table 2</u>, using the curves as shown in Fig. 7."

第二句主相对于第一句的改动主要是替换了图表的标号，但都是同一个试验（transient state test），且都是在相同测量条件下（under room temperature）测试相同变量（stress-strain curve）。

11.2.6 情形 6： 无法和难以避免的重复

目前的计算机查重算法将有固定表达的作者单位信息（Affiliations）、变量说明（Notations）、相对固定的致谢（Acknowledgement）、利益冲突申明（Conflict of Interest Statement）和道德申明（Ethical Statement）都纳入查重范围，因此这五部分一般都会被算作重复部分。不过大部分 SCI 期刊编辑都理解这些部分的重复，而且它们字数很少，因此不会对全文的重复率有大的影响。

以医学中的某标准道德申明为例。

Ethical statement：

"Written informed consent was obtained from all participants before the commencement of the study."

可以看出类似这种标准语句的用法是非常普遍的，如果在写作时参考模板却不做改写，就会和已发表论文重复。

此外，参考文献不应该在查重中被考虑进去，例如查重软件 iThenticate 就可以在查重时自动排除参考文献。但是，在实际中，我们发现少部分 SCI 期刊的编辑

也把参考文献包含在重复内容中,造成总体重复率的大大上升。这时,我们需要及时提醒编辑,说明参考文献有固定的格式,在同一出版社出版的不同 SCI 期刊中是完全一样的或基本一致的。

11.3 权威查重算法的原理

理论上,判断论文内容是否重复的方法是看论文中的想法是否来自于作者自己,且用自己的话表达;如果不是,则要看是否将借鉴的内容进行了恰当改写并且写上了参考文献。因此,想要避免重复,则要在论文中用自己的话表达原创的想法,否则就要改写并附上参考文献。

如果想法存在雷同,则被称为"想法重复",是最高级别的论文重复,如图 11.2 所示。依照重复级别由高到低,除了想法重复,依次为翻译式重复、改写式重复、伪装式重复、复制粘贴重复。

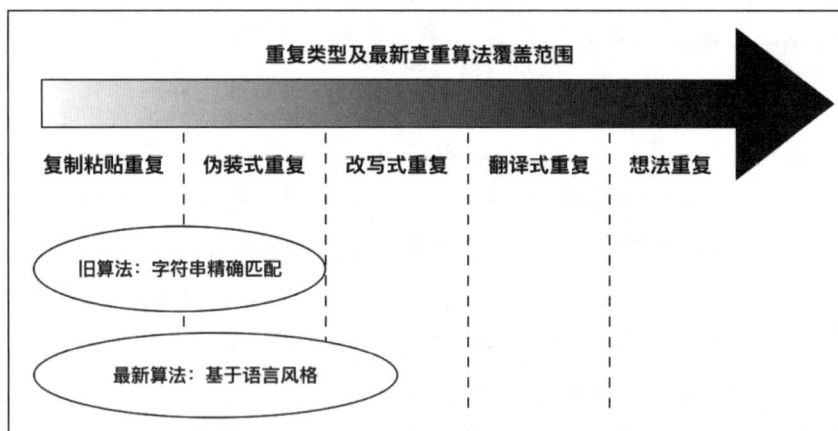

图 11.2　论文重复的常见类型及最新查重算法覆盖范围

以下是对各个重复级别的解释:

(1)复制粘贴重复是指克隆式地去照抄别人论文中的语句,是一种"暴力"重复,是绝对逃不出目前查重算法的法网的。

(2)伪装式重复是指对原文的形式进行小改动,且没有加双引号明确指出引用的内容,比如表 11.2 中下划线部分的句子就是伪装式重复句子。

表 11.2　伪装式重复句子

原　文	伪装式重复句子
Two first principles are elaborated：（a）Learning is promoted when learners are engaged in solving real-world problems.（b）Learning is promoted when existing knowledge is activated as a foundation for new knowledge（Merrill，2002）.	Merrill（2002）claims that learning is promoted when learners are engaged in solving real-world problems，existing knowledge is activated as a foundation for new knowledge.

（3）改写式重复是指通过意译改写句子，即保持句子意思不变，但重新用自己的话表达出来。

（4）翻译式重复是指翻译其他语言的论文，保持译文与原文意思一致，比如将英文论文翻译成中文论文，并在中文期刊上发表，这样的操作就可以被称作翻译式重复。

（5）想法重复是指论文中语句表达出来的想法存在雷同，即语句表达的核心意思一致，但是语言表达的形式不同。

对于复制粘贴重复和伪装式重复，目前用字符串精确匹配算法即可查重，即一句话中连续重复 3 个及以上单词即可判定为重复。比如 Plagiarism Checker X 软件中默认连续 4 个单词以上算重复（使用该软件时，可修改为连续单词的个数标准，比如 5 个），如图 11.3 所示。

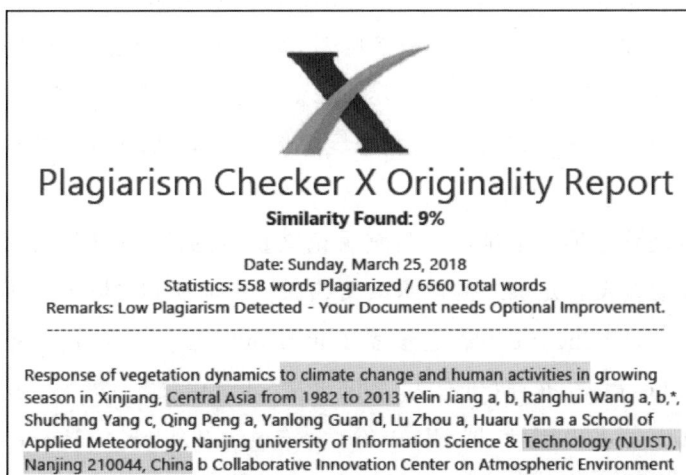

图 11.3　Plagiarism Checker X 查重报告

然而这种算法的最大缺点在于，只要在连续重复的单词中调整其中一两个单词，这些单词就没法被识别为重复，从而没法识别更高级别的重复。比如，在连续重复的 5 个单词中（见例 11.7），替换掉中间的冠词 a 和形容词 smart，这样重复的连续单词就变成了 2 个，也就骗过了查重算法。

🔍 案例 11.7

字符串精确匹配算法查重改写后句子，结果显示无重复单词

原文：I am a smart boy.

改写后：I am an intelligent boy.

目前绝大多数国际 SCI 期刊采用的权威查重算法是一种基于语言风格的算法（见图 11.2），即不仅能查出一模一样的句子或词组（见例 11.8 和例 11.9），而且能理解句子结构（见例 11.4），因此是在字符串精确匹配算法基础之上发展的高级查重算法。只要句子结构和原文类似，那么即使句子中的部分单词不同，剩余重复的单词也照样可以被查出，即便是常用的介词或冠词。这比上面提到的字符串精确匹配算法能识别出更高级别的重复。不过，目前最先进的查重算法的识别程度还只能局限在句子结构上，而不能理解单词的含义，即不能在语义上进行查重，比如近义词替换后就可以躲开重复（见案例 11.10）。

总结一下，目前的最新权威查重算法能覆盖所有的"复制粘贴重复"和"伪装式重复"，部分覆盖"改写式重复"。这就意味着，对于准备投稿国际 SCI 期刊的作者，只要避免暴力的"复制粘贴重复"以及对原文表达形式进行小变动的"改写式重复"，以及采用正确的改写方法，就能大幅度降低重复率，从而成功通过 SCI 期刊的查重预筛选。

由于查重是从数据库中挑选出与查重论文重复的论文或网页，因此一个合格的查重软件还需要覆盖足够多的学术论文数据。目前受到国际 SCI 期刊认可程度最高的查重软件是 iThenticate。它覆盖了超过 600 亿个网页数据，超过 530 家出版社的大约 3800 万篇（本）期刊论文、会议论文、博士论文、书籍等。这些出版社包括了著名的四大学术出版社，即 Elservier、Springer、Taylor & Francis（泰勒和弗朗西斯）、Wiley，如 Elservier 出版社就贡献了超过 1000 万篇论文和 7000 多本书。这些庞大的数据库也说明，想躲开确实存在的重复几乎是不可能的。

下面我们选用查重软件 iThenticate,展开对论文查重原理的案例分析。

🔍 **案例 11.8**

复制粘贴重复

句子或段落无改动,导致全部都被查出重复。

🔍 **案例 11.9**

伪装式重复

原文:The questions that we wish to answer include：a) What is the nature of drying-induced microcracking? b）To what extent microcracks influence transport properties after accounting for moisture effects? c) What are the effects of moisture hysteresis on transport properties? and d）How do systems containing SCMs behave compared to those containing CEM I?

新版本:We want to understand the nature of drying-induced microcracking; the influence of microcracks on transport properties after accounting for moisture effects；the effects of moisture hysteresis on transport properties and the behaviours of systems containing SCMs compared to those containing CEM I.

解读:新版本的写作主要对原文的结构进行了微小改动,把疑问句改成了陈述句,而里面的内容基本保持一致。这种就被称为"伪装式重复",很容易被查重算法发现。

🔍 **案例 11.10**

改写式重复

原文:However, little research has been carried out on the material properties of lean duplex stainless steel at elevated temperatures.

新版本:While most of the previous research has been focused on the material behaviour of carbon steel and stainless steel at elevated temperatures.(重复部分有下划线)

解读:该句子的结构为 research has been ... on the material ... of ... at,可见和原文的句子结构一致。虽然进行了改写(比如 properties 改成近义词 behaviour),但是句子结构没有发生变化,依然被查重算法识别出来了,有 12 个单词重复(总共 22 个单词),共计 55％的重复率,甚至连介词 of 也被认为是重复单词,可见句子或短语结构的相似是可以被查出来的。不过由于目前查重算法不能识别语义,在相似句子或短语结构中进行近义词替换就可以减少重复,比如短语 on the material properties of 中的 properties 替换成近义词 behaviour 就躲开了重复。

此外,如果连续的多个句子(甚至一个段落)的结构和具体某一篇已发表论文中的内容相似,查重算法都可以将其一块找出来。比如下面新版本中带下划线的单词或短语都是重复的。

原文：If the location of fracture is outside the gauge length of a specimen, meaning that the extensometer could not capture all of the strain near failure. Hence, the strain at ultimate strength and fracture could not be accurately measured and these values were not reported. These specimens are labelled using a superscript followed by a number to identify the specimens failed outside the gauge length of the coupon specimens.

新版本：If the location of failure occurred outside of the gauge length of a specimen, then the extensometer could not measure all of the strain up to failure. For such tests, the strains at ultimate strength and fracture could not be accurately measured; these values were not reported. These specimens that fail outside the gauge length have an addition to the end of their label which is the letter "R" followed by a number showing the number of failed test specimens.

查重结束后,会出具一份查重报告并显示查重结果,如图 11.4 所示。在其中,会显示被查重的论文题目、重复率、数据库中与之重复的论文题目或网页地址以及它们的编号(从 1 开始)、每篇重复论文的重复字数以及单篇重复率。这些单篇论文的重复率由高到低排列,它们被全部累加起来后就是总的相似度(如图 11.4 中就是 35%)。

同时,在被查重的论文中会有不同颜色高亮显示哪些文字或数据是被认定为重复的,且在句首对与之重复的论文或网页进行编号(见图 11.5)。比如,图 11.5 中显示为 1 的重复句子,表示在图 11.4 中的 1 所对应的论文中有重复的内容:"to convert experts' opinions into comparable measures and"。期刊编辑在查重软件里面点击"1",即可快速查看论文 1 中对应的重复句子。

如果数据库中的两篇论文互相之间也有重复,那么查重时显示最高重复率的

图 11.4　查重报告显示查重结果

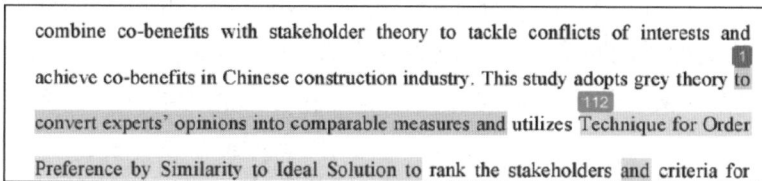

图 11.5　查重后的论文高亮显示重复的单词或短语

那篇,而把相对低重复率论文的重复部分扣除两篇之间重复的部分。比如论文 A 的总重复率是30%,重复的论文 B 和论文 C 的重复率分别为25%和5%;而如果拿论文 A 分别与论文 B 和论文 C 进行重复比对,实际的重复率分别是25%和10%,这是因为论文 B 和论文 C 之间有5%的重复。

　　期刊编辑主要看的是总的重复率,但是也看重复的具体情况。比如一篇论文的重复率是20%,表示有20%的文字和数据库中的一篇或多篇论文重复。重复的部分既可以是和单独一篇论文重复(单篇20%的重复率),也可以和20篇论文重复(每篇论文1%的重复率)。很明显,前者重复的情况要比后者严重得多,因为作者有可能大幅度复制同一篇论文。因此,如果重复的篇数很多且每篇论文重复率都很低,比如1%,那么有一个高的总重复率的论文也不一定被判定为重复。这也告诉我们,要判断论文重复的程度可以先看是零散的单词或句子重复,还是整段或多段文字的集中重复。

　　同时,即便同一重复率下,在不同位置的重复也会产生不同的重复结果。比如，在实验方法部分重复就比在结果、讨论和结论部分重复的程度要轻。这是因为描述材料、实验分析方法和过程的语句形式变化有限，从而容易造成重复，这通常可被期刊编辑所理解。然而论文的结果、讨论和结论部分是体现论文个性和创新性的核心部分，也就意味着不能和其他论文重复，这也是编辑会比较严苛对待的部分。例如，环境科学领域的 JCR1 区（2016 年）期刊 *Ecological Indicators* 曾特别强调了某篇论文在 Highlights（要点）和 Findings（结果）上存在高度相似：

"Numerous and extensive tracts of text（26%）in all sections of the manuscript are taken from several previously published works. Even the highlights and main findings are extremely similar, only referred to a different region. Even when the works are cited, as it is the case, this kind of situations may give rise to complaints about plagiarism, which as Editor I must anticipate."

此外，论文的类型也会影响期刊编辑判断期刊的重复程度。比如综述性论文就比原创性论文更加容易造成重复。因为在综述性论文中，作者需要大量地总结前人的研究成果，几乎没有或较少地贡献原创数据和分析。但是笔者强烈建议大家在理解前人研究成果的基础上用自己的话表述，这是写综述性论文的基本要求。

因此，期刊编辑在拿到论文的查重报告后，会首先看总的重复率，再考虑重复的分布、重复的主要位置、论文类型等来判断重复程度。由于单一的总重复率不能决定重复的严重性，因此目前国际上并没有统一的最低重复率标准，即不能说哪一个具体的重复率以下的重复程度可算作合格。但是，根据图 11.6，Papergoing 对中国英文论文查重总结的数据（注：这些论文都被不同期刊指出有重复问题），没有一篇论文的重复率低于 10%；重复率介于 10% 到 20% 的论文共占 15%；重复率超过 20% 的论文比重最大，共占 85%。

因此，我们可以认为，总重复率在 10% 以下且单篇不超过 5% 会比较安全，基本不会算作重复；但如果总重复率超过 20%，这样的论文基本会判定为严重重复。著名学术出版社 Springer 也表示，如果重复率超过 20%，这篇论文会被仔细地检查，以确认是否确实重复太多。

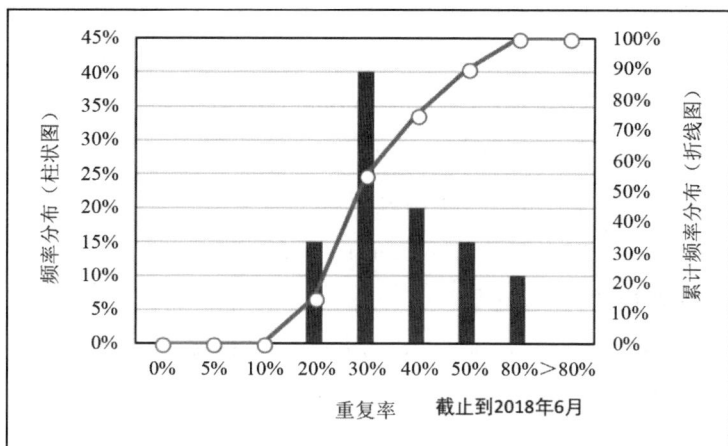

图 11.6　Papergoing 查重的被拒论文重复率分布

11.4 降重的方法及案例分析

这一节我们将传授如何降低重复率,并结合案例进行指导分析。值得注意的是,改写时要遵守句子意思不变或相近的原则。基于 11.3 节中分析的查重原理,我们总结出了如图 11.7 所示的主要降重方法及流程:首先应理解要改写句子的意思,然后在整体形式上改变句子结构(比如复杂句与简单句转换、主动句与被动句转换等),并进行局部改动,比如词组变换、同义词替换、单词形式变化(单复数变化、动词与名词转换、名词与形容词转换等)。在本节的最后,我们也给出其他的一些改写小技巧。

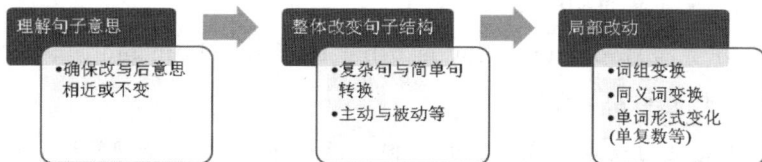

图 11.7　主要降重方法及流程介绍

(1)改写句子结构的例子,以复杂句与简单句转换为例,比如:

复杂句:Based on the WL theory, Wang et al. developed an analytic model, which combines the Fourier synthesis method and the time-dependent linear stability analysis, to predict the interface structures.

简单句：Based on the WL theory, Wang et al. developed an analytic model to predict the interface structures. This model combines the Fourier synthesis method and the time-dependent linear stability analysis.

（2）词组变换，以名词所有格变换为例：

the influence of … factor 与 the factor's influence。

（3）同义词替换的例子，比如：

use 和 utilize；a positive change 与 an improvement。

（4）单复数变化的例子，比如：

result 与 results。

（5）动词与名词转换的例子，比如：

We consider…与 The consideration of…

（6）名词与形容词转换的例子，比如：

The experiment was a success 与 The experiment was successful。

下面我们结合实例进行讲解。

🔍 案例 11.11

原文句子：Although aluminum alloys have been used in a range of structural engineering applications, underpinned by many international design standards, plastic design methods are not currently applicable in most of these standards.

重复句子：Aluminium alloys have been used in a wide range of engineering applications.（重复率为 10/12≈83%。）

改写后句子：Aluminium alloy is being used widely in multiple engineering applications. 重复率为 0。

解释：重复的句子和原文句子的结构一模一样，只是在介词短语 a range of 中加入了一个形容词 wide。这虽然把重复的句子分隔成两部分，但是由于目前的查重算法能识别句子结构，因此达不到降重的目的。我们首先改写句子结构，将现在完成时改成现在进行时；同时，改复数名词为单数名词（alloys 改成 alloy），且将介词短语 a wide range of 改成相近意思的形容词 multiple，既可保持表达相同的句子意思,又可避免重复。

🔍 案例 11.12

原论文 1 中句子:Hence, it can be concluded that there is no significant difference in the <u>reduction factors of material properties</u> between the flat and corner parts of Q345 cold-formed steel.

原论文 2 中句子:A full strain rang expression up to the ultimate tensile strain for the stress-strain curves of cold-formed carbon steel <u>at elevated temperatures is</u> also <u>proposed in this</u> paper. <u>It is shown that the proposed equation accurately predicted the test results.</u>

新论文中重复句子:A series of unified equations for ⁽¹⁾<u>the reduction factors of</u> the <u>material properties</u> for aluminium alloys ⁽²⁾<u>at elevated temperatures are proposed in this</u> study. <u>It is shown that the proposed</u> equations <u>accurately predicted test results.</u>(该句子和论文 1 中句子与论文 2 中句子重复,重复率为 22/35≈63%。)

改写后句子:This study proposes a series of unified equations to measure <u>the reduction factors of aluminium alloys'</u> material properties at high <u>temperatures.</u> These equations are found to yield accurate predictions compared to the experimental results. (重复率降为 8/35≈23%。)

解释:新论文中重复句子分别和论文 1 中句子与论文 2 中句子重复,重复率高达 63%。我们将新论文中重复句子第一句的被动语句(…are proposed in this study)改成主动语句(This study proposes…),且将新论文中重复句子第 2 句的主动语句(equations accurately predicted…)换成具体的被动语句(…equations are found to yield accurate predictions),从而大幅度改变了句子结构,且进行了名词所有格变换(the material properties for aluminium alloys 改成 aluminium alloys' material properties)、动词形式换成名词形式(predict 改成 prediction)以及近义词变换(elevated 改成 high,test 改成 experimental)。

🔍 案例 11.13

原论文句子:According to the World Health Organization (WHO) report, there were 9 million people who were diagnosed tuberculosis and 1.5 million death cases worldwide in 2013.

重复句子：The <u>World Health Organization（WHO）report</u> shows that <u>9 million people</u> developed <u>tuberculosis</u> and that <u>1.5 million</u> people died <u>worldwide in 2013</u>.（重复率为 14/22≈64%。）

改写后句子：Nine million patients with tuberculosis were estimated by the World Health Organization（WHO）in 2013 and 1.5 million of them died.（重复率降为 0%。）

在 11.2 节中，我们分析过原论文句子和重复句子相似的原因。这里通过将从句改成简单句，并将 World Health Organization（WHO）调到句子中间，且替换同义词（report 变成 estimate，people 变成 patients）和单词词形变化（名词 death 变成动词 died），从而大大降低了重复率。

以上三个例子表明，首先从整体上改变句子结构和局部上改变词组及单词形式可以有效降低重复率。这种方法也在笔者指导的论文改写案例中得到了大量验证。

其他改写技巧：

（1）单复数变换不算重复，比如可将 apple 改成 apples。

（2）图形不会记入查重，即可将表格中的数据用图形表示。

（3）多次出现的专业词组改成简写，比如可将 sea spray generation function 改写为 SSGF。

11.5 常见问题答疑

（1）目前有哪些 SCI 期刊开始设置查重了？

随着论文投稿数量的快速增长，越来越多的国际出版社要求期刊在审稿前选择性设置查重，包括全球最大的四家学术出版社：Elsevier，Springer，Taylor & Francis，Wiley。但是实际操作中如果对每篇论文都查重则工作量过大，因此不一定每篇论文都查重，有些期刊按一定的频率来查，比如每 2 篇或每 5 篇查一次。

（2）用什么软件查重？

目前绝大多数 SCI 期刊和出版社认可的查重软件是 iThenticate，该软件中包含绝大部分学术期刊论文、会议论文和博士、硕士学位论文。笔者在本讲分析的查重原理以及案例都是基于 iThenticate 的。第 2 个查重软件是跟 iThenticate 同属一家公司的 Turnitin。笔者用两个系统对同一篇论文进行查重后并对比结果发现，两者的主要差别是数据库的范围。Turnitin 由于主要用于国外大学在校生的作业和毕业论文查重，因此没有包含 ProQuest（全球英文博士论文数据库），而 iThenticate 则包括 ProQuest。图 11.8 是利用 iThenticate 查重的某篇英文论文的查重结果，该结果显示论文中有 38 个单词与西澳大学的博士论文 7 重复。

图 11.8　利用 iThenticate 查重的某篇英文论文的查重结果

（3）重复多少字或重复率多少算是重复太多？

总重复率在 10％以下且单篇不超过 5％会比较安全，基本不会算作重复，但如果总重复率超过 20％，这样的论文基本会被判定为重复严重。举例来说，一篇单词数为 6000 的论文，如果重复率为 10％，则表示有 600 个单词和已发表论文是重复的。

（4）是否有必要在投稿前自己先查重？

首先，回忆一下自己写论文的过程。如果涉及复制后的小改动，建议投稿前先查重和改写，避免被期刊编辑直接拒稿。

（5）有哪些方法可以降低重复率？

参见本讲的第 11.4 节。

（6）如果我是审稿人，发现了审稿的论文存在可疑的重复，我该怎么办？

可发邮件通知联系你的编辑，附上已发表的原文以及发表的时间，举几个重复的例子，并要求进行论文全文查重。如果编辑不作为，可拒绝审稿。

（7）如果我阅读论文时，发现别人论文中存在可疑的重复，我该怎么办？

可收集可靠证据（重复的论文和原文以及发表的时间）后，向该论文所在的期刊编辑或主编发邮件举报，并要求进行论文全文查重。

（8）论文被期刊发现大量重复的最坏结果是什么？

①在审稿阶段，最坏结果是直接拒稿且不给再投的机会。

②在发表后，最坏结果是被撤稿且通知所在单位或基金资助单位，比如国家自然科学基金委，会极大地影响作者声誉甚至工作或学位。

（9）期刊编辑什么时候会查重？

编辑可以在论文审稿和发表的任何时间段查重，比如审稿前、中和后。如果发表后被读者举报，编辑也可以在发表后进行查重。

（10）被期刊发现论文有重复的情况后要求我做出解释，且给我修改的机会，我该怎么解释？

首先要感谢编辑给予解释和修改的机会，再从不同角度给出解释，比如：

①如果是年轻作者，比如学生，可以强调自己论文的重复是无意的，并解释说由于没有经验，没有意识到复制一些单词和短语是不符合国际学术规范的，并表示会吸取这次教训和认真改写。如果是有经验的作者，比如讲师或教授等，由于期刊编辑天然地认为他们会非常熟悉国际学术规范，因此从这个角度解释就没有用了。

②如果主要是和自己已发表的论文重复，可以解释说之前没有意识到复制自己的论文也违法了学术规范。

③虽然总的重复率比较高，但是单篇重复率较低，比如都是低于5%。这样的重复程度可以不被认为太严重，因此可认真改写后请编辑重新审稿。

④如果大部分是在材料和方法部分重复，可以解释说这部分在这一领域有标准的写法，比较难以改写。这里提示技巧：概括地写这部分，并指出具体内容可以参考某篇参考文献。参见本书第6讲。

（11）在国内发表过的中文论文，翻译成英文再发表，能查得出来吗？

由于目前查重算法不能识别"翻译式重复"，因此中翻英的论文不能被查重算法查出来，但不排除未来新的查重算法可以实现这个功能。

（12）本来写的句式语法不好，润色之后会不会导致重复率变高？

好的英文写作水平和写作重复没有任何关系，润色只会让论文的语言表达接近或达到地道的母语写作水平。正如本讲分析的论文重复,是因为写作和已发表的论文句式结构相似或关键词汇相同。因此如果原文表达是自己的,润色老师修改之后也还具有个性,所以不会导致重复率的较大增加。同样,如果本来的内容就有大量重复的,润色之后即便减少了重复的内容,其重复率还是很高。因此,为了避免重复,建议大家在参考他人论文进行写作时,要先理解内容再合理改写,打造一篇低重复率论文。一个较低的重复率,其背后反映的是原创的写作手法,这是国际 SCI 期刊较为欢迎的。

(13) 为什么一些非常基础的词汇,比如 and,on,the,of 等词都会被查重识别出来?

这是因为它们所在的句子和前人发表过的句子结构上相似,且这些简单词又在已发表论文的相似句子结构中出现。句子相似是目前权威查重算法能有效识别的,具体见本讲 11.3。比如句子"I like apple and orange."其句子结构为"… like A and B."那么这个相似句子"You like watermelon and banana"中的 like 和 and 就是重复词。

(14) 为什么别的好几篇句式和内容都极为相似的论文,它们就没有被查重,而我的就被查重了啊?

主要是因为国际期刊在最近几年才开始较为频繁地查重,那几篇已经发表的相似论文,很可能由于较早发表而没有被查过重复。其次,即便是现在,国际期刊也是抽查,不会每一篇都查,比如每 5 篇中抽查 1 篇。那几篇论文也可能是幸运地躲开了查重。

11.6 本讲参考文献

Steen,R. G.,Casadevall,A. & Fang,F. C. Why Has the Number of Scientific Retractions Increased? [J]. *Plos One*,2013,8(7):1-9.

让论文找到最合适的 SCI 期刊

大部分研究领域都有几十到几百本 SCI 期刊,比如,2017 年的 SCI 期刊目录中,96％的研究领域有超过 10 本期刊,只有 10 个小领域的文科类期刊数目少于 10 本;SCI 期刊最多的研究领域分别是数学(309 本)和经济学(353 本)。面对如此众多的 SCI 期刊,作者如果没有丰富的论文发表经验,往往面临着选择哪一本 SCI 期刊的难题。关于各个研究领域的 SCI 期刊,可前往 Papergoing 网站(www.papergoing.com)查询。

在实际中,笔者经常发现,有些师生投稿后被"闪退",投稿后论文静静地躺在编辑办公室 1 个多月后还是被告知内容不匹配而拒收,或者由于期刊难度太大而被无情拒稿。总之,这些作者最终被迫重新选择期刊投稿,从而大大延长了论文的发表时间,有人甚至因此错过毕业或职称评审,遗憾不已。

选择一本适合自己论文的 SCI 期刊需要考虑很多因素(比如研究内容、审稿时间等)。如果未全面考虑这些因素或是没有有效的筛选方法,作者往往就会陷入盲目投稿的境地。本讲将全面分析影响期刊选择的因素,并且传授选择期刊的方法和提供一些资源链接,这将有助读者选择最适合自己论文的 SCI 期刊,提高发表效率。同时,本讲内容也有助于读者了解本领域的 SCI 期刊,提高文献调研的质量。

12.1 盲目投稿的 7 个后果

12.1.1 因研究内容不符合被退稿

每本 SCI 期刊都有自己倾向于发表的论文内容的范围,如果投稿的论文内容不符合这个发表范围,期刊编辑就会在预审环节直接退稿而不送审;部分期刊编辑还会在审稿后给出"内容不适合发表"的拒稿意见,这显然会耽误时间。

🔍 **案例 12.1**

一位博士生投稿电化学领域的 SCI 期刊 *Sensors*，结果很快就收到了拒稿通知。当作者回复邮件询问具体原因时，编辑表示该论文的研究内容不符合期刊发表范围，并表示该论文更适合发表在另外一本期刊 *Algorithms* 上。由于被拒稿，该博士生得根据新期刊的要求对论文进行重新排版，并且为了提高和目标期刊的匹配度，还得引用 2—3 篇投稿期刊的论文作为参考文献。最后还要改写 Cover Letter（封面信）以匹配新期刊的要求。这些工作都让投稿人花费了更多的时间。

🔍 **案例 12.2**

一位作者投稿美国土木工程师协会旗下的期刊 *Journal of Structural Engineering*。审稿花了三个月，并且只有一位审稿人有审稿意见，建议修改后录用，但是编辑却认为内容与期刊发表范围不符合而决定拒稿。这种送完外审却由于内容不符合而被拒稿的情况让这位作者懊恼不已。

12.1.2 收到低质量审稿意见

如果投稿的期刊和论文研究内容相关度较低，编辑也同意审稿，带来的后果可能是审稿人不是你的同行，不能到位地理解论文内容，导致所提审稿意见质量很差，或者提出错误以及不公平的审稿意见。同时，作者也丧失了利用好的审稿意见来提升论文质量的机会。笔者甚至发现，有些不专业的审稿人，连所写的语句都是病句。比如某审稿意见："However, some typos are impressive and unpreferable." 这里的 impressive 是褒义词，用于夸奖，但是句中的意思是批评作者论文中出现的打字错误。

12.1.3 被高水平期刊快速拒稿

那些高影响因子或高声誉的 SCI 期刊对论文的质量有较高或很高的要求，因此会有很高的拒稿率。比如著名的 *Nature* 期刊只有 8％左右的录用率，预审环节的直接拒稿率高达 80％。因此，如果作者的论文质量没有达到高水平期刊的要求，自然会被快速拒稿。在笔者的研究领域中，最高水平的专业期刊为 *Cement and Concrete Research*，具有非常高的拒稿率。一篇来自中国的某位学者的论文，虽然包含了较全面的实验数据，但由于被审稿人指出缺乏创新性而连续审稿了四轮，最后还是由于其中一位审稿人坚决反对而被遗憾拒稿。整个审稿过程跨了 2

年,极大地影响了论文发表的及时性。

12.1.4 低水平期刊"降级"风险大

对于低影响因子的 SCI 期刊,比如在某个领域内排名倒数的期刊,有可能在新一年的影响因子计算中没有通过审查而被排除出 SCI 数据库。例如,相比于 2016 年,在 2017 年的 SCI 期刊目录中,土木工程和化学工程领域的期刊 *International Journal of Civil Engineering* 和 *Journal of Canadian Petroleum Technology* 分别被降级,它们在 2016 年的影响因子分别是 0.624 和 1.255。因此,如果遇到低影响因子的 SCI 期刊需要慎重。需要说明的是,少部分被剔除出去的期刊是由于自引用量太大而被认为是故意提升影响因子,比如引用自己期刊论文太多而导致自引用比例达到 70% 的 *Psychoanalytic Quarterly*。

🔎 **案例 12.3**

某博士生在博三时发表了一篇论文,该论文所在的期刊在 2015 年还在 SCIE 索引中,但是 2016 年的 SCIE 收录清单中却没有了这个期刊,导致学校在毕业时不认可他的论文。

12.1.5 遭遇冷门期刊而被拒稿

某些 SCI 期刊在最近几年中发表的中国学者的论文占比很低,比如全年发表的论文中只有零散的两三篇是中国人写的。例如,SCI 期刊 *Journal of the South African Institution of Civil Engineering*,其 2016 年的影响因子为 0.25,在 2017 年发表的 27 篇论文中,只有 1 篇来自中国。同样的,相对高影响因子的另外一本同领域期刊 *Costal Engineering*,其 2016 年的影响因子为 3.674,在 2017 年发表的 79 篇论文中,也只有 1 篇是中国人写的。可见中国人在这些期刊上的发文比例有多低,也说明它们相对于中国人是较为冷门的期刊。这背后的原因有多种,比如期刊的地区性较强、国内很少人涉及该期刊的研究领域、该期刊不欢迎中国人投稿等。比如 *Journal of the South African Institution of Civil Engineering* 在其发表范围里面就提到,期刊倾向于与南非相关的土木工程问题的研究,这就在发表范围上限制了中国人。

12.1.6 审稿时间过长而耽误发表

如果碰上审稿时间过长的 SCI 期刊,比如超过 5 个月,这就会影响到作者的准毕业或职称评审,甚至还有可能被别人抢先发表创新成果而遗憾不已。笔者研究发现,在同一领域内,不同期刊的平均审稿时间可以相差两倍以上。

12.1.7 读者群不对导致低引用

即便论文能被发表,但是由于期刊的主要读者和论文对口的专业读者不一致,或者读者的分布地点和论文期待的不一致,则会导致阅读、下载和引用作者论文的读者很少。举例来说,一篇研究某新材料基础属性的论文更适合发表在国际权威期刊上,比如 *Nature Materials*,而一篇研究南非地区的土壤特性的论文则更适合发表在某个南非期刊上,因为南非当地人更加关心论文的成果。

12.2 选刊因素分析

根据对以上盲目投稿后果的分析,我们可以总结出如下选择期刊时需要考虑的因素。

12.2.1 发表范围

和目标期刊发表范围相符合是发表论文的最基本要求。每本 SCI 期刊都会在其主页上告知该期刊期待发表论文的具体研究方向,一般在"Instructions to Authors""Information for Authors""Guide for Authors""Submission Instructions"等页面。比如 SCI 期刊 *Journal of Bridge Engineering* 在期刊页面的"目的和范围"(Aims & Scope)中列出了期待发表的研究范围:

"*The Journal of Bridge Engineering* publishes papers about all aspects of the art and science of bridge engineering. The journal publishes research that advances the practice and profession of bridge engineering and papers about issues, projects, materials, design, fabrication, construction, inspection, evaluation, safety, performance, management, retrofitting, rehabilitation, repair, and demolition."

除了查看期刊发表范围,还可以查看作者自己的论文中的参考文献。如果论文中引用了好几篇同一期刊的论文,说明该期刊发表过和该论文关联度很高的论文,也就是说作者的这篇论文符合该期刊的发表范围。

　　同时,有些期刊还会给出热点或重要话题,它们是期刊在当前一段时间内比较感兴趣的愿意发表的论文话题。因此,读者也需要了解这些研究话题,以匹配期刊的胃口。比如美国土木工程师协会出版的在都市研究领域中的 SCI 期刊 *Journal of Urban Planning and Development* 的主编 Gang-Len Chang 就指出,巨型城市(人口在 1000 万以上的城市)相关的问题,比如如何定义城市的质量和效率、最优化的城市规模是多大等,是期刊在未来一段时间内比较欢迎的研究话题。

　　总之,在某个研究领域中的 SCI 期刊,它们既有共性也有自己的特色,了解这些特点将有助于作者挑选与自己论文主题最匹配的期刊。

12.2.2 影响因子

　　每一本 SCI 期刊在每一年都会有影响因子,它被包含在美国科学情报研究所(ISI)的期刊引证报告(JCR)中,大致在每年的六七月份公布,是衡量 SCI 期刊质量和影响力的一个重要指标。影响因子的计算方法是用该期刊过去两年发表的所有论文在统计年份中的总被引用量除以该期刊在过去两年内总的发文量。比如某期刊在 2015 年和 2016 年总共发表了 100 篇论文,并且这些论文在 2017 年中总被引了 250 次,那么这本期刊的 2017 年影响因子就是 250/100＝2.5。一般来说,影响因子越大,论文质量就越高,期刊的学术影响力也就越大。

　　ISI 的 JCR 中还根据影响因子对期刊进行了分区,即排列在前 25％、50％、75％、100％ 的分属于 1 区、2 区、3 区、4 区。比如,期刊 *Energy and Buildings* 2017 年的影响因子为 4.457,是于土木工程研究方向总共 128 本 SCI 期刊中的第 3 名,那么它的排位百分比为 3/128≈2.3％,由于该百分比小于 25％,因此该期刊在 2017 年属于 JCR 的 1 区。

　　然而中科院的期刊分区则是采用另外一种方法。它按照每个大类学科(比如医学、工程技术等)的 SCI 期刊的前 3 年平均影响因子来分区:前 5％为该类的 1 区,6％～20％为 2 区,21％～50％为 3 区,剩余为 4 区。因此,在 JCR 分区中是 1 区的期刊在中科院的分区中就不一定是 1 区了。上面分析的期刊 *Energy and Buildings* 就在中科院的大类分区中处于工程技术的 2 区(注:中科院分区还有小类分区,一个期刊可能在多个小类中有分区)。因此,如果读者所在单位对论文所在的期刊分区有要求,一定要确认是采用哪个分区标准以及具体的分区数。据笔者了解,某些学校在学生毕业或职称评审时,要求申请人发表的 SCI 期刊在特定的分区中,比如要求在中科院 1 区的期刊上发表 2 篇论文才能毕业。

需要特别说明的是,有些期刊并未包含在 JCR 中,即不是 SCI 期刊,但某些期刊会自己计算影响因子(也按照 JCR 官方的计算方法),并在期刊主页上公布。如果不了解这些期刊或没有进一步确认,读者可能会误以为它们是 SCI 期刊。为了辨别这些期刊是否属于 SCI 期刊,读者可以参考专业的期刊查询系统,比如 JCR 和 Papergoing 期刊查询系统。

值得注意的是,影响因子不能全面评价 SCI 期刊的学术影响力,比如有些影响因子较高的期刊,其学术声誉却并不好;有些影响因子相对低的期刊在行业内却有威望。因此,切不可一刀切地认为没有发表高影响因子论文的学者就不是高水平学者。对于大多数国际知名学者,往往倾向于将论文发表在本领域内的权威期刊上,并不是一味追求高影响因子的期刊。笔者建议读者阅读几篇目标期刊的论文,对论文的质量水平有一个大概的了解,以便更好地匹配投稿。

那些原本在 2016 年的 SCI 索引名单中的 SCI 期刊,由于引用量下降等因素没有通过审查而被降级。这些期刊都有一个共性,就是影响因子较低,处于相关研究领域排行榜中的倒数位置。因此,对于投稿时考虑低影响因子期刊的投稿人,有必要考虑期刊的降级风险。如何客观评估某个期刊的降级风险呢?笔者建议大家查看过去 3 年的期刊影响因子变化趋势。如果影响因子逐年增加,虽然绝对值较低,但也说明该期刊一直在进步,就可以放心投稿;如果影响因子逐年降低,就有可能在最近几年内被踢出 SCI 索引名单,笔者将这种期刊列为"降级高风险"期刊。

12.2.3 发表难度

也许读者们会觉得投影响因子高的期刊就很难中,或者投低影响因子的期刊就容易中。其实并不是。因为一般来说,影响论文发表难度的除了影响因子还有其他因素,比如发表范围是不是当前热点,是否是国际化期刊(如果是地区性期刊,则其他地区的研究成果就很难发表),是否对中国人有偏见,是否对中国人的发文频率和数量有要求。为了综合考虑这些因素对发表难度的影响,笔者选用中国人的发文比例来综合衡量期刊的发表难度。

中国人的发文比例等于在某一年份中,中国学者发表的论文总数除以该期刊总共发表的论文数量。比如,*Journal of Hazardous Materials* 在 2017 年一共发表了 847 篇论文,其中来自中国学者的论文总数为 417 篇,那么这本期刊中国人的发文比例为 417/847≈49%,即有将近一半的论文都是中国人发表的。对于中国人发文比例较高的 SCI 期刊,至少说明该期刊是欢迎中国人投稿的。

为了摸清发文比例与期刊相对发表难度(针对中国学者)的关系,下面笔者以土木工程领域的 125 本 SCI 期刊为例进行统计分析,如图 12.1 所示。结果显示,绝大多数的 SCI 期刊中,中国人发文的比例都在 50% 以下,只有少部分 SCI 期刊有一半以上的论文是中国人发表的。大部分中国人在土木工程领域内的期刊上发表论文的比例集中在 10%～35%。笔者又统计了其他 100 多个研究领域期刊的中国人发文比例。经过分析后,笔者将中国人发文比例≥50%、35%～50%、15%～35%、≤15% 的 SCI 期刊的发表难度定义为"相对容易""中等""较难""极难"。不过这个难度等级的划分只针对中国学者。

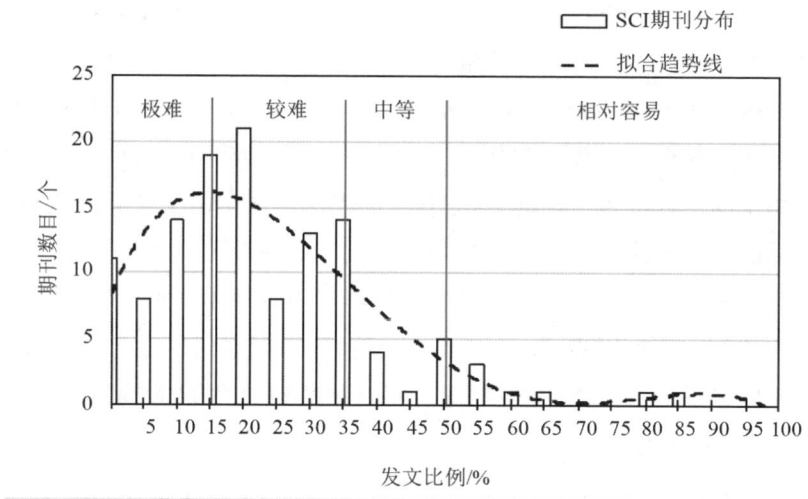

图 12.1　2017 年土木工程领域 SCI 期刊的中国学者发文比例

中国学者的发文比例能够综合反映 SCI 期刊针对中国学者的发文难易程度。如果一本 SCI 期刊的影响因子较高,而且中国人发文比例也很高,这样的期刊就不能说是难度很高的期刊。比如,SCI 期刊 *Construction and Building Materials* 2017 年的影响因子为 3.485,在建筑与建造领域属于影响因子很高的 SCI 期刊,但中国人的发文比例在 2017 年达到了 36%(中国学者共发表了 764 篇)。反之,如果影响因子很低,但是中国人发文很少,这样的期刊也可以称得上难度较高的期刊。比如,在 12.1 节中提到的 SCI 期刊 *Journal of the South African*

Institution of Civil Engineering，2016 年的影响因子为 0.25，但在 2017 年中只有 3.7％的论文来自中国学者。

12.2.4 审稿速度

理论上，SCI 期刊的首轮审稿环节及相应的时间为：

（1）编辑查重或预审，3～7 天。

（2）编辑发送邀请找第 1 批审稿人，7 天。

（3）编辑发送邀请找第 2 批审稿人，7 天。

（4）审稿人审稿，30～90 天（根据期刊而定，相差较大）。

（5）编辑撰写审稿报告，3～7 天。

汇总以上各个环节的工作时间，大约需要 50 到 118 天，差不多为 2～4 个月。在实际中，由于各个期刊编辑工作效率以及审稿人的回复时间差异，几乎每个期刊的审稿速度都是不同的。对于那些希望尽快发表论文的作者，实际的论文审稿和录用时间变成了重要的考虑指标。然而，目前绝大多数的 SCI 期刊并没有分析和公布它们。即便网络上有些网站提供部分期刊的审稿时间，但也是根据网友分享的有限经验得出的大概值。根据网友提供的投稿经验来计算时间，因样本数量太少而不具有代表性；只计算一个平均时间也不科学，这是因为审稿和录用时间受到多种因素的影响，比如论文的质量、期刊的偏好、发表周期（月刊还是季刊）等，导致时间分布没有一定的规律，比如不是平均分布或正态分布。图 12.2 展示了 2017 年以来 SCI 期刊

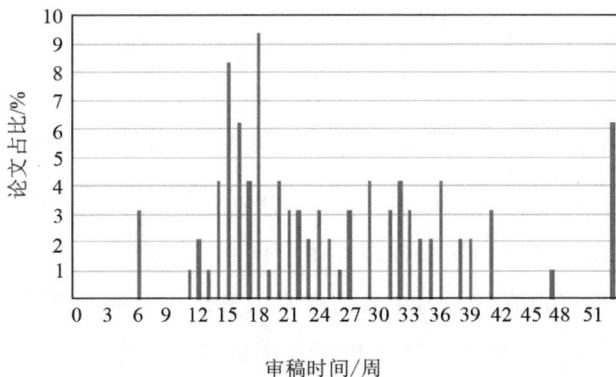

图 12.2　2017 年以来 SCI 期刊 *Engineering Structures*
发表的 100 篇论文的审稿时间分布

Engineering Structures 发表的 100 篇论文的审稿时间分布。可以看出,有些论文审稿非常快,比如有 3.1% 的论文只要 6 周即可完成审稿;审稿时间为 18 周的论文占比最大,为 9.4%;审稿时间很长,超过一年的有 6.3%。

从上面例子可以看出,取平均值得出审稿时间没有代表性,因而也就不科学。为了让读者更好地了解某个期刊的审稿时间,笔者进行了统计分析,发现用审稿时间的累积分布图能较好地展示某个期刊的代表性审稿时间。例如图 12.3 展示的是 SCI 期刊 *Engineering Structures* 审稿时间的累积分布。其中,有 20% 的论文审稿时间小于 15 周,有 80% 的论文审稿时间小于 34 周。这就意味着大部分论文的审稿时间在 15~34 周之间。对于该 SCI 期刊的录用时间,我们也可以画出它的累积分布曲线并得到相应的平均录用时间的区间。结果显示,有 20% 的论文录用时间小于 17 周,有 80% 的论文录用时间小于 39 周。因此该 SCI 期刊大部分论文的录用时间在 17~39 周。

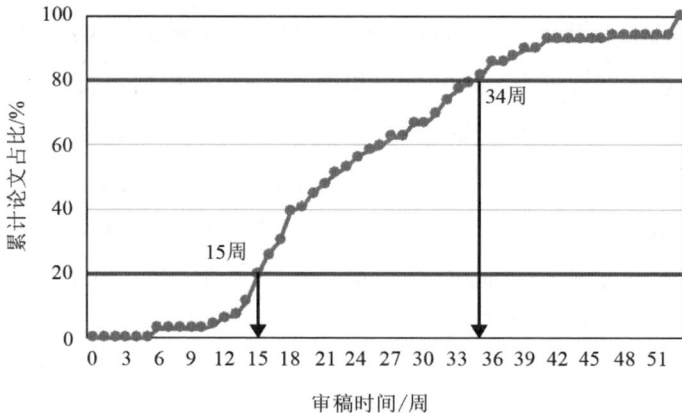

图 12.3　SCI 期刊 *Engineering Structures* 审稿时间的累积分布

下面我们给出图 12.1 和图 12.2 中 100 篇论文的审稿和录用时间的计算方法。我们无法去一一询问和收集每个作者在某个期刊上的审稿经历,即便可以,大多数作者也不能清楚地记得它们。为了较为客观地分析作者论文审稿和录用时间的情况,我们可以从已经发表过的论文中挖掘相关的时间信息。以声学领域的 SCI 期刊 *Shock and Vibration* 发表的某篇论文摘要为例,如图 12.4 所示。被线画出的部分显示了该论文提交日期为 2017 年 12 月 2 日,期刊收到第 1 次修改后的论文的日期为 2018 年 3 月 12 日,录用日期为 2018 年 3 月 20 日。

期刊收到第 1 次修改后的论文的日期减去论文提交日期得出 100 天,即为审稿时间和作者修改论文的时间之和。由于大部分的作者都会在收到审稿结果后立即着手修改论文,因此作者修改论文的时间不会太长。根据笔者经验,这个时间大约为 2 个星期。因此,图 12.4 中显示的论文的审稿时间约为 86 天,即 3 个月左右。将论文录用日期减去论文提交日期得出 108 天,即为论文的录用时间。

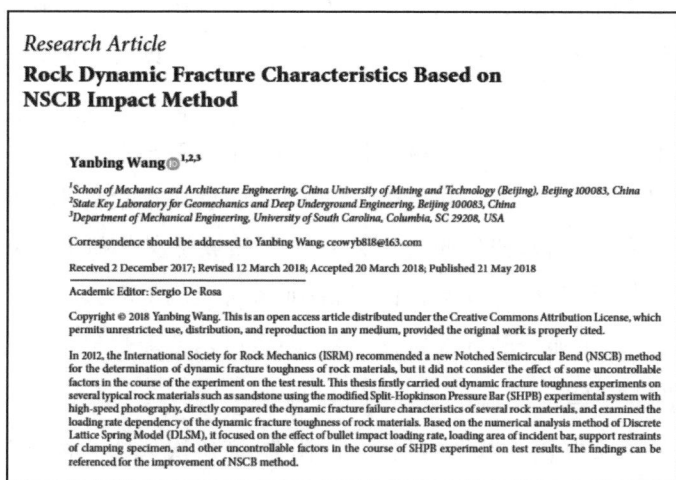

图 12.4　*Shock and Vibration* 上某篇论文摘要

12.2.5 读者情况

为了争取更多有针对性的关注度和引用量,我们还可以考虑期刊的读者情况。一般来说,期刊按区域可以分为国际性期刊和地方性期刊,比如 *Nature* 和 *Journal of the South African Institution of Civil Engineering* 分别属于国际性期刊和地方性(南非)期刊。期刊按覆盖范围可分为小方向期刊、学科性期刊和多学科综合性期刊,比如笔者研究的是水泥与混凝土,相对应的小方向期刊是 *Cement and Concrete Research*(水泥与混凝土研究);所在的学科是土木工程,因此对应的学科性期刊可以是 *Civil Engineering*(土木工程);对应的多学科综合性期刊可以是 *Nature Materials* 和 *Plos One*。

同时,期刊还可以按照出版单位来分。有些是通过专业协会出版的,其他则是大学或者商业出版公司出版的。比如笔者所在的土木工程领域,就有一个知名的美国土木工程师学会（ASCE），拥有 14 万分布在 159 个国家的专业会员，旗下出版了 24 本 SCI 期刊。专业协会出版的期刊比起其他两类，更容易在专业人士（也是会员）中传播，且更有利于研究成果在实际中的推广应用（比如影响政策、工程应用、临床实践等）。

而大型商业出版社如 Elsevier、Springer 出版的期刊会更易于被检索到。这个优势是因为这些出版社有自己知名的大型数据库，比如 Elsevier 的 ScienceDirect 数据库是全球最大的数据库之一，包含大部分 SCI 期刊。人们往往首选高知名度的数据库来精细搜索论文，而很少有人会选用不出名的数据库搜索论文。比如在笔者所在的土木工程研究领域中上，ScienceDirect 数据库收录了 21 本 SCI 期刊，仅次于美国土木工程师学会的专业数据库（有 24 本 SCI 期刊）。

因此，如果想让同行多关注和引用自己的论文，就应该投稿小方向上的期刊或专业协会出版的专业期刊；如果研究成果对整个领域学科的研究人员都有启发意义或应用价值，则可以考虑投稿学科性期刊；如果研究成果对其他学科的研究人员也有参考价值，特别是那些基础性研究成果，那么可以考虑投稿综合性期刊。

12.2.6 期刊声望

如果所投的论文要用于基金申请、职称评选、高层次人才选拔（比如杰出青年）等方面，则需要考虑同行评审专家对期刊权威性的评价。这种情况下，发表一两篇高水平论文可能比在二三流期刊上发表 10 多篇论文更让评审人信服作者的研究实力。通常来说，权威性的期刊是高水平期刊，但不一定是高影响因子期刊。某些国内大学，比如浙江大学，还遴选了 100 本高水平（TOP100）期刊，对于浙江大学老师晋升职称就具有很高的参考价值。

寻找本领域内的高水平期刊，可以咨询本领域的权威学者，也可以查看他们的论文发表历史，还可以查看最近几年广为人知的重要成果所发表的高水平期刊。另外，有些专业协会出版的专业领域期刊也比较有权威性，而一些开放性期刊特别是掠夺性期刊（指为了收取版面费而放松审稿质量的期刊）就广受批评。

12.3 选刊方案

根据 12.2 节中分析的 6 个考虑因素，这节给出优化目标期刊选择的具体方案。

12.3.1 确定并将选刊因素排序

■ SCI 选刊策略

根据自己发表论文的目的,确定选择期刊的主要考虑因素,并进行优先级排序。由于论文内容匹配期刊发表范围是投稿任何期刊的首要条件,因此,这里把"发表范围"列为基本考虑要素。

除了发表范围,对于不同的人群,还有其他不同的考虑因素。比如,为了追求科学影响力,则可能看重期刊声望和读者情况而不在乎影响因子和审稿时间;为了职称申请和基金申请,则可能看重期刊声望、发表难度和审稿速度;为了及时毕业,则可能需要快的审稿速度和相对低的发表难度,并考虑分区情况(即影响因子大小);针对研究生,为获得国家奖学金奖励,则可能仅以能发表(即低的发表难度)为目标了。

🔍 案例 12.4

博士生 A 距离提交大论文还有半年时间,还需要一篇 JCR2 区的 SCI 论文才能参加博士论文答辩。为了不延期毕业和顺利就业,博士生 A 确定了如下的选刊因素(按优先级排列):期刊发表范围与论文内容相符、影响因子在 JCR2 区内、非开放性期刊、发表难度越低越好、审稿时间越短越好。

12.3.2 筛选期刊流程

由于选刊的基本考虑因素是期刊发表范围,因此我们首先可以根据论文内容去匹配那些已经发表过相似研究成果的期刊。目前,某些大型论文数据库提供了期刊匹配工具,比较代表性的是由 Elsevier 期刊数据库提供的 Elsevier Journal Finder,由 Springer 期刊数据库提供的 Springer Journal Suggester,由参考文献管理软件 Endnote 提供的 Endnote Journal Matching,以及由 Aplustopia 科学研究院提供的 Papergoing Journal Matching。在这些期刊匹配工具中,输入题目、摘要或正文、研究领域,即可在内容上匹配相对应的期刊并得到期刊的相关数据。需要注意的是,Elsevier Journal Finder 和 Springer Journal Suggester 分别只能搜索出 Elsevier 期刊数据库和 Springer 期刊数据库中的期刊,因此存在期刊不全的局限性。而 Endnote Journal Matching 和 Papergoing Journal Matching 可搜索出所有 SCI 期刊,因此不仅全面,而且期刊的质量较好。

然后,根据匹配出来的期刊和其他考虑因素(比如审稿时间),再排序筛选出自己心仪的期刊。此外,还可以咨询同行业有经验的学者,得出较为全面和理想的投稿期刊选择。对于选出的期刊,我们还要去搜索该期刊中已经发表的和我们论文内容相似的论文,并选择性地引用它们作为参考文献,这样可以让编辑知道我们的论文内容和期刊发表范围有强的相关性。

🔍 案例 12.5

假设博士生 A 的专业是土木工程,其论文题目和摘要如下。

题目:

"Transport Properties of Concrete after Drying-Wetting Regimes to Elucidate the Effects of Moisture Content, Hysteresis and Microcracking"

摘要:

"Drying and wetting induce a number of microstructural changes that could impact transport properties and durability of concrete structures, but their significance is not well-established. This research examines pastes, mortars and concretes with different w/b ratios, binders, aggregate sizes, curing and conditioning regimes. 50 mm thick samples were dried to equilibrium at either 105°C, 50°C/7% RH, 21°C/33%RH or gentle stepwise at 21°C/93% RH → 3% RH, and then rewetted stepwise by humidification at 21°C/33% RH→86% RH and full saturation to produce varying degrees of damage and moisture content. Oxygen diffusivity and permeability, electrical conductivity, microcracking, accessible and total porosity were measured at different conditioning stages over 3-year period to better understand the effects of shrinkage, hysteresis and drying-induced damage on transport properties. The effect of supplementary cementitious materials (GGBS, SF) and implications of drying-wetting on concrete durability are discussed."

注:以上题目和摘要来源于笔者的论文(Wu et al.,2017)。

我们选取 Papergoing Journal Matching 去寻找和以上论文内容最匹配的期刊,得出如表 12.1 所示的匹配程度较高的 4 本期刊。

表 12.1　根据发表范围匹配出来的期刊及所在的 JCR 分区

匹配程度排序	期刊名称	JCR 分区
1	*Materials and Structures*	建造与建筑技术 2；土木工程 1；材料科学（多学科）2
2	*Cement and Concrete Research*	建造与建筑技术 1；材料科学（多学科）1
3	*Journal of Materials in Civil Engineering*	建造与建筑技术 2；土木工程 2；材料科学（多学科）3
4	*Construction and Building Materials*	建造与建筑技术 1；土木工程 1；材料科学（多学科）2

可见以上 4 本期刊都符合博士生 A 所要求的"发表范围"和"JCR 分区"以及"非开放性期刊"。我们接下来分析它们的发表难度和审稿时间，得到表 12.2 的分析结果。从发表难度中等的期刊中，我们可以挑选出审稿和录用最快的期刊 *Construction and Building Materials* 作为投稿的目标期刊。需要注意的是，这种目标期刊筛选的方法较适合初次投稿且想尽快发表的同学。而当他们积累了一定的论文发表经验，对研究领域内的期刊了如指掌后，也就可以综合考虑期刊声望、读者情况等因素进行快速判断了。

表 12.2　期刊的发表难度和审稿时间

推荐排序	期刊名称	发表难度	审稿时间/月	录用时间/月
1	*Construction and Building Materials*	中等	3.6	4.6
2	*Materials and Structures*	较难	3.8	4.5
3	*Journal of Materials in Civil Engineering*	较难	4.8	5.5
4	*Cement and Concrete Research*	非常难	4.9	6.4

12.4 如何撰写 Cover Letter

在确定目标期刊后，接下去就是要撰写一封写给编辑的信，即 Cover Letter，一般是一页纸。写信的目的是希望通过期刊编辑的预审，即说服期刊编辑相信论文正是期刊所期望的论文，并让编辑将论文送审。

为了通过期刊编辑的预审，Cover Letter 中应主要突出论文内容符合期刊发表范围，论文具有创新性和重要性。其他信息则包括稿件基本信息（论文题目和类型）、论文首次发表申明、所有作者同意投稿（某些期刊要求所有作者签字）、研究动机、推荐或不推荐某些审稿人审稿。根据这些内容，笔者总结了一份写作模板，如图 12.5 所示。

Sample Cover Letter

[Your Name]
[Your Affiliation]
[Your Address]

[Date]

Dear [Editor's name. If you don't know, write Editor],

We wish to submit an original research article entitled "[title of the article]" for consideration by [journal's name]. We confirm that this work is original and has not been published elsewhere, nor is it currently under consideration for publication elsewhere. All authors have read and approved the manuscript being submitted, and agree to its submittal to this journal.

_____ [**research motivation**]. In this paper, we report on / show that _____. This is significant because _____. [Please explain in your own words the significance and novelty of the work, the problem that is being addressed, and why the manuscript belongs in this journal. Do not simply insert your abstract into your cover letter! Briefly describe the research you are reporting in your paper, why it is important, and why you think the readership of the journal would be interested in it.]

We believe that this manuscript is appropriate for publication by [journal's name] because it... [**specific reference to the journal's Aims & Scope**]. _____. The relevant papers published in the "[title of the journal]" have been cited in our paper and they are: [references].

We have no conflicts of interest to disclose.
If you feel that the manuscript is appropriate for your journal, we suggest the following reviewers:

[**List reviewers and contact info, if requested by the journal**]

Thank you for your consideration of this manuscript.

Sincerely,

[Corresponding author's name]

图 12.5　Cover Letter 模板

为了增加论文对期刊编辑的吸引力，仅陈述论文内容匹配期刊发表范围和具有创新性等还不行，我们还需要更加具体的内容，比如列出该期刊中已经发表过的相似主题的论文，用 bullets 方式凸显概括论文的创新点和研究价值，并附上推荐审稿人的理由。

12.5 如何推荐或避开某些审稿人

12.5.1 是否值得推荐审稿人

随着投稿论文数量的增多,专业审稿人的需求就越来越大,导致目前大部分国际期刊都希望作者推荐审稿人,以减少编辑寻找审稿人的工作量和帮助扩充审稿人数据库。除了投稿人推荐,期刊编辑还可以通过参加学术会议,让论文的通讯作者邀请同行,以及从投稿论文的参考文献中寻找等方式来积累审稿人。

由于不是强制性要求,因此一些投稿人不愿意在投稿时推荐审稿人。这可能是因为不熟悉国际同行,不重视推荐(觉得推荐了审稿人也不会被采用),不愿意花时间。那么实际情况如何呢? 我们看图 12.6 中的两组调研数据。图 12.6a 显示的是 Sara Schroter 和同事们用了 9 个月调研了 10 个生物医学期刊的 329 份稿件和 788 份审稿意见后得出的结果。它表明,相比于编辑确定审稿人,作者推荐审稿人的稿件拒稿率更低,录用率更高。同样的结论也得到了第 2 组数据的支持。该数据由 Elizabeth Wager 和同事们调查了 40 个生物医学期刊后得到。此外,两组数据还表明是否推荐审稿人对审稿质量的影响不大。

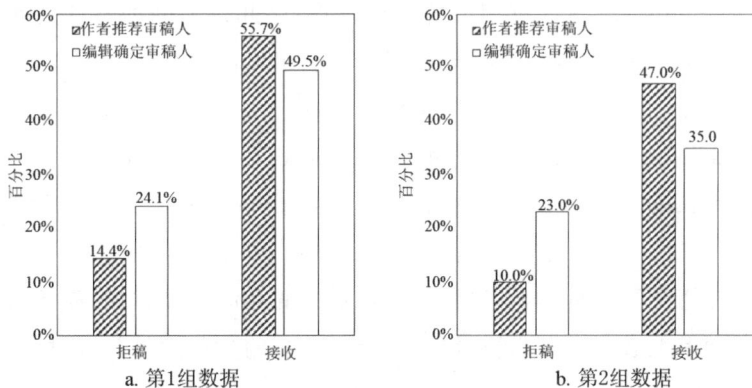

图 12.6　作者推荐审稿人和不推荐审稿人对审稿结果的影响(Grimm,2005)

12.5.2 推荐审稿人注意点

根据以上调研结果,笔者建议投稿人主动推荐审稿人。一般来说,推荐的个数是 3～5。那么在推荐时需要注意什么呢？以下是笔者的建议：

（1）尽量推荐活跃的青年学者，例如有发表 SCI 论文经历的博士生、年轻讲师或副教授。他们活跃在科研一线，不仅能及时审稿还能提供细节内容上的建议，有利于完善论文质量。

（2）推荐的审稿人中包含一两个富有经验的教授或研究员，他们能在论文的整体思路上提供见解。但是由于他们工作繁忙，审稿时间可能会相对长一些。

（3）如果认识的同行较少，可以从投稿的论文参考文献中筛选青年学者。由于论文中引用了他们的论文，这些作者会愿意让论文发表，不过前提是论文质量要符合期刊的基本要求。

（4）审稿人分布要国际化，不能都来自同一个国家或地区。如果推荐的只能是在同一个国家或地区的审稿人，他们应来自在不同的单位。

（5）推荐的审稿人信息要完善，包括姓名、职称、单位、通信邮箱以及推荐理由。

12.5.3 推荐理由及模板

如果推荐意见过于普通，那么很难让期刊编辑信服推荐意见，比如：

Dr. Daniel presented a speech on a topic similar to our research topic in the ... conference.

由于同行审稿人肯定会有相似的研究背景，因此以上的推荐意见就显得不重要。下面笔者给了 3 个审稿人推荐意见的模板，可供读者们参考模仿。

推荐意见 1：

Dr. Daniel has done a considerable amount of research in the area of ... with several high-quality publications in ... and would be very well qualified to review our paper.

这份推荐意见更加具体，不仅指明了审稿人的具体研究方向，而且指出了审稿人已在该期刊上发表了多篇高质量论文，是一份好的推荐意见。有时候，我们熟悉的同行往往和我们有合作关系。如果是近期的合作，则不适合写入推荐意见；如果是较早年的合作，则可以向期刊编辑说明情况，比如："I was co-author on a paper with Dr. Daniel, but this was eight years ago and we have had little contact since that time."

推荐意见 2：

Dr. Daniel is a young researcher who have become very actively engaged in the similar research over the past years. He has expertise in "…" "…"…

该推荐意见表明推荐的审稿人是活跃的青年学者且具有相类似的研究方向，同时也指明其擅长的研究课题，这样的审稿人正是期刊编辑所寻找的专家。

推荐意见 3：

Dr. Daniel is a group leader at "…" Group in Stanford University and has been active in publishing cutting-edge research results in premier journals in my area of "…". He has recently been investigating "…" so is non-competitive.

该推荐意见想推荐教授级别的审稿人，除了指明拥有与投稿人相类似的研究方向，也表明了没有竞争关系。之所以表明没有竞争关系，是让编辑放心审稿人不会有意拖延审稿或不公正审稿。

12.5.4 避开审稿人理由及模板

有些期刊还希望投稿人提供几个希望避开的审稿人。其出发点是不希望在审稿人出现有偏见、不公平，或由于利益竞争关系而不公正审稿的情况。一般来说，可避开以下几类审稿人：

（1）有利益潜在关系的审稿人，比如项目合作方、前同事、好朋友等。

（2）研究相似课题，但是却发表了相反的不合理研究结果的审稿人，有理由怀疑其没有资格审稿。

（3）想抢先发表类似结果的竞争者，让期刊能尽快抢得发表先机。

（4）对投稿人有个人学术观点的偏见甚至恶意打压的反对者。

避开审稿人的理由要遵循摆理由、无偏见、得体的原则，否则很难让编辑信服。例如：

Dr. Daniel is a very picky reviewer and thus not a good reviewer.

虽然实际情况中确实存在挑剔或挑刺的审稿人，但也不用直接指明，因为如果期刊编辑不了解这位研究者，很难让编辑信服。下面推荐两种较为合理的避开理由。

避开理由 1：

Dr. Daniel is working on a similar system to my own and there is a certain amount of competition to be the first to publish the results of this new technique.

避开理由 2：

Dr. Daniel has heavily criticized my work in the past without solid evidence and disagrees on my approach.

至于期刊编辑最终是否会采纳投稿人的意见，则是综合考虑多个因素的结果，比如推荐或反对理由是否合理，论文对口的审稿人是否缺乏，论文内容与期刊期待发表的最新方向是否吻合，等等。

12.6 审稿询问信

对于正在审稿的论文，作者如果发现审稿时间过长，可发邮件询问。邮件要简明扼要，因为编辑可能每天都会被人催问，只要扫一眼便可知道邮件目的。对于第 1 和第 2 次审稿期间的询问，笔者总结了如图 12.7 和图 12.8 所示的询问信模板供参考。

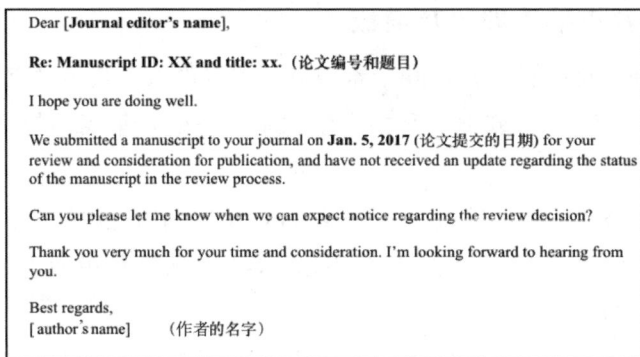

Dear [**Journal editor's name**],

Re: Manuscript ID: XX and title: xx. (论文编号和题目)

I hope you are doing well.

We submitted a manuscript to your journal on **Jan. 5, 2017** (论文提交的日期) for your review and consideration for publication, and have not received an update regarding the status of the manuscript in the review process.

Can you please let me know when we can expect notice regarding the review decision?

Thank you very much for your time and consideration. I'm looking forward to hearing from you.

Best regards,
[author's name]　　(作者的名字)

图 12.7　第 1 次审稿期间的询问信模板

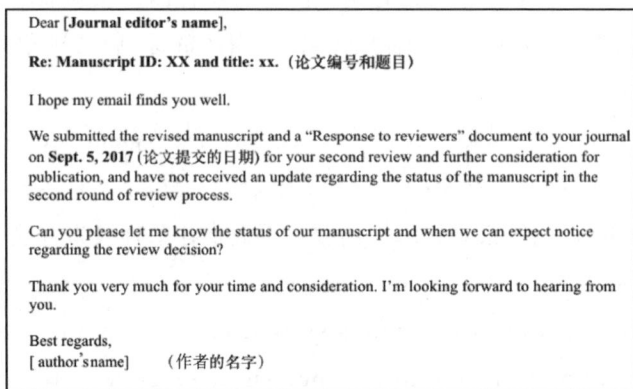

Dear [**Journal editor's name**],

Re: Manuscript ID: XX and title: xx. (论文编号和题目)

I hope my email finds you well.

We submitted the revised manuscript and a "Response to reviewers" document to your journal on **Sept. 5, 2017** (论文提交的日期) for your second review and further consideration for publication, and have not received an update regarding the status of the manuscript in the second round of review process.

Can you please let me know the status of our manuscript and when we can expect notice regarding the review decision?

Thank you very much for your time and consideration. I'm looking forward to hearing from you.

Best regards,
[author's name]　　(作者的名字)

图 12.8　第 2 次审稿期间的询问信模板

12.7 常见问题答疑

（1）投稿期刊时，要考虑哪些因素？

根据不同目的，考虑目标期刊的发表范围、期刊影响因子、发表难度、审稿速度、读者情况和期刊声望。

（2）如何知道 SCI 期刊的审稿时间？

可根据期刊历史文章的修改后收稿日期和首次收稿日期之差得出审稿时间；根据录用日期和首次收稿日期之差得出录用时间。为保证数据有统计意义，建议统计足够多的论文，得出审稿和录用时间的累积分布曲线以及审稿和录用的时间范围，具体可参考 12.2 节的第 4 点"审稿速度"。

（3）如何查看我所在领域内的所有 SCI 期刊？

登录 Web of Science 中的 Journal Citation Reports，即可按研究类别选择期刊。或者登录其他专业期刊查询系统，比如 Papergoing 期刊查询系统进行查询。

（4）哪里可以查询 SCI 期刊的发表难度？

咨询富有经验的同行或课题组老师，或去专业的期刊查询系统查询，比如 Papergoing。

（5）想尽快发表论文，选择低影响因子的 SCI 期刊会有什么风险？

低影响因子期刊可能刚好满足入选 SCI 数据库的要求，但可能在未来由于质量下降被剔除出 SCI 数据库，因此建议查询过去连续 3 年的影响因子变化。如果数值都在增加，则较为保险，否则，需要谨慎对待。

（6）为什么老说我的论文缺乏创新性、重要性以及相关性？

大多数是由于在编辑预审环节被编辑判定为不匹配期刊发表范围，或在摘要中没有凸显出论文的创新性和重要性。

（7）是否存在灌水的 SCI 期刊？

存在，如某些开放性期刊属于掠夺性期刊，为了经济利益放松审稿质量且每年大量发表论文。

12.8 本讲参考文献

Wu，Z.，Wong，H. S. & Buenfeld，N. R. Transport Properties of Concrete after Drying-Wetting Regimes to Elucidate the Effects of Moisture Content，Hysteresis and Microcracking[J]. *Cement and Concrete Research*，2017(98)：136-154.

Grimm，D. Suggesting or Excluding Reviewers Can Help Get Your Paper Published[J]. *Science*，2005,309(5743):1974.

提高录用率： 审稿意见回复技巧

第13讲

当投稿论文后,论文就交到了期刊编辑和审稿人的手上分别进行预审稿和正式审稿。等第 1 轮审稿结束后,期刊主编或责任编辑会通过邮件发给通讯作者一份审稿意见,要求作者根据审稿意见对论文进行修改并返回审稿意见回复书和修改后的论文。由于审稿意见对期刊主编决定是否最终录用论文起到至关重要的作用,因此写好审稿意见回复书就在发表 SCI 论文中起到举足轻重的作用。同时,如果能在第 1 轮审稿环节中展示一份优秀的回复书,就可以让审稿人和编辑满意论文质量,免去再次审稿,大大节约时间。

然而,笔者发现很多缺乏发表 SCI 论文经验的同学对于要做到正确理解审稿人的意图,并做出针对性的高质量回复感觉困难重重。因此笔者分析了大量的审稿意见(100 份审稿意见),提炼出常见的审稿人问题,在此基础上给出回复思路与写作方法,以及一些行之有效的回复技巧。

13.1 审稿意见回复分析思路

13.1.1 先确定是否值得回复

审稿意见基本有以下 4 种:直接录用、小改、大改和拒稿。一般来说,一份 SCI 期刊有 2～5 位审稿人参与同一篇论文的审稿。期刊主编会根据所有审稿意见做出综合意见,并附上所有审稿人的意见。由于直接录用的概率极低,因此大部分的论文都被要求修改完善。

在拿到审稿意见之后,并不需要急着开始审稿意见回复书,而是要静下心来仔细分析和评估审稿意见,并决定是回复审稿意见还是放弃并转投其他期刊。例如,论文由两位同行审稿,而他们都拒稿,编辑也认同拒稿,那基本上就没有必要回复审稿意见而浪费宝贵时间了。但如果审稿意见对论文的质量提升有启发作用,则可以参考审稿意见并修改论文,再重新投稿或转投其他期刊。有时候,期刊主编在拒稿的同时会推荐作者一个其他期刊供投稿参考,这时并不一定要选择那本期刊,而是要根据本书第 12 讲分析的选刊思路重新优化筛选期刊。

笔者经常被问及,论文经过修改后能否被录用或录用的可能性有多大。我们来看一个有意思的研究结果。SCI1 区期刊 *Biological Conservation* 统计了 2008—2014 年共计 1218 份来自中国作者的论文,研究了在审稿环节中两个审稿人的不同意见组合对最后论文录用概率的影响问题。比如两个审稿人的意见都是录用的话,论文最后的录用率是 100%;但两个审稿人的意见都是大改的话,录用率就极速降低至 50%;而一旦有一个审稿人的意见是拒稿的话,录用率就低于 50%。总体上说明只要审稿意见中不出现拒稿的意见,那么通过有效的审稿意见回复,论文还是有一半以上机会被录用,是大概率事件。

因此,收到审稿意见时,可以评估意见状态,是小改、大改、拒稿还是录用。并将两个审稿人的意见组合在一起,对照图 13.1 进行概率预测,经过综合考量,决定是否要详细回复审稿意见。但不管审稿结果如何严苛,只要是对提升论文质量有帮助,都应该听取建议并作修改。

有时候会遇到这样的情况:审稿人对论文内容理解不恰当或错误,导致审稿意见和作者本人思考的出入很大。这时,可以先把审稿意见晾在一边,冷静几天后再来分析审稿意见会更有利于理性客观地回复,从而提升回复质量。

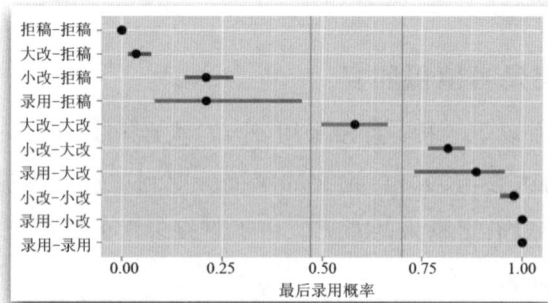

图 13.1　审稿结果对最后录用的影响(Campos-Arceiz et al.,2015)

注:①横条代表 95% 置信区间。②研究样本为 2008—2014 年共计 1218 份来自中国作者的论文。

13.1.2 整理并回复审稿意见

当决定回复审稿意见后，接下去就要开始着手准备审稿意见回复书。主要分3个步骤。

（1）提取相似问题，集中回答。

对于论文中较为关键的问题，比如关键模型参数缺乏解释甚至错误，不同的有研究经验的审稿人往往都能发现并同时指出。从笔者经验来看，这些共性问题不会多，一般也就 1～3 个，但由于这些共性问题往往是审稿意见中最重要的几个问题，因此非常值得重视。

除了少数几个共性问题，不同的审稿人还是从不同角度进行建议审阅。这也反映出不同的审稿人对论文有着不同的理解。由此带来的启发是，我们在开展科研和撰写论文时，需要多角度全面地考虑问题，才能较为轻松地面对不同的审稿观点。

当归类好这些相似问题后，我们就可以先集中思考和解决它们。通过理解、解释和分析，提炼背后的本质原因或改进方向，就可以针对性地解决问题。集中思考和解决的好处是让你不至于先回答了第一个问题，后面又再次回答相似问题。对于后面重复的审稿问题，我们可以指明已在前面回复过，让审稿人参考前面那个相同的回复。如稍有不同，则补充对差异部分的解释。

（2）点对点回复，但要抓重点问题。

期刊编辑对作者的基本要求是对每一个问题都做出详细回复，既可接受意见也可以不接受意见。对于不接受的意见，作者需要给出合理理由。这就是我们常说的点对点回复。通常来说，我们按审稿意见的排列顺序依次回复，这样循着审稿人的提问思路能更好地理解审稿人背后的逻辑。不过，要区分主次：对于简单地回复就能满足审稿人要求的问题，不需要长篇论述，简明扼要阐述即可；而对于审稿人的重点问题则需要进行详细分析和解释。笔者将在 13.3 节中重点阐述常见的审稿意见以及常见的回复技巧。

13.1.3 评估回复满意程度

（1）在多大程度上能解决硬伤问题？

上面提到的审稿人重点问题中包含着一类较为棘手但又最受审稿人关心的硬伤问题。它们是指作者短时间内难以解决和有效回复的问题，主要有以下 4 类。

①论文无创新或不重要。有可能是同行研究过多,所以没有新意;或论文有新意,但对研究领域没有推进作用。

②研究方法错误或缺失。这个问题是投稿人较难回复的。

③重复率高。某些 SCI 期刊自动设置查重,如果论文查重率过高,期刊将不给修改机会,甚至是不再给投稿机会(关于查重,请见本书第 11 讲)。

④假设错误或假设不合理,数据量太少或存在错误。

在检查审稿意见回复书的质量时,重点就是要看这些硬伤问题是否得到了有效改善,因为它们是决定论文能否被录用的主要因素。如果没有有效解决这些硬伤问题,通常审稿人会再次要求修改。如下面的第二轮审稿意见中,第二个审稿人就指出:

"The authors commented all the questions in detail in the rebuttal letter, but little effort has been made to reflect that discussion in the improvement of the manuscript, particularly in the most critical issues."

由于大部分硬伤问题很难在短时间内解决,笔者强烈建议在科研项目的早期(比如方案设计阶段)就分析可能出现的硬伤,补缺改正。因为进入审稿环节再发现硬伤,则会延长审稿时间,甚至被直接拒稿。

(2)不同意审稿意见怎么办?

在不同意审稿意见的情况下,一些论文发表经验较少的作者通常会主观地对审稿意见进行评价或反驳,这些都称为无效的回复。如何在不同意审稿意见的前提下,做到客观有效地回复?首先,需要理清自己的思路,从论文本身出发。比如论文的语言表达是否有歧义、模糊或易被误解的地方,因为论文写作者的母语非英语,很容易出现词不达意或句不达意的现象。这时候需要回归论文本身,参考审稿意见,判断是否是由于语言表达所产生的误解;如果确定语言表达思路清晰,则分析审稿意见是否合理,论文上是否有不合理或遗漏的部分。如有,则对应进行补充和更改。其次,假如经过论证,审稿人的意见确实不正确或存在纰漏,则可以向编辑进行申辩,但需要有充足的理由和实验事实作为支撑,并做到专业有礼貌地摆事实,使编辑信服,并最终接受作者的意见。

(3)细节是否满足要求?

最后,要检查审稿意见回复书是否在细节上满足了要求。这些细节主要包括英语写作水平差、图表质量低、实验描述不详细、模型参数没有解释、逻辑结构不清晰等。

13.2 审稿意见回复书常用写作方式

13.2.1 常用结构

在理解了回复思路后，笔者开始介绍具体的写作手法。为了让期刊编辑和审稿人快速识别论文，一般可将论文基本信息放在审稿意见回复书（Word 文档）的第 1 页，包括论文题目、作者信息和单位。接下来，就是表达感谢审稿人的简短语句，即致谢。最后则是回复书的重点部分，即点对点的回复内容。对于作者回复的内容，一般通过变换颜色将其和审稿意见区别开来。整体上，3 个部分整齐有序地排列（见图 13.2），并清楚展示回复的内容，从而让审稿人易于阅读和理解。

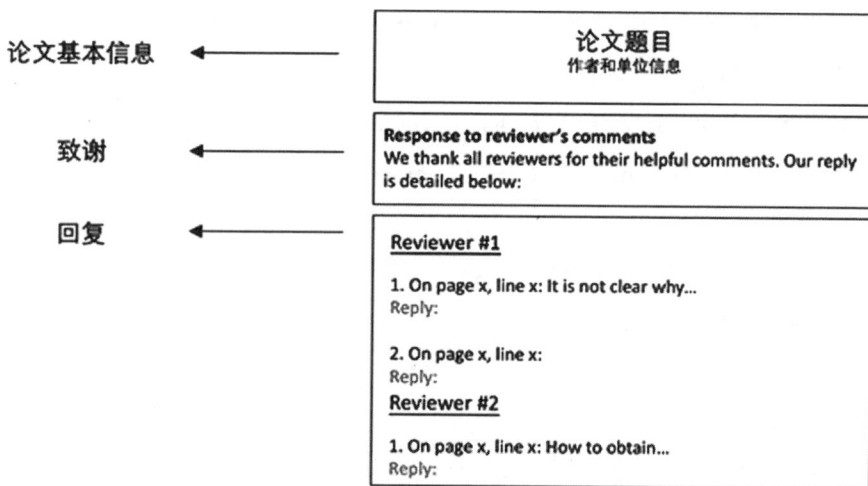

图 13.2　常见的审稿意见回复书结构

13.2.2 点对点回复形式

撰写审稿意见回复书时，要点对点依次回答问题。在回答每个问题时先写"Reply"（回复）并加粗和设置下划线（见案例 13.1），并将审稿意见用斜体表示，以清楚区分审稿意见和作者的回答；或者将作者回复部分加颜色高显出来（见案例 13.2）。

🔍 **案例 13.1**

p.7826，line 14：*remove colon after "showing that"*

Reply：The correction has been made.

🔍 **案例 13.2**

p.7826，line 14：remove colon after "showing that"

Reply：The correction has been made.

13.2.3 在原文中用修订模式

凡是在论文中做过的修改，都需要让审稿人和编辑清楚看到。可在修改前，开启 Track Changes(修订)模式，这样作者做出的任何增加、删减、替换等变动，都会通过不同颜色显示出来。这样就不需要额外将改动部分手动变颜色了。

13.2.4 常用语句

对于审稿意见回复书，除了其结构相对统一，另外也包含着常用的表述。笔者对它们进行了总结。

（1）撰写文件名：Response to Reviewers.

（2）表达感谢：We thank both the reviewers for their comments. Our reply is detailed below.

（3）回复每个问题的起始单词：Reply.

（4）表达"已修改"之意：

①Revised as suggested.

②This has been revised in Page X_1 to Page X_2 in Section Y.

（5）表达"不同意"之意：We disagree with the Reviewer on this...because...

13.3 常见审稿意见及回复技巧

在笔者看来，常见审稿意见主要有 4 类：批评类、质疑类、建议类和评论类。不同类型的审稿意见有不同的回复技巧，只有抓住不同类型的本质，才能撰写有效的审稿意见回复书。笔者对这 4 类审稿意见进行依次分析。

13.3.1 批评类审稿意见及其回复技巧

批评类审稿意见主要集中在以下 6 个方面：缺乏创新性、缺乏重要性、研究方法存在缺陷/不详细/无验证等、研究目标/动机不清晰、假设不合理、不易理解的英语写作逻辑或错误语法。针对批评意见，需要冷静地理解和分析内容，而不能火冒三丈地做出不合适甚至不礼貌的回复。例如笔者曾经见到这样的回复："Clearly none of the reviewers understood the importance of the work."（很明显地，没有一个审稿人理解论文的重要性。）下面笔者对常见的批评类审稿意见进行分析并给出回复建议。

（1）如果审稿意见对创新性和重要性提出批评，作者主要需要修改摘要、引言和讨论部分，因为这些部分是与创新性和重要性最相关的部分，因此需要将研究课题的新颖性以及研究的价值在这部分重点突出。回复时应采用明确的语句来表达具有逻辑性和说服力的论点，如"Our new results show that ..."；回复内容必须明确说明论文重要性和创新性是什么，而不是避之而言他。不过，每一个论点的背后都需要扎实的支撑数据或推理。

（2）如果是对研究方法提出批评，比如只有数值模拟没有实验验证——这个问题较为常见，是因为科学研究讲究实证——能补充实验数据是最好的办法。不过，大多数情况下，由于实验昂贵、周期长、技术困难等因素，作者并不能马上补充实验。这时就可以强调数值模型具有坚实的理论基础，数值模拟的参数和范围都较好地反映了实际情况；增加参数敏感性和稳定性分析以增加结论的可靠性；未来研究会增加实验分析；等等。而对于实验装置图不易于理解等容易的回复问题，则有针对性地做出完善即可。

（3）如果是对研究目标和动机有疑问，则重新修改摘要和引言部分。具体写作按照本书第 4 和第 5 讲的内容进行，需要突出研究目标，如采用"The aim of this paper is to study..."这样的表达向审稿人清晰说明论文的目的和研究动机。

（4）如果对假设提出批评，认为假设不合理，如出现类似"I find the assumption of ... less likely"的审稿意见，则需要补充论文依据，并用高质量文献进行支撑。假设在论文中非常重要，尤其是数值模拟和一些建立在假设基础上来设计的实验。这告诉我们在设计实验阶段就需要想好方法的假设前提是否合理，需要找到依据来支撑假设的合理性。但如果目前论文中的假设确实存在不合理之处，则需要以退为进，承认假设的局限性，并从和审稿人不同的视角去突出目前假

设的合理性或价值,比如:

①大部分国际同行在进行同类实验的过程中,都是将实验方法建立在同样的假设前提下。

②实验条件决定了目前实验只能够做到这一程度,但这些局限性并不影响实验的研究进程。

③虽然假设和实际大多数情况有不同,但是论文研究的范围是限制在某种特殊情况下的,因此相应的"不常规"假设在特定条件下就合理了。

通过以上的分析,可以让审稿人知道,假设的局限性已经被纳入作者考量的范围,而且基于这样的假设,得出了创新的严谨研究结果。

(5)针对英文写作水平的疑问,则主要集中在语法和逻辑性两个方面。作者需要提升写作的逻辑性,并且让专业外籍教师润色且提供润色证明,这样才能够有效回复审稿人关于"poorly written""lacks a logical sequence""difficult to read""grammar errors"等批评。

13.3.2 质疑类审稿意见及其回复技巧

质疑类审稿意见主要分为 3 个方面:实验方法不合常规;结论超出预期;内容存在猜测,无依据。之所以质疑,是因为审稿人在头脑中已经存在的某个知识受到了挑战,很自然地就会产生疑惑。对于审稿人的这些疑惑不解之处,只要我们给出清晰的科学解释,审稿人就会比较自然地接受。

(1)质疑实验方法不合常规或不合理。

比如质疑实验方法违反常识:"How the samples can be collected only once during 2015?"("你的样本怎么可能在 2015 年只搜集一次就搜集完了?")这样的样本搜集在常规实验中是不合理不科学的。因此,在回复审稿人意见时,需要区别具体情况做出回应。如果实验方法确实存在不合理之处,那么作者需要更正自己的失误,并分析这样的失误对论文结果带来的影响。如果影响可忽略,那当然是最好;但如果影响较大,则需要考虑是否要删除部分结论,将研究范围缩小。如果在作者的实验条件下确定是存在特殊情况,则可以告诉审稿人这样的实验方法确实可行,并且用详细资料佐证研究方法的可行性。

另外一个典型例子是审稿人质疑实验样本数量过少,结论不具有代表性。我们可以从以下 3 个方面着手回复:①补充实验样本,重新进行实验并得出有说服力的结论。②补充实验可能耗费大量时间,也会影响论文发表进度,因此可以寻找另外视角。比如虽然研究样本小,但是通过小样本的深度逻辑分析,可以唤起人们对某个科学问题重要性的认识,会吸引更多的同行关注这一重要的课题。即告诉审稿人,虽然研究样本少,但是带来的潜在价值重大。对于编辑来说,如果某一课题可能使更多的学者投入研究或引用,就会扩大期刊阅读面和影响力,这也是期刊编辑希望看到的。因此这样的回复,能够突出论文已有价值,弱化样本数量的不足,也能够提升论文的通过率,因此是比较有效的回复思路。③既然样本数量较小,作者可以缩小结论适用的范围,用小样本得出的数据来深入分析一个较小的研究点,只要具有创新性,也是一篇具有价值的值得发表的论文。

（2）结论超出审稿人预期,与审稿人期待的结论相反。

例如："Your conclusion that the fraction of immobile water increases is in contradiction to my expectations."在这种情况下,作者需要在讨论部分增加说明,分析产生这一结果的原因。原因如果能跟结果一一对应,那么结果就有据可依。但如果分析不出有充分依据的原因,则要留下余地,不下确定结论,用 probably, potentially 这样的推理式表达分析结果,列举一些可能的情况。这样可以向审稿人证明作者透彻了解结果相关可能性或相关影响,从而增加说服力,为结论找到依据。另外,科技论文报道的主要是创新结果,因此出现和审稿人已有知识不一致的地方,也是一种正常现象,大可不必心慌。

（3）质疑讨论或观点是猜测,没有实质依据。

比如"Line 491 to line 493：sounds speculative to me"。如果审稿人质疑观点无依据,可以从以下两个方面着手:①在讨论部分用数据来支撑观点;②添加写有类似结果的参考文献以提升观点说服力。

13.3.3　建议类审稿意见及其回复技巧

建议类审稿意见的回复比较简单:如果审稿人建议合理,则直接接受建议;如果审稿人建议不合理,则可以先表明反对意见,再详细摆出支持观点的论据。建议类审稿意见主要分为以下 7 个方面。

（1）建议引用本刊或同行论文。

例如"Authors may wish to cite a couple of papers from …, if they find relevant ones."在这种情况下,则接受建议,引用投稿期刊中的相关论文两三篇。

这其实是合理的,因为根据本书第 12 讲的分析,我们在投稿前要分析选刊因素,而其中最基础的一条就是要让论文符合目标投稿期刊的发表范围。既然符合期刊的发表范围,那么一般情况下,投稿的期刊中会存在相关的论文。此外,引用目标期刊的论文,还可以满足期刊增加引用量的心理诉求。如果审稿人在审稿意见中提及了某篇文章,则最好也引用到作者论文中,因为该文章一般会对论文的论述有帮助,同时这篇论文也有可能是审稿人自己的论文。不过,如果论文质量较差,也可以不引用,而挑选其他高质量且更相关的论文。但是如此自信的选择一定要建立在可以充分说服审稿人的基础上,否则得不偿失。

(2)建议论文中用词不要过于夸大或有强烈的感情色彩。

比如建议"Consider using a less strong word than 'proven'."因为"proven"(证明)是表明某个结果已经得到了充分的证实,没有任何遗漏的情况,而科学研究往往是选择一定的样本进行分析,存在一定的不确定的概率。为了让科学语言具有严谨性,大部分论文中则是用 indicate, show 等词。不过,也要看具体情况。例如描述数学方程可以明确证明某个结果的,就可以放心使用 proven 这类确定的词。此外,夸大的词汇也不建议出现在论文中,尤其是对论文的价值进行评价的时候。比如"innovative"不宜用来评价自己的研究成果。因为在英语文化中,"something that is innovative is new and original"(有创新性的事物是新的和原创的),即"innovative"应用于真正第 1 次出现的新的或原创的事物上,而大部分科学研究是在以往研究基础上做出的突破或推进,而不能算是真正意义上的"new and original"。因此,类似这样的词不推荐在 SCI 论文中使用(当然,描述真正意义上的大创新时可以使用)。

(3)建议论文采用国际化的视野。

作者需要接受该建议,尤其是在引言和讨论部分,因为仅提及研究结果将给某个国家或地区带来的价值和影响,会削弱论文的价值。

比如某审稿人提出这样的建议:"Talking about the case of China in the first paragraph also is not good. The research motivation should be grounded on the theoretical question in international research community rather than the political questions for a specific country or case."审稿人指出论文的研究动机应该放在"international research community"(国际研究同行)的背景下,而不是"for a specific country or case"（对于具体的某个国家或案例）。对于这样的审稿建议需要接受，毕竟科学的价值是为全人类服务，需要有通用的结论，这也是本书第1讲所分析的高水平论文的特征。此外，参考文献的引用也需要兼顾国际化的视野，不能只引用或大部分引用某个国家或地区的文献。比如某审稿人指出："Among the cited 18 journal articles and other documents, 13 were published by Chinese research groups, at least half of them in Chinese journals."这明显表明，审稿人认为18篇参考文献中有13篇都是中国研究团队的成果，不太合理。此外，参考文献应尽量不出现中文文献，因为目前来说大部分的国际期刊的审稿人不能读懂中文。笔者曾经被问道："如果所研究问题有强烈的中国化的特征，即大部分研究成果都是以中文文献的形式发表的，那怎么办？"如果存在这种情况，要么做交叉研究，扩大研究范围，并涉及国际前沿话题，从而增加论文国际背景；要么将论文投给中文期刊，因为面向的读者群主要是中国人。

（4）建议分析论文价值。

作者应在讨论部分增加分析论文价值的篇幅，具体的写作思路可参考本书第8讲。审稿人会提议进行价值分析，往往是因为审稿人已经察觉到了论文存在一定的理论或应用价值。这种情况下，应更好地体现研究内容的重要性，因此它们值得深入挖掘和增加篇幅。此外，如有需要可在摘要部分相应添加说明，如"The implications of these findings regarding ... are discussed"来强化论文创新点，引导读者阅读。

（5）建议对讨论不充分的实验结果进行清晰讨论并与同类实验或研究进行对比，以突出论文的创新之处。

针对此类审稿意见，作者可将结果和讨论分离开，以增加讨论部分篇幅，满足审稿人期待，同时在讨论部分多引用重要参考文献，即在本领域具有代表性的参考文献，从而增加讨论深度和说服力。具体的讨论写作可参考本书第8讲。

（6）建议结论及其应用只针对特定研究领域和样本，使该结论的应用客观，具有科学性。

比如某审稿意见："The conclusions made by the authors have been written as if they were universal and applicable for all cases and situations. It is necessary to indicate at each conclusion that its application is only for these specific materials and samples studied."审稿人认为作者的结果似乎过于宽泛，因此建议作者缩小结

论范围,以使结论更准确。这也看出科研结果一般都需要一定的条件才能成立。

(7) 建议修改题目、图片格式。

作者最好接受此类建议,并使题目精准,认真修改图片和格式等,提高论文专业度和严谨性。这不仅是写作好文章的标准,也是一个优秀学者必备的学术素养。

13.3.4 评价类审稿意见及其回复技巧

评论类审稿意见主要有 3 种类型:表扬型、负面评价型和泛泛而谈型。对于表扬型审稿意见,只需致谢即可;对于负面型审稿意见,需要针对性改正,如在英语表达方面被批评,则进行针对性语言修改和润色;对于无具体内容的,泛泛而谈型审稿意见(比如某审稿人的意见只有拒稿,没有具体的审稿意见),则可以不予理会或简要回复"We can't see constructive comments. Hence, we don't have any response."(未得到建设性意见,不予回复。)编辑也会倾向于同意作者拒绝回复的行为,因为审稿人没有尽到责任。

13.4 编辑和审稿人讨厌的 8 大典型毛病

为了让大家更直接地了解常见的审稿意见,笔者在上述分析的基础上进行了总结,得到了如下 8 个典型的毛病。

13.4.1 典型毛病 1——内容相关性差

(1) 论文不在期刊发表范围内。

如果投稿人提交的论文研究领域不在投稿期刊的发表范围内,期刊编辑则会果断拒绝投稿,即使稿件质量很高。因为一旦录用,由于期刊读者圈与投稿人文章所在研究领域不符合,则会降低阅读量和引用率,对期刊提升影响因子无益。因此,论文不在期刊发表范围内,录用率则很低。

(2) 即便符合发表范围,读者面很窄。

即使论文研究领域在投稿期刊的发表范围内,但如果研究的面太窄,读者面也会很窄,期刊审稿人和编辑则倾向于不录用。

启发:写作时寻找目标期刊的关注领域,如土木工程权威期刊 *Engineering Structures* 列举了 19 个感兴趣的关注领域(见图 13.3),投稿人可以将论文与之匹配,提高相关性。

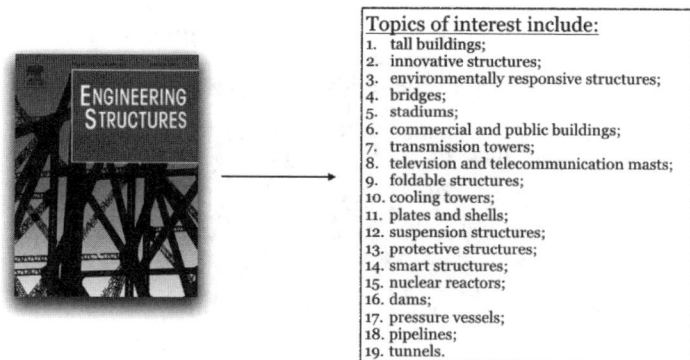

图 13.3　土木工程权威期刊 *Engineering Structures* 的领域

13.4.2 典型毛病 2——不遵守指导文档

论文格式等基本要求没有遵守写作指导文档。投稿人提交论文不遵守期刊所给出的写作指导文档,比如格式很乱、字数超限等,这会让编辑对投稿人产生不好的印象,甚至怀疑投稿人缺乏严谨认真的态度。笔者还听说,如果不按照期刊的格式要求进行排版,某些期刊编辑会觉得这是对编辑的侮辱。因此,投稿人将论文按照写作指导文档进行写作和排版极其必要和重要。

13.4.3 典型毛病 3——小创新

(1) 创新是论文的根本(新概念、新理论、新方法、新技术、新数据、研究热点等)。

论文的核心是具有重要性的创新,比如用新的概念、理论和方法解决旧的重要问题,或用旧方法组合解决新问题。再如论文中产生的大量的、新的、充分的数据,能够为现有研究提供指导,推进研究的发展。

(2) 顶级期刊甚至要求创新应是"意想不到的""令人惊喜的"。

顶级期刊不仅需要创新,还需要创新是突破现有认知的、使人惊讶的。比如笔者之前所在的帝国理工大学的课题组曾研发一种不吸水的混凝土材料(见图 13.4)。一般混凝土材料多为孔隙结构所以会吸水,而这种材料经过改善后具有不吸水的特质。这种创新令审稿人感到惊喜,该论文因此发表在领域内的顶级期刊上。

■ 文献资料

图 13.4　神奇的"不吸水"混凝土材料(Wong et al.，2015)

13.4.4 典型毛病 4——重要性差

（1）缺乏重要性。

很多论文在引用和讨论部分没有明确指明论文的重要性，使审稿人无法明确判断文章的价值，从而降低审稿效率或投稿命中率。缺乏重要性可以分为以下3点。

①过去研究不足，分析不透彻。引言部分的文献综述，对前任研究的总结如果不全面、不充足，则会使审稿人质疑论文研究的基础。如果明确说明论文是基于现有研究现状的不足而做出的改进或推进性研究，则会让审稿人明白论义的价值。

②研究目标不清晰或过小。描述论文研究目标时，如果目标太小或描述不充足，会使文章失去亮点和价值性。相反，基于大范围提出的目标，有利于吸引注意力，提升文章的价值。

③新想法解决问题的程度不大（解决皮毛），效果不够好，仅贡献微小新知识。即使论文研究目标在大背景和大范围内提出，但实际结果能够解决问题的作用不大或程度不深，只是提及皮毛。

（2）无应用或政策价值的推测（implications），以及没有对未来研究的建议。

讨论部分没有分析研究结果的应用价值，如实际应用或政策建议，或者论文没有提及对未来研究的建议，所以无法体现问题的重要性。

13.4.5 典型毛病 5——写作逻辑差、语法错误

（1）写作逻辑不清晰、不严密，甚至令人难以理解。

写作逻辑是中国学者文章中常见的问题，上下句之间有逻辑空隙，行文不自然，甚至有时令人费解。因此以英文为母语的外籍审稿人或同行很难理解这样的中式英语，比如某审稿意见："Introduction is poorly written and lacks a logical sequence."

（2）语法、标点符号及拼写错误。

如果投稿人论文中有太多的语法、标点符号或拼写错误的话，审稿人对此的容忍度是比较低的。因此，建议作者在提交论文前，对语言层面进行校核，使之达到专业的水准。

13.4.6 典型毛病 6——国际化程度低

论文国际化程度低将影响审稿人和期刊对论文价值的评价，从而影响投稿成功率。主要分为以下两点。

（1）引言部分侧重对中国情况的分析。

引言部分不应只局限于分析中国的现状或研究背景，而应基于国际化的背景，思考论文能够产生的价值和带来的影响，从而增加论文的贡献程度。

（2）中文文献引用过多。

发表高水平论文最好引用同领域英文文献，以利于加深读者和审稿人对文章的理解，使文章的论点有依据可以遵循。相反，如果大篇幅引用中文文献，将会使国际学者和审稿人难以对文章的论点进行校核，更不利于将研究结果应用到世界范围内。因此，国际化程度低，对论文和科学研究本身都有不利影响。

13.4.7 典型毛病 7——方法描述不详细，缺理论分析或实验验证

（1）方法部分描述不详细，无法重复。

作者在研究方法上描述不详细甚至缺失，导致论文中方法无法重复。

（2）只有数值模拟，没有理论严格推导、实验验证和真实调查。

研究方法部分只做数值模拟而缺少理论、实验验证或真实调查数据作为支撑，使文章的结果不可靠，结论不具有启发性和代表性。而审稿人希望看到的是作者所做的研究比较透彻，研究方法恰当，即在各个角度和层面都能够有力地支

撑论文的研究结果。

13.4.8 典型毛病 8——没有或不深入讨论

对结果不进行可靠性、重要性、创新性、应用推测等方面的深入讨论分析。作者没有在讨论部分对上述论文特性进行深入分析,大量的审稿意见都提到了这样的问题。这个问题会导致论文的重要性、创新性得不到体现,从而论文的价值也不高。

13.5 常见问题答疑

(1) 对于审稿人遗漏的问题,是否主动交代?

收到审稿意见后发现审稿人没有检查出作者认为错误或不合理的地方,比如作者单位错误、参考文献引用错误或其他问题,在这种情况下改不改?笔者的建议是马上补缺改正,而不是等进入校准环节再改。因为一旦进入校准环节,任何改动都需要审稿人再审,会极大延长审稿时间。那么,如果是比较大的内容错误,要不要改?有同学担心,如果主动交代,审稿人可能会拒稿。而笔者的建议是,一定要改。因为论文一旦发表,将没有更改机会。而且如果这错误是论文的硬伤,发表后将极大影响作者学术声誉。

(2) 审稿人和自己的研究方向一致,会被直接毙掉吗?

如果是同行直接竞争关系,就一定要确保呈现高质量的研究内容,否则对方可能会在细节上挑剔或指出多个硬伤;而如果是高质量论文,所剩的挑剔空间就很小。如果论文质量高,期刊主编也会心中有数,更倾向于客观地分析问题和决定是否发表论文。如果论文质量一般,则可以想办法避开小同行审稿,比如推荐合适的审稿人。

(3) 邮箱很重要吗?

邮箱只是一个细节,但这个细节能体现学术研究的专业性。审稿人一般希望用有研究性质单位的邮箱,比如大学或研究院的邮箱。邮箱的专业性体现作者工作和研究态度的严谨性及专业性,使审稿人认可作者的研究态度,因而自然会倾向于相信论文研究内容的可靠性。

(4) 录用的最终决定权在编辑手上还是审稿人手上?

最终录用决定权在编辑手上。因为编辑认为审稿人虽然很专业,但一般集中在审稿人自己的研究领域,视野比较窄。而编辑作为专业期刊的稿件处理负责人,平时会阅读该领域的大量论文,视野比较广。因此,编辑能够判断论文是否符合期刊要求,是否能增加期刊影响力和影响因子,是否可以扩大读者量和面,等等,这些也是编辑在判断是否录用一篇论文时考虑的主要因素。而审稿人主要关注的是研究质量。所以从期刊角度,需要编辑控制决定权,因此就会出现审稿人拒稿但编辑决定录用的少有现象。因此,对论文是否录用的最终决定权是掌握在编辑手上的。

(5) 如果自己的研究课题是"大牛"4年前做过的,审稿时又不得不找"大牛"审(他在这个领域是权威,基本绕不开),该怎么办?

如果绕不开"大牛",则要通读他的研究论文,找出有创新的点来做,这样才有机会发表。否则与大牛研究同类课题,又是他4年前做的,研究的结果还类似,那么发表论文的希望将很小。除非投一个影响因子较低的期刊才可能绕开这个"大牛",因为"大牛"一般不愿意审影响因子不高的期刊的稿件。

(6) 大改之后重审,表明编辑的什么态度?

但大改之后重审,很可能是编辑认为大多数审稿人所提审稿意见较为专业,但是某个审稿人的意见不专业,对投稿人不公平。这种情况下,编辑为了权衡作者、期刊、审稿人的利益,就可能会考虑重审,不过需要投稿人根据已有的审稿意见进行修改后再审。

(7) 关于向编辑催稿和询问审稿进度的问题,一直有个说法是"一定不能问进度,否则铁定悲剧"。这样的情况会发生吗?还是说这只是不实传闻?

不会的。编辑需要对投稿人和审稿人负责。假如期刊一般两个月完成审稿,而投稿人在第三个月还没有拿到第一轮审稿意见,那么编辑会很愿意提醒审稿人并监督进度。因此,询问审稿进度当然没有问题。但是询问一定要有条理,而且不要写长邮件,让编辑觉得查询的工作量过大。询问信要简洁明了,突出重点,才能得到有效答复。

(8) 在哪可以找到中文论文写作方法?

笔者由于没有阅读过专门针对中文论文的指导书,因此无法推荐。不过中文论文和英文论文的写作本质是一样的,因此可借鉴本书英文论文的写作思路和逻辑来学习中文论文的写作。洞悉了高水平写作原则,就能够写出具有价值和重要性的论文,而无关写作语言。

13.6 本讲参考文献

Campos-Arceiz，A.，Primack，R. B. & Koh，L. P. Reviewer Recommendations and Editors' Decisions for a Conservation Journal：Is It Just a Crapshoot? And Do Chinese Authors Get a Fair Shot? [J]. *Biological Conservation*，2015（186）：22-27.

Wong，H. S.，Barakat，R.，Alhilali，A.，Saleh，M. & Cheeseman，C. R. Hydrophobic Concrete Using Waste Paper Sludge ash [J]. *Cement and Concrete Research*，2015（70）：9-20.

中国投稿人英文写作中的那些"坑"

第14讲

本书 1~13 讲聚焦在英文论文的内容写作层面,本讲则分析英文写作方面的语言问题。虽然放在本书的最后,但它和其他章节一样重要。如果熟悉 SCI 论文的结构和内容要求,却不知道如何用英文恰当地表达出来,实乃一大遗憾。得益于笔者所带领的 Papergoing 英文论文指导和润色团队的工作积累,笔者获得了大量来自中国投稿人的实际写作问题和案例。再通过归纳总结,这些问题被分成六大块,依次是单词、词组、句子、段落、时态,以及数字、公式和图片使用错误或不恰当,既包括简单的单复数问题,也包括复杂的句子逻辑问题。

在不影响句子结构的情况下,案例中某些单词用 X、Y、A、B 等代替,以突出重点、简化句子。为了保证总结到位,笔者还参考了其他论文的研究结果。由于分析样本大,因此可以说这些错误代表了大部分中国人英文写作中常犯的错误。笔者希望读者们从这些例子中了解到英文的学术写作要追求学术化、简洁、精确、直接、具体和实用,并且要从别人的错误中学习,这样在未来才有可能有效避免犯错。

14.1 单词使用错误

14.1.1 单复数使用错误

单复数使用错误包括对单复数的使用不够准确,对于既可以当作可数名词也可以当作不可数名词的单词区分不清。

例 1:

错误:X stability assessment for underground tunnel.

推荐:X stability assessment for underground tunnels.

tunnel(隧道)是可数名词,因此前面要么变成复数形式,要么前面加冠词,而不能以单数形式出现在英文论文中。

例2：

错误：Many countries such as X started to build a large-scale power system.

推荐：Many countries such as X started to build large-scale power systems.

结合语境区分单复数，因为 system（系统）既然是许多国家（分别）建立的，就不止一个，因此要用复数形式。

例3：

固定词组中的复数名词，如 different/various methods。这里的 different 和 various 是多个的意思，因此后面的名词 method 就要用复数形式。

14.1.2 冠词使用错误

在中文中，形容单个名词一般用"量词＋名词"的形式，比如"一个人""一头猪""一块蛋糕"。而这和英文中冠词形容名词的用法完全不一样，导致 a，an，the 在中国人用英文写作的过程中经常被漏用、错用或多用。

例1：漏用

错误：It shows the distribution of pressure on surface of main airfoils.

推荐：It shows the distribution of pressure on the surface of the main airfoils.

airfoils 是被 main 限定的名词，因此限定性短语前要加定冠词 the；of the main airfoils 限定了前面的 surface 的属性，所以 surface 前也应该加定冠词 the。

例2：错用（特指的名词前用定冠词 the，如实验中只用一种模型工具）

错误：The software Abaqus is used as a FEM calculation tool；it has expertise in a wide range of advanced modeling techniques.

推荐：The software Abaqus is used as the FEM calculation tool；it has expertise in a wide range of advanced modeling techniques.

结合语境，句中提到的软件是唯一一个论文中使用的工具，是特定的 FEM calculation tool，而不是某一个泛指的模型工具，因此 FEM calculation tool 前需要用定冠词 the。

■ 文献资料

例 3：多用(导致歧义)

第 1 种意思：I have a black and a white dog.(我有一只黑狗和一只白狗。)

第 2 种意思：I have a black and white dog.(我有一只黑白相间的狗。)

冠词的使用规则可参考图 14.1。

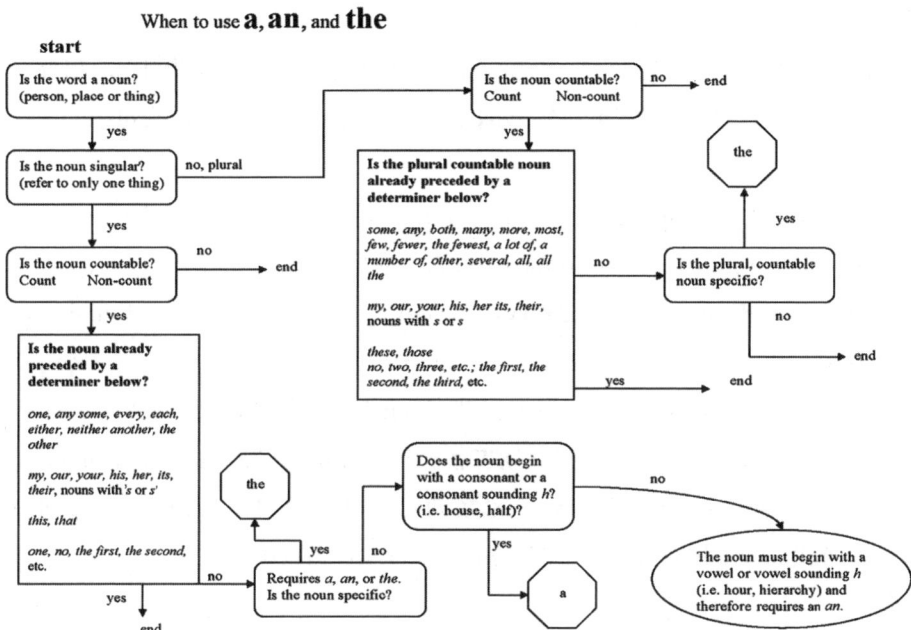

图 14.1　冠词的使用规则(Brittman，2007)

14.1.3 介词使用错误或不当

例 1：

错误：in currently

推荐：currently

英文写作的过程中,很多中国人经常将中文的介词直接翻译成英文,比如"在当下……"会直译为 in currently,而这种表达在英文中是错误的。

例 2：

不推荐：The experiment was constructed via the mining method.

推荐：The experiment was constructed by using the mining method.

via 虽然可以表示 through,即"通过某个具体方法"的意思,但是不够正式,因此不适合在学术论文中使用。可选用 by using,by means of 等。

14.1.4 指示代词 which 指代不明

which 经常出现在中国人写的英文论文中,且总会出现指代不明等错用的情况,尤其是在非限制性定语从句中。无论是限制性定语从句还是非限制性定语从句,which 都指代最靠近它的先行词,因此 which 的使用要遵循"就近原则"。相反,如果先行词超过两个对象,则应慎重使用 which,尤其是在非限制性定语从句中。

例 1:

错误:Based on the X theory, Y developed an analytic model to predict the interface structures, <u>which</u> combines the A method and the B analysis.

推荐:Based on the X theory, Y developed an analytic model, <u>which</u> combines the A method and the B analysis, to predict the interface structures.

错误句子中,作者本意是用 which 指代 an analytic model,然而最靠近 which 的先行词是 the interface structures。因此读者就会猜测 which 到底是指 an analytic model 还是 the interface structures,就出现了模棱两可的情况。修改后的句中,which 就非常清楚地指代 an analytic model,而不是 the interface structures 了。

例 2:

错误:The X bridge possesses the largest jacking force, <u>which</u> was built in 1978.

推荐:The X bridge was built in 1978, and it possesses the largest jacking force.

作者本意是用 which 指代 bridge,但是却容易被误解成是 jacking force。为了有效避免 which 的滥用,笔者通常建议能不用 which 尽量不用 which,如推荐句子中就换成了简单句。

14.1.5 中文直译和生造词

(1) 中文直译引起歧义。

例 1:

中文:原则上,现有的模型可以分为三组。

错误：<u>In principle</u>，the existing models can be classified into three groups.

推荐：<u>Theoretically</u>，the existing models can be classified into three groups.

中文里口语化的词，直译成英文非但没有意义，还会让人费解，如将"原则上"译为"in principle"，"基本上"译为"basically"。

例 2：

中文：手术过程中的粗暴操作会给病人的眼睛带来不必要的损伤。

错误：Rough operation may cause <u>unnecessary damage</u> to patients' eyes.

推荐：Rough operation may cause <u>damage</u> to patients' eyes.

将"不必要的损伤"直译为"unnecessary damage"，会让读者反问"难道有 necessary damage?"因此，这样直译容易引起歧义。

（2）生造新词让人费解。

按直觉生造的新词在英文语汇库中不存在或不常用，还会令人费解，比如表达"不可取"时，容易将中文直译为"unpreferable"或"nonpreferable"，其实这两个表达都不正确。

中文：然而，这些方法是不可取的。

错误：However，these methods are <u>unpreferable</u>.

推荐：However，these methods are <u>undesirable</u>.

因此，遇到不熟悉的否定词，不能凭直觉在原单词前加否定前缀，而应利用英文词典或搜索引擎，确认相应否定词。

14.1.6 词过于泛，不能准确传达意思

英语写作中，表达同一个意思可以用很多词，但是它们之间有意思上的差别，比如 make sb. do sth.（让某人做某事）和 encourage sb. to do sth.（鼓励某人做某事）就有差别。大部分中国人由于记忆单词时都不去查看单词的英文解释而是去记忆中文翻译，体会不到近义词之间的细微差别而大量使用过于泛或不准确的词，比如 do，make，think 等。因此，笔者建议读者们多通过英文词典去查看单词的解释，不断积累学术词汇。常见的学术词汇及搭配词可参考 Papergoing 的网站（www.papergoing.com）。通过下面的对比，读者可以体会到单词选择的不同造成的不同表达效果和写作质量。

避免：This book <u>makes</u> readers carefully <u>think about</u> word choices.

推荐：This book <u>encourages</u> readers to carefully <u>consider</u> word choices.

14.1.7 过于夸大的词

有一些形容词表达的意思在程度上有很大的区别，比如形容"正面的""好的"英文形容词根据程度递增排序，依次为 good，great，excellent，outstanding。在论文中，如果要评价别人或自己的研究成果，则要选用与实际情况相匹配的词，做到客观公正。

例1：

避免：X also carried out some <u>outstanding</u> research in chemistry.

推荐：X also carried out some <u>substantial</u> research in chemistry.

这里 outstanding 代表"极其优秀"。除非 X 真的做出了极其优秀的科研成果，否则这里的形容词 outstanding 就夸大了对 X 的评价。如果审稿人或读者刚好知道 X 的实际情况并不是如此优秀，就会怀疑作者你在写作时为了提升 X 在学术界的声誉而故意夸大，从而造成负面影响。

例2：

中文：然而，对于人工智能在养老行业的应用研究仍为空白。

错误：However，the research on the application of artificial intelligence in pension industry is still <u>blank</u>.

推荐：However，there is <u>little research</u> on the application of artificial intelligence in pension industry.

在表达创新点时，研究者为了突出研究的创新价值以及和前人研究的不同，经常用"某某领域仍存在研究空白"等表达，于是将"空白"翻译为"blank"。但英文单词"blank"是真正意义上的空白，而科学研究中没有真正不为人所涉及的空白领域。因此不建议这样表述，有夸张的嫌疑，且不严谨。

例3：

中文：这篇文章提出了一个创新的方案来解决环境问题。

错误：This study proposed <u>an innovative solution</u> to environmental problems.

推荐：This study proposed <u>a new solution</u> to environmental problems.

建议在评价自己的创新工作时，使用 new 而不是 innovative 等表达"创新程度极深"的词,因为这样在英文思维中可能会被认为在夸大事实。

14.1.8 让外行费解的"行话"

只在特定行业和专业中使用的"行话",比如 heavy metals(有毒的金属元素,比如水银和铅),尽量不要出现在学术写作中,这类词汇会大大增加读者理解的难度。同时,期刊希望论文能被较广的读者群看到并引用,因此也就希望文字表达能通俗易懂。如果很难不写"行话",则最好在后面做出解释。比如:

避免:Genetic abnormalities often result in sterility, such as in Turner syndrome.

推荐:Genetic abnormalities often result in sterility, such as in Turner syndrome, a condition in which a female is missing an X chromosome.

这里的行话"Turner syndrome"是用人名定义的专业名词,如果没有相关的专业背景,很难知道它代表的意思。因此,建议在行话后面对含义进行解释。

14.1.9 滥用"冗长词"

为了实现简明和直接的表达,建议用尽可能少的词汇表达观点,不跳过中间信息,且去除掉冗长的修辞或者意义不大的从句。对于可以用一个单词替换的词组也要大胆删掉,好的句子并不靠复杂的句子成分和过多的修辞成分去体现。表14.1展示了论文中常用的冗长短语及对应的精简词汇。

表 14.1 冗长短语及对应的精简词汇

避 免	推 荐
in order to ... in an effort to ... for the purpose of ...	to ...:虽然 to 是最精简地用于表达为了什么目的,但是严谨来说,to 后面接的行动目的是较容易直接实现的目的;而 in order to 后面接的更多是有挑战性的长期目标,中间可能需要先实现某个过渡目标
in close proximity to	near
conduct an investigation/study	investigate/study

14.1.10 论文前后词语翻译不一致

英文论文写作中,要避免用词前后不一致情况,比如前面使用英式拼写(句1),后面又换成美式拼写(句2)。前后不一致不但影响读者和审稿人阅读,也会降低文章的严谨性,影响发文成功率。

句1:Comparison of <u>storey displacement</u> in X and Y direction.(英式拼写"楼层"为"storey")

句2:The <u>story displacement</u> in X and Y direction are between 60% to 70%.(美式拼写"楼层"为"story")

14.1.11 专业词汇翻译犯难

论文中的专业词汇是中国学者写作 SCI 论文中的难点和痛点,而专业词汇无法和同行统一,则会影响意思表达的准确度和文章的质量。因此,专业词汇不能直译,应根据目标期刊论文或自己研究领域论文,找出前人已发表过的相同专业词汇或类似词汇。笔者早期在研究不熟悉的专业词汇时,采用了大量阅读英文论文和英文教材的方式,在语境中理解专业词汇,印象就非常深刻。

14.1.12 容易混淆的词

在中国人的英文写作过程中,有一些词经常被混用,使句子表达意义模糊甚至错误,如表 14.2 所示。

表 14.2　易混淆词

易混淆词	推荐用法
paper/study	study 是研究本身,有目标和结果,常在论文中出现"This study...";而 paper 是 study 的文本形态,没有目标和结果,因为它是描述性的
method/ methodology	method 指完成某件事的具体方法和步骤;而 methodology 是一系列方法的集成,比如教学方法统称为 teaching methodology
utilize/use	utilize 是利用某物做某事,而 use 是单纯地使用
due to/because	due to 表示间接的、不明确的因果关系;而 because 表示直接的因果关系
in order to/to	in order to 表示用一种间接的、复杂的途径去实现某个目标,需要长期努力去实现;而 to 后面跟的某个目标,一般短期内可以实现

这里特别强调"only"需要谨慎使用,因为它容易造成不同意思的解读。

例如"The doctor only sees patients in the morning"这句话可以有多种理解。

(1) Only the doctor sees patients in the morning, whereas patients might be seen by the nurse or the doctor in the afternoon.

(2) The doctor sees patients in the morning, but not in the afternoon,

because they play tennis in the afternoon.

（3）The doctor sees only patients in the morning but in the afternoon，they also see medical representatives.

14.1.13 应谨慎使用的单词

应谨慎使用的单词，如表 14.3 所示。

表 14.3　应谨慎使用的单词

应慎重使用词和避免指数	推　荐
too（★★★★★）	五星，极力避免；尤其是在科技类论文的句尾，最好不要用
approximately（★★★★★） about（★★★★★） roughly（★★★★★）	五星，极力避免；此类不确定的词，应在科技类论文中尽量避免，而是用数字来量化表示程度
obviously（★★★★★）	五星，极力避免；科技类论文应避免武断的观点，一切观点都需要有数据或事实支撑，从而体现学术严谨性。 错误例句：Obviously, detecting seismic wave by means of shaking table test is a novel method. 推荐例句：Detecting seismic wave by means of shaking table test is a novel method.
contractions（缩写词），如：it's, isn't, don't, can't, weren't, etc.（★★★★★）	五星，极力避免；缩写词一般不用在学术写作中，除了 e.g.和 i.e.外，但这类词一般也只用于括号插句和附加说明中，而不在正文中使用。因此这类词应在论文中极力避免
etc.（★★★★） including（★★★★） e.g.（★★★★）	四星，谨慎使用；尤其在列举中，谨慎使用。 including 使用举例如下。 错误例句：There are five things, including A, B, C, D and E. 推荐例句：There are five things, A, B, C, D and E. There are five things（A, B, C, D and E）. There are five things：A, B, C, D, and E. etc.使用说明：最好不用；因为中文里的"等等"多为口语，一般不用翻译；而英文中 etc.放在句尾则明确表示列举未尽，容易造成意义模糊，因此不建议使用
at home（★★★） abroad（★★★） here（★★★） our country（★★★）	三星，能不用则不用；国际化论文中不建议用表示地域或位置的术语，因为论文读者不一定在作者所处的地域或国家。比如读者不一定是中国人或者在中国，因此不应该用"our country"，而是明确使用地域或位置术语，如"in China"
important（★★） vital（★★） efficient（★★）	二星，"节约"使用；这些在英文中被滥用的词，对于加强观点并没有太大帮助，反而是累赘，因此在论文中应"节约"使用

14.2 常见词组使用错误

14.2.1 词组使用累赘

如"research work"就是词组使用累赘,只需用 research 或 work 即可。更多词组见表 14.4。

表 14.4　中国人英文写作时常用的累赘词组(Brittman,2007)

累赘词组	推荐 1	推荐 2
research work	research	work
limit condition	limit	condition
knowledge memory	knowledge	memory
sketch map	sketch	map
layout scheme	layout	scheme
arrangement plan	arrangement	plan
output performance	output	performance
simulation results	simulation	results
knowledge information	knowledge	information
calculation results	calculation	results
application results	application	results

此外,应多用动词而少用名词化词组,这不仅更加简洁而且动词表达的力度比名词更大,这有利于强调重要的动作或想法。

不推荐:Here we conducted the investigation of the interaction of protein kinase CKII(casein kinase II)and β-catenin.

推荐:We investigated how protein kinase CKII(casein kinase II)and β-catenin interact.

14.2.2 词组使用过于单一

词组使用过于单一会使表达缺乏多样性。多样化词组表达见表 14.5.

表 14.5　多样化词组表达

单一中文	多样化英文
表达"进步,提升"	a positive change an improvement a development an expansion a progress
表达主题,即"关于什么"	This study/section/ about sth This study/section on sth This study/An author deals with sth This study/An author discusses sth This study/An author presents an overview of sth This study/An author focuses on sth This study/An author explores sth This study/An author examines sth This study/An author considers sth This study/An author addresses sth
表达观点	According to Newton, ... Newton takes the view that ... Newton's view is that ... Newton is of the view/opinion that ... In Newton's view/opinion, ... Newton believes (that) ... Newton suggests/proposes that ...
表达"额外的,进一步的"	In addition (to sth), ... Along with sth, ... Another/A further/An additional reason/factor/example is ... Other causes/reasons/factors/advantages include ... Not only ... but also ... What is more/Moreover/Furthermore ...
解释原因	... because (of) ... as a result of ... on account of ... due to ... owing to ... X is a/the result of/is due to ... X stems from ... X is caused by ... As/Since ...

单一中文	多样化英文
表达因果关系	X causes ... X produces/leads to/brings about/results in Y. Y is caused by/is due to X. X has an effect/impact on Y. As a result of X，... ... because ... ... consequently/therefore ...
表达研究	analyse/assess/conduct/examine/investigate
表达转折	however/although/yet/in fact/the fact remains that ... /despite/in spite of/nevertheless
表达目的	The purpose of this study/test is ... with the purpose/aim of comparing/determining/establishing for the purpose of comparison/illustration/finding out for practical/research/political/diagnostic purposes The main/primary/ultimate aim is to ... The study/model aims to ... in order to asses/compare/determine ... So that we/they/it can ... We will attempt to explain/address/describe ... This is/represents an attempt to ...
表达热点/大量研究	表达 1：X is an area of burgeoning research. 表达 2：X is an area of hot research. 表达 3：X is an area of intensive/considerable research. 表达 4：There are many studies on X.

14.2.3 最好不用的词组

最好不用的词组以中式词组为例，见表 14.6。

表 14.6　中式词组集锦

错　误	推　荐
by this way	by doing this using this method
that is to say, namely	最好将所要表达的意思用一句话来表达，而不是用连词补充表达
how to ...	中文表达会用"如何……"作为一句话或一个段落的开头句；但在英文表达中，用 how to...就会让人费解，因此需要尽量避免

14.3 常见句子的错误或不恰当使用

14.3.1 从句的错误（过度）使用

从句是中国人最喜欢用的复杂句。但笔者发现，在英文论文写作中对于逻辑关系并不紧密的分句采用从句的写作方法不仅很难表达到位，也会增加读者的阅读难度。将这些句子拆分开来，用起承转合的连接词相互串联，也可以达到层次清晰、语义明确的效果。

错误：X with bulk CaO content of A％ was used as a binder material，which conformed to Chinese Standard（GB/T 18046）with a specific surface area of B m²/kg.

推荐：As a binder material，X had a bulk CaO content of A％ and a specific surface area of B m²/kg，and it complied with Chinese Standard（GB/T-18046）.

原句的错误原因是混淆了限制性定语从句和非限制性定语从句的概念及用法，将限制性定语从句与先行词分割开（surface area 本应该和 bulk CaO content 并列，却被分拆成非限制性定语从句作补充说明），从而导致歧义也使句子结构显得松散。这里的 which 和具体指代的 X 距离过远，指代不清晰。在推荐例句中，用简单句替换从句，句式结构简单明了多了。

14.3.2 并列句的错误使用

并列句中"逗号＋连接词（and，for，or 等）"后面跟随的是一个限定分句，即包含独立的主语和谓语。很多作者在写作中默认后半句和前半句共用同一主谓的惯性思维是错误的。

错误：These studies mainly focus on correlation between water permeability and microcracks that influence it，and do not consider the quantitative contributions of the microcracks that influence water permeability.

推荐 1：However，these studies mainly focus on correlation between water permeability and microcracks that influence it，not quantifying in what magnitude they matter to water permeability.

原句错误为，and 后面跟随限定分句，需要包含独立的主语和谓语。而此分句中主语缺失,因此改为动词-ing 形式开头的非限制定语来引导从句,更加简洁且易于理解。也可以在 and 后补充代词 they 作为主语,即

推荐 2：These studies mainly focus on correlation between water permeability and microcracks that influence it, and they do not consider the quantitative contributions of the microcracks that influence water permeability.

14.3.3 句子冗长或啰唆

中文写作中经常把几个支持观点的分句放在同一句中来表现它们的联系,但在英文论文写作中,要特别注意将主要观点和每个支持它的观点分条陈述,否则会引起歧义,也会让英语为母语的审稿人和读者费解。英文写作中的句子冗长主要指:(1) 长度超过 60 个单词;(2) 短句中有较多复杂的表述,或混淆主要观点。因此,需要将长句拆分为多个句子,使每个句子仅表述一个信息点。如果需要强调几个观点之间的关系时,可以用分号。同时,单个句子中,要简洁表达意思的话无需用累赘词,尽量用主谓宾的简单句形式,严格控制句子长度。

例 1：超过 60 个单词的长句子

不推荐：The gear transmission is grade seven, the gear gap is 0.00012 radians, the gear gap has different output values corresponding to any given input value, nonlincarity of the gear gap model can be described by using the phase function method, the existing backlash block in the non-linear library of the Matlab/zdimulink toolbox can be used, the initial value of gear gap in the backlash block is set to zero. (REN et al., 2003)

推荐：The gear transmission is grade seven. The gear gap, which is 0.00012 radians, has different output values corresponding to any given input value. The nonlinearity of the gear gap model can be described by using the phase function method. The existing backlash block in the non-linear library of the Matlab/zdimulink toolbox can be used; the initial value of gear gap in the backlash block is set to zero.(Brittman, 2007)

不推荐的原句中共 69 个单词,过多分句使句子过长,且前后逻辑松散,理解较为困难。因此,需要将相同观点整合,并形成具有中心论点的短句,在结尾需要强调两个分论点的关系处用分号,从而使句子逻辑更加清晰,前后观点联系更加紧

密,且容易阅读和理解。

例 2: 长串的参数罗列

不推荐: The clear height of the case is 6.15 meters; the thickness of the roof is 0.85 meters; the thickness of the bottom is 0.90 meters, the overall width is 26.6 meters, the overall length of the axial cord is 304.5 meters, the length of the jacking section is about 148.8 meters; the weight of the case is about 24,127 tons. (Brittman, 2007)

分开罗列参数信息时,参数超过 3 个更适合放入表格中,如表 14.7 所示。

推荐:

表 14.7　用于罗列参数的表格

Parameter	Value
Case Clearance Height	6.15 m
Roof Thickness	0.85 m
Bottom Thickness	0.90 m
Overall Width	26.6 m
Overall Length of the Axial Cord	304.5 m
Length of the Jacking Section	148.8 m (approx.)
Weight of the Case	24,127 tons (approx.)

例 3: 烦琐表达

不推荐: We note that the present interpretation of the results can be considered consistent with the so-called H-deficit model.

推荐: Our results agree with the H-deficit model.

14.3.4 句子意思模糊

笔者常常发现,中国人用英文写作时喜欢用模糊表达而非精确表达。

例 1:

不推荐: It increases significantly with temperature.

推荐: It doubles with every 10 ℃ increment.

例 2:

不推荐: The test lasted approximately 5 s.

推荐：The test lasted 5 s.

14.3.5 句子重点信息没有前置

英文思维中,句子的重点信息应放在开头。中国人写英文句子时,通常先阐述时间、目的、地点、原因、例子和条件作为介绍的元素。如时间(afterward,…)、原因(based on the data we obtained,…)、目的(in order to quantify the effect,…)。这些从句可放在主句的后面,以突出句子的重点信息,否则会有削弱主要观点的效果,并且让句子过于含蓄而使读者难以理解。因此,需要在一个句子的开头点明主要观点,在此之后阐述地点、原因等等。

例1：本末倒置

错误：For the application of amino nitrogen to paper partition chromatography, this study proposes a new method to estimate micro amounts of amino nitrogen.

推荐：This study proposes a new method to estimate micro amounts of amino nitrogen for its application to paper partition chromatography.

原句将研究的应用价值放在句首(For the application of amino nitrogen),而该句的重点是研究的主要内容(proposes a new method …)。因此,句子本末倒置,重点被放在了句末。

例2：状语从句放在句子的开头

不推荐：When noisy incomplete data is used, the inverse problems in SHM are typically ill-conditioned and ill-posed.

推荐：The inverse problems in SHM are typically ill-conditioned and ill-posed when using noisy incomplete data.

推荐例句将重点信息放句首而没有先放条件状语从句。但如果状语从句较短而主句又较长,考虑到阅读便利性,也可以将状语从句放在句首。总之,要平衡好重点信息置前与句子各部分的长短。

14.3.6 句子逻辑混乱、跳跃、存在空白

中文讲抽象思维,讲究分类、归纳,缺少逻辑推理;而英文讲具象思维,讲究逻辑的推演和归纳。因此,中文表述在逻辑上经常有空白或跳跃。虽然在中国文化背景下,这些表达并不会造成中国读者的理解障碍,但用抽象的中文思维来进行英

文写作时,这种逻辑缺失会给英文为母语的读者造成极大的理解困难。因此,在这种情况下,要么将所有细节具体描述,要么简略描述并添加参考文献补充说明。

错误:With the living condition for human beings increasingly improved, morbidity of asthma is higher than before.

推荐:With the deterioration of air quality, morbidity of asthma is higher than before.

中文:随着人们生活水平的提高,哮喘的发病率越来越高。

如果从中文语境理解,尚能够猜测可能是生活水平提高了,交通更发达了,工厂增多了,加剧了空气污染,最终导致哮喘发病率增加。即使中文可以勉强如此理解,但是对于母语是英语的外籍人士,该句的逻辑就会令人迷惑:为什么生活水平提高会导致更多的哮喘病?英文讲究逻辑关系明确,因此推荐句中改为"空气质量变差,哮喘发病率增加"就合乎逻辑了。

14.3.7 典型中式英语

按照中文习惯表达英文除了会导致逻辑缺失和混乱外,有一些表达甚至会让英文为母语的读者费解,比如典型的中式英语的口语化表达。

例1:

错误:The results are showed as Figure 2.

推荐:The results are shown in Figure 2.

例2:

错误:What shouldn't be forgotten is that the chloride corrosion may exist in the testing sample.

推荐:It should be noted that the chloride corrosion may exist in the testing sample.

以上两个例句都是典型的中式英语,不仅会使读者费解,也会降低科技类文章的严谨性和专业性。为了避免该类表达,可多阅读英文论文,积累常见的表达方式,逐步建立起英文写作思维。

14.4 常见段落错误

有些作者在论文写作中没有分段意识，导致论文结构不清晰、观点不明确，最终会使论文重点不突出。虽然 SCI 论文的通用结构分为题目及摘要、主题 IMRAD 结构和结论三个部分（可参照本书第 2 讲），但在论文写作中，即使是同一模块的内容，也需要依据观点不同分为不同段落，以使观点明确，重点突出。论文中如果出现以下 3 种情况，最好分段。

（1）在论文观点改变或提出新观点时。

（2）在不同的内容板块时。

（3）针对需要突出的板块，如想要突出研究成果的 implication 时。

此外，还需要注意以下几点。

（1）一个段落一个中心意思。

（2）段落中的所有句子连接紧密自然，避免出现意思跳跃。

（3）上下段落之间有逻辑衔接。

14.5 常见时态错误

中文的时态用明显的时间名词来表示，如"昨天""今天""明天"，或一些介词，如"即将""正在"等，词形则没有变化；而在英文中，时态需要严格区分。发生在过去、现在和将来的事情，都需要将系动词、谓语动词变换为相应时态下的词形。因此，中文为母语的作者在英文论文写作时，经常出现时态使用混乱的情况。

写英文论文时，关于时态的使用，有两个简单实用的判读方法。

（1）描述已知事实或假设，用现在时。

The average life of a honey bee is 6 weeks.

蜜蜂的平均生命周期是 6 周，这是已知的事实，因此用现在时。

（2）描述过去发生的事情（如实验过程和结果），则用过去时。

The average lifespan of bees in our contained environment was 8 weeks.

在研究者所做实验的条件下，蜜蜂的平均生命周期是 8 周。这里的描述是对过去已经发生的实验结果的说明,因此用过去时。

在论文的各个部分,常用的具体时态会有所差别,可参考第 4 到第 9 讲。

14.6 常见数字、公式、图片格式错误

14.6.1 数量表达不规范

数量表达格式一般因所属学科的不同传统、引用格式的不同要求(APA、Chicago、CSE 等)或目标期刊的规定不同而有所差异。英文论文中表达数量可使用数字(阿拉伯数字和罗马数字)和英文拼写(如 one,two)。鉴于论文中绝大多数情况下使用数字来表达数量,在此我们只列举出一些需要通过英文拼写或数字和英文拼写混合来表达的特例。

(1) 10 以下的数字不建议用阿拉伯数字,而是用英文字母全拼;10 以上的数字可用阿拉伯数字,也可用英文全拼;但如果数字在句首时,不能用阿拉伯数字,必须用全拼。

错误:8 parameters were selected for the experiment.

推荐:Eight parameters were selected for the experiment.

(2) 表达分数时,不能用阿拉伯数字,必须用英文拼写出来。

例如:one fifth of the class,two-thirds majority

(3) 当两个连续的数量词作为修饰词时,最好采用数字和英文拼写混合表达的形式,这样做可以使表达更加清晰且无歧义(APA,2010)。

例如:3 two-way interactions,seven 7-point scales

(4) 当用阿拉伯数字来表达小数时,注意小数点后面的位数是否加 0 补位,这代表着不同的运算精确度。

例如:5.60 表示精确到小数点后两位,5.6 表示精确到小数点后一位。

14.6.2 单位表达不规范

概括来说,科学论文中度量单位出现的形式主要为 3 种:单位名称(Unit Names)、单位符号(Unit Symbols,精简地表达单位名称)和单位缩写形式(Abbreviations)。除了单位的形式,我们在写作时也要注意单位的格式。不同的

情况下,我们选择的单位格式也不尽相同。下面主要介绍 7 种情况下常用的不同单位格式。需要注意的是,由于各个出版社会有不同的写作格式(如 APA,Chicago),因此建议读者参考自己领域的专业英文期刊来最终确认。

(1) 单位的缩写。

①当单位前面出现数量表达时,度量单位使用缩写,例如 4 m, 5 L 等。

②当单位出现在文字中且前面没有数量表达时,将单位名称完整拼写出来,例如 measured in meters。

③当单位出现在图表标题中时,采用单位符号来代替单位名称以精简图表的文字内容,例如 length in m。

(2) 单位的大小写。

①当单位名称在文中出现时,所有字母使用小写。只有当单位出现在句首时,首字母才需大写。

②单位"摄氏度"的首字母需要大写,如 37 degrees Celsius。

③体积单位 liter 用 L 作为单位符号,因为 L 的小写 l 极容易和阿拉伯数字 1 混淆。

④以科学家名字命名的单位符号部分字母需要大写,如 W for Watt, Pa for Pascal, N for Newton 等。

(3) 单位的单复数。

表达单位复数时使用单位名称。不要在单位符号和缩写上使用复数。

错误: 3 cms, 3 mins

正确: 3cm, 3 min, 3 m 或 3 meters

(4) 单位的标点和空格。

只有当单位位于分句的结尾时,才在其后添加逗号、分号或者句号。单位的符号和前面的数字之间一般空 1 个字符,但表达角度时数量和单位间无空格,例如 45°。

(5) 复合单位。

表示相乘关系的复合单位时,在 2 个单位符号中空 1 个字符或使用点号,如 Pa·s, 325 m s^{-1};当复合单位用名称而非符号表达时,在单位名称间使用空格而非点号,如 pascal second;物理量的符号使用大写斜体,但是它们的数量值和单位不使用斜体,如 $\triangle H = -345.2$ kJ mol^{-1}; $E = 2.256$ J; $P = 321$ Pa。

（6）斜线符号（/）在同一单位中来表示除法时只能使用一次。

错误：$F = 325 \ \text{kg} \cdot \text{m/s/s}$

正确：$F = 325 \ \text{kg} \ \text{m/s}^2$ 或 $F = 325 \ \text{kg} \cdot \text{m} \cdot \text{s}^{-2}$

斜线符号后面的单位如果是复合单位，应该用圆括号括起来，避免产生歧义。

错误：8.3145 J/K mol

正确：8.3145 J/（K mol）

（7）文章中的变量一定要用斜体，为了区别于其他字母，比如"m"。

14.6.3 公式使用不规范

公式在英文论文中有两种表现形式：嵌入文中的公式（In-Line Equations），单独列的公式（Displayed Equations）。

（1）嵌入文中的公式（In-line Equations）。

通常对于比较简单的公式（简短，没有占用多行空间的运算符等），在不影响句子的连贯性和行距的情况下可以直接在文中列出，不用另起一行。

例如：The ideal gas law can be used to get a reasonable approximation for the pressure of a gas as $P = nRT/V$, where n is the number of moles of gas and R is the gas constant.

需要注意的是这类公式通常只需使用一次，不会在文中其他部分被引用；且无论是嵌入文中的公式，还是下面要介绍的单独列出的公式中，所有变量都要使用斜体。

（2）单独列出的公式（Displayed Equations）。

当公式较为复杂（如公式本身较长、运算方法复杂、含多个方程式等）且需要在文中反复被引用时，则需要另起一行将其单独列出。

例如：

$$P = \frac{RT}{V_m^{-b}} - \frac{a}{V_m^2} \qquad\qquad (x)$$

where a and b are van der Waals parameters for the gas.

关于公式的其他说明：

①"where"引导公式说明时要小写，因为公式及其说明默认为同一句话，因此不用大写。

②单独列出的公式需要依照在文中出现的顺序编号，序号位于圆括号中，统一

采取右对齐的格式。

③不同期刊对于公式的标点(是否在公式后面加逗号或句号)以及公式的位置(居中还是左对齐)有不同的要求,大家可以依据目标期刊对外公布的格式,或者同领域的学术写作惯例来决定。一旦选择了一种格式规则,就要保持整篇文章统一,不得中途变更。

④当公式中需要括号来表示运算级别时,注意括号的顺序优先级和行文中是不一样的,从最内层向外分别是圆括号(Parentheses),方括号(Brackets)和大括号(Curly Brackets),即{[(...)]}的形式。

(3) 所有公式都要用公式编辑器来编辑,不能用图片格式。

14.6.4 图表使用不规范

"Figure"(图)和"Table"(表)的使用应注意以下问题。

(1) Figure 和 Table 的缩写分别为 Fig. 和 Tbl.,但"Tbl."在论文中很少出现,因此建议使用全称的 Table。

(2)无论是缩写还是全写,在文中要保持前后一致,不能出现同时用 Figure 和 Fig.的情况。

此外,笔者发现有些从先写好的中文翻译成的英文稿件中,图片中的中文没有翻译为英文,会极大影响读者读图和分析论文内容。

14.7 本讲参考文献

American Psychological Association (APA). *Publication Manual* [M]. 6th ed. Washington,DC:American Psychological Association,2010.

Brittman,F. The Most Common Habits from More Than 200 English Papers Written by Graduate Chinese Engineering Students[R/OL]. (2007-01-20). http://www.SciEI.com.

Huang,Y.,Beck,J. L. & Li,H. Multitask Sparse Bayesian Learning with Applications in Structural Health Monitoring[J]. *Computer-Aided Civil and Infrastructure Engineering* ,2018:1-23.

图书在版编目(CIP)数据

国际高水平 SCI 论文写作和发表指南 / 吴志根著. —
杭州：浙江大学出版社，2019.5（2025.9 重印）

ISBN 978-7-308-19093-0

Ⅰ. ①国… Ⅱ. ①吴… Ⅲ. ①科学技术—论文—写作
—指南 Ⅳ. ①H152.3-62.

中国版本图书馆 CIP 数据核字（2019）第 074216 号

国际高水平 SCI 论文写作和发表指南

吴志根　著

责任编辑	李　晨	
责任校对	刘序雯　郑成业	
封面设计	春天书装	
出版发行	浙江大学出版社	
	（杭州市天目山路 148 号　邮政编码 310007）	
	（网址：http://www.zjupress.com）	
排　　版	杭州林智广告有限公司	
印　　刷	杭州高腾印务有限公司	
开　　本	710mm×1000mm　1/16	
印　　张	13.75	
字　　数	264 千	
版 印 次	2019 年 5 月第 1 版　2025 年 9 月第 6 次印刷	
书　　号	ISBN 978-7-308-19093-0	
定　　价	53.00 元	